HENAN CHANYELIAN FAZHAN BAOGAO
JIYU DIANLI SHIJIAO

河南产业链发展报告

——基于电力视角

尹 硕　靳小宇　主 编

王海杰　常 英　杨 萌　翟趁华　副主编

化学工业出版社
·北京·

内 容 简 介

全书共分8章，第1章对当前河南产业发展总体状况及可能出现的问题进行概述；第2章对产业链优化升级的科学内涵和技术路线进行论述；第3章重点梳理了河南省当前产业链布局和发展现状；第4章重点阐述了电力数据与产业链量化分析的方式方法；第5章从计量经济分析维度研究适合河南产业链的升级路径；第6章是本书的核心，重点阐述“1+2+3”产业链电力指数体系；第7章结合河南实际，选取新型显示和智能终端产业等16个产业进行实证分析；第8章对全书进行总结并提出了对策建议。

本书适合能源经济领域科研工作者、政府相关部门、能源及大数据行业从业人员学习参考。

图书在版编目（CIP）数据

河南产业链发展报告：基于电力视角/尹硕，靳小宇主编. —北京：化学工业出版社，2022. 10

ISBN 978-7-122-41990-3

Ⅰ.①河…　Ⅱ.①尹…　②靳…　Ⅲ.①电力工业–产业链–研究报告–河南　Ⅳ.①F426.61

中国版本图书馆 CIP 数据核字（2022）第 147448 号

责任编辑：廉　静　蔡洪伟
责任校对：王　静
装帧设计：王晓宇

出版发行：化学工业出版社
（北京市东城区青年湖南街13号　邮政编码100011）
印　　装：北京科印技术咨询服务有限公司数码印刷分部
787mm × 1092mm　1/16　印张9¾　字数230千字
2022年11月北京第1版第1次印刷

购书咨询：010-64518888
售后服务：010-64518899
网　　址：http://www.cip.com.cn
凡购买本书，如有缺损质量问题，本社销售中心负责调换。

定　　价：78.00元　

编写人员名单

主　　编：	尹　硕	靳小宇		
副 主 编：	王海杰	常　英	杨　萌	翟趁华
编写人员：	尹　硕	靳小宇	王海杰	常　英
	杨　萌	翟趁华	陈　兴	金　曼
	柴　喆	郭兴五	路　尧	韩　丁
	燕　景	田超杰	付锦峰	王晓天
	汤　凯	闫继臣	于雁洁	

前言

“十四五”是河南省产业转型升级的关键期和攻坚期。2021年以来，河南省密集出台了《关于印发河南省新型显示和智能终端产业链现代化提升方案等10个方案的通知》（豫发改工业［2020］841号）等系列文件，推进产业链转型发展。电力数据能较为全面地测度企业生产活跃程度、透视产业经营活动，是量化分析产业链的良好切入点，本书在多方位梳理河南省产业链发展状况的基础上，结合河南省重点产业链电力数据，从全产业景气度、产业链协调度、产业链优化发展3大维度创建产业链电力指数体系，并细分出产业链龙头指数、头雁带动指数等6个具体指数，以期全维度监测、预警河南重点产业链发展状况。

本书共分为8章：第1章为绪论，对当前河南产业发展总体状况及可能出现的问题进行概述；第2章为理论部分，对产业链优化升级的科学内涵和技术路线进行论述；第3章重点梳理了河南省当前产业链布局和发展现状；第4章重点阐述了电力数据与产业链量化分析的方式方法；第5章从计量经济分析维度研究适合河南产业链的升级路径；第6章是本书的核心，重点阐述“1+2+3”产业链电力指数体系；第7章结合河南实际，选取新型显示和智能终端产业等16个产业进行实证分析；第8章对全书进行总结并提出对策建议。

本书适合能源经济领域科研工作者、政府相关部门、能源及大数据行业员工学习参考，本书构建的“1+2+3”产业链指数体系，有助于发挥电力数据的预测作用和指导作用，为河南省持续调整产业结构，积极推进传统产业高位嫁接、新兴产业培育壮大、未来产业谋篇布局提供参考。产业链研究涉及点多、面广，本书难免存在不足之处，恳请各位读者斧正。

编者

2022年6月

目录

第 1 章 绪论

1.1 研究背景

1.1.1 当前河南产业发展总体状况、可能出现的问题

（1）产业发展状况

第一，产业结构实现由“二三一”向“三二一”转型。服务业规模大幅提升，“十三五”期间，河南省服务业增加值占比接近 50%，服务化结构明显优化，服务业对制造业的发展起到显著提升作用。

第二，制造业的“三大改造”（智能化改造、绿色化改造、技术改造）正稳步实施。制造企业发展质量与效益得到显著改善，以“三大改造”为抓手的制造业的高端化、终端化和高效益发展正有效推进。

第三，战略性新兴产业和数字经济正加速发展。新兴产业迅速发展壮大，新兴产业重大项目签约取得重大进展，在 5G、人工智能、生命健康、新材料等多领域迎来新的发展机遇。

（2）产业发展中可能的问题

第一，第三产业与第二产业间的协同互补功能不强。现阶段，服务业仍存在高端服务功能不全，服务项目的时间范围和空间范围均不广，服务核心能力不显著，以及服务渠道不通畅等问题。

第二，产业链创新链融合不足。现阶段，各重点产业链的顶层设计尚不完备，重点产业链发展的机制体制有待完善，新兴产业链发展的共性技术与“卡脖子”技术有待突破，具有自演化功能的科技协同创新体系有待建立。

第三，创新支撑能力不足。各城市都欲获取优质资源，城市间“孤岛效应”明显，缺乏实质性的区域间协作。例如郑州创新资源集聚效应明显，但对周边城市的辐射作用较弱。区域创新共建共享制度多流于表面、浮于形式。

1.1.2 河南产业升级政策背景

从国际形势来看，现阶段国际力量对比正深刻调整，新一轮科技革命和产业变革正深入发展，世界处于动荡变革期。从国家层面上来看，我国已进入高质量发展阶段，新发展理念更加深入人心，新发展格局正加快构建，更加注重培育完整内需体系、加快科技自立自强、推动产业链供应链优化升级等为河南推动高质量发展提供了新的机遇。从河南省来看，河南进入高质量发展阶段，开启了现代化建设新征程，到了为全国大局做出更大贡献的重要时期。河南支撑国内国际双循环的功能地位正持续提升，产业体系基础和现代基础设施等发展后劲正持续增强，科教创新资源和新兴产业引育形成的新发展动能正持续壮大。

然而，河南仍面临发展的不平衡不充分、新产业新经济新业态占比不高、创新支撑能力不足、资源环境约束趋紧等问题。聚焦高质量发展目标，面向2035年河南经济社会发展，现代化经济体系建设将取得重大进展，产业基础高级化和产业链现代化水平将显著提升，产业集群和产业高能级化将有效形成，郑州国家中心城市、洛阳副中心城市建设将取得重大进展，都市圈引领带动作用将得到充分显现。

1.2 研究目标

第一，寻找河南省产业链的发展方向和路径。六大传统支柱产业是河南省经济发展中的支撑引领产业，结合六大支柱产业发展现状及面临的困境，制定推动传统支柱产业转型升级、保持核心竞争力的政策建议。首先，结合六大传统支柱产业发展现状，聚焦各产业链市场应用优势及重点领域，抢抓新一轮科技革命重大机遇，推动六大传统支柱产业转型升级。其次，促进提升产业创新能力，建议加快突破创新产品研发、转化、制造等关键环节。最后，考察各产业链内部薄弱、缺失环节，切实区分高、低水平发展前景，应用组态路径分析，实行“一个产业，一次分析，一种方案”策略，对六大传统支柱产业提出完善建议，推动提升河南产业链内的企业在全国范围的竞争力，形成各产业链内联动发展新格局。

十大新兴产业链是河南省新兴产业发展的关键点和着力点，结合十大新兴产业发展现状，研究制定支持新兴产业发展的政策建议。首先，抢抓新兴产业重大政策和市场机遇。随后，在组态路径分析过程中，对现有企业进行摸底排查，结合电力行业数据分析，对符合应用场景的企业，应用独角兽、瞪羚、头雁等组态发展路径，按照“一个产业链、一个方案、四个清单、一套班子、一抓到底”原则，培育一批竞争力强、行业带动作用大的核心企业，完善各新兴产业链顶层设计。与此同时，谋划引进重点企业、重大项目，省市联动推进落实新兴产业链重点事项、重点项目、重点园区、重点企业四个清单。提升十大新兴产业质量规模和产业配套能力，推动河南新兴产业高质量发展。

第二，电力行业的推动作用和预测作用。在电力行业推动产业链发展的过程中，建立一种新的发展策略：立足具体企业的电量数据，采用可靠的数据处理方法，得出有说服力的数据结果，结合产业链情况，得出该产业相应的发展方式。政府可以通过用户类别、行业类别、用电容量、用电量、生产负荷等方面电力数据对企业产能进行分析，进而扩大到全产业链，得出产业链电力指数。

在新策略模式下，电力行业的数据处理分析应用可以有效地提高政府部门及企业的决策力、洞察力，服务工信等政府机构掌握企业发展情况并精准施策。政府可以依据结果发布有益于产业链发展的政策；企业可以依据结果具体调控企业内部业务重心及发展力度。例如，政府可以通过电量数据快速锁定高污染、高耗能“双高”企业，进行整改整治，改善产业链发展环境。

政府根据该产业链内全部企业用电量，进行电量分析，得出全产业链景气指数、结构协调指数、优化发展指数。在产业链电力指数的支持下，政府可以持续跟踪企业成长情况，对于情况符合的企业，结合其具体情况，为其制定独角兽、瞪羚、头雁等组态发展路径，助推企业乃至整个产业链的发展。

1.3 研究意义

（1）在政策指引上，为河南省产业链高质量发展提供决策辅助，强化新兴产业链的“科学”属性，打造中原城市群基于科学创新的策源地

第一，应鼓励郑州大学、河南大学基于科学研究的学科建设。重视以信息技术、生物与材料为代表的“新兴”科学的学科建设，为中西部创新高地建设提供科学知识资源。第二，增强新兴产业内企业的科学能力。鼓励企业重视培育自身整合内外部基础研究资源、开发或获取基础研究成果的能力。第三，加快高新产业建设，重视传统优势产业转型升级。政府应通过顶层设计和规划引领，鼓励各市考虑实际资源禀赋、与本地传统产业关联性、与周边城市的差异，发展高新产业。同时，加快“腾龙换鸟”与“亩均论英雄”等促进经济转型政策的落地。推进郑州国家中心城市和郑州大都市区建设，鼓励其利用科技创新资源优势，大力发展新兴产业，为各市传统产业数字化和智能化转型赋能。

（2）发挥科技创新对产业链高质量发展的牵引作用，使郑州、洛阳成为产业链创新链融合发展示范区

第一，要调动企业自主创新的积极性和创造力。支持企业自建研发机构或与高校、科研院所共建多元化投资、市场化运营的科技创新平台。强化“双创”氛围的营造，加大科创企业的培育力度，从源头积蓄自主创新力量。第二，以产业链发展需求为导向，协同推进科技创新成果转移转化。立足本省产业链基础和重点发展的新兴产业链方向，发挥市场机制作用。引导高校和科研院所差异化定位，鼓励高校加大基础研究投入，强化培育高层次科创人才。科研院所从城市产业链发展需求出发，从事应用研究，重点放在人工智能、生命健康、新材料等领域科技创新，促成政产学研跨区域协同联动。第三，建立健全多主体共赢、协同创新产业体系。以各市资源禀赋和产业特征为标准，选择产业链创新链融合的不同路径。促成以科学技术为基础的产业链高质量发展示范区和协同创新平台，探索可供复制的产业链创新链融合发展的模式。

（3）以市场化为导向，制度创新为抓手，稳步实现产业链空间布局优化

第一，加快建设郑州、洛阳双中心城市，实现省内产业链科技创新要素的空间集聚，推动产业链高质量发展，各城市产业链布局错位竞争，产业链能级获得有效提升。第二，循序渐进地开展产业链发展制度创新示范区，鼓励郑州、洛阳开展小范围产业链一体化发展先行先试。做好城市间产业链协同的顶层设计，建立城市间有关产业链发展的重大事项、重大项目的共商共建机制。第三，打破有碍区域产业链协同发展的“牢笼”，建立有利产业链协同的体制机制。

要变革各产业链负责领导人和相关部门的经营理念，坚持以省域产业链整体发展为导向，坚持共商共建，把握各个新兴产业链发展的共性技术，全省共建重大创新平台和成果转化基地，开展基础研究和关键核心技术攻关。

第2章
产业链现代化提升的内涵

2.1 产业链现代化提升的必要性和可行性

2.1.1 产业链现代化提升的必要性

当前国际力量对比正深刻变化，全球产业链和供应链面临诸多风险，新一轮科技革命和产业变革正深入发展，我国产业发展面临着发达国家和发展中国家“两端挤压”，构建国内产业循环是增强国家产业韧性和抵御国际风险的重要手段。产业链现代化建设有助于我国产业迈向全球价值链高端，保障产业循环畅通，进而提高产业链的稳定性和安全性。从国家层面上来看，我国已进入高质量发展阶段，推动产业链的现代化建设，发展人工智能、智能终端等新兴产业是新时期提升我国产业质量效益和整体竞争力的关键。从河南省来看，河南高质量发展阶段开启了现代化建设新征程，进入了服务全国大局的关键时期。产业链现代化建设能够促进全产业链发展水平的显著提升，产业结构的全面优化，加快建成现代化产业体系，可以为河南全方位推动高质量发展提供有力支撑。

2.1.2 产业链现代化提升的可行性

首先，产业链现代化提升顺应“十四五”规划发展方向，“十四五”时期是产业转方向、调结构的重要战略机遇期。科技变革和产业变革正快速推进，新一代信息技术正快速发展，新兴产业正在成长为新的增长点，同时，这些新产业和新技术将为产业现代化发展提供重要支撑。其次，产业链现代化提升是包括现代服务业、装备制造业等在内产业的客观追求方向。现阶段，人工智能、区块链等新兴产业以及数字化等新兴技术正冲击着传统产业，如装备制造业原来由产品的制造链为导向，而今，其产业链分布则以客户对产品使用的需求为导向进行调整，即向服务型制造转型。服务型制造的有效实施离不开现代化信息技术的助力，同时服务型制造也是人工智能、数字化等绝佳的应用场景。同样地，现代化服务业的发展愈发向实体产业转型，呈现“脱虚向实”的良好发展态势，服务业与制造业等其他产业的融合过程也离不开现代化信息技术的支撑。

2.2 产业链现代化的科学内涵

有关产业链现代化的内涵与外延，现阶段学者主要基于产业链现代化的手段、产业链现代化实现路径，以及特定区域、行业的产业链发展做了探究。

在产业链现代化的手段方面，肖荣美和霍鹏（2020）认为我国制造业转型升级需要以工业互联网为关键抓手，利用互联网来构建全面互联和数据互通的制造体系，并以此推动制造业产业链的重构和裂变。因此，要努力提升工业互联网的攻击能力，加速互联网市场应用推广，充分发挥工业互联网在“补短板、强弱项、促新兴”中的关键作用，从而加速制造业产业链的现代化进程，成功实现我国产业链在全球位置的提升。

在特定区域产业链现代化实现路径方面，陈心颖等（2021）认为福建省制造业产业链现代化的成功建设需要形成产业链现代化建设的顶层设计，推动基础产业的高级化，强化链端企业之间的技术经济关联，推动区域间协同发展，推动产业链治理现代化，提高产业链与创新链、资金链、人才链的紧密度一系列过程。涂人猛（2020）基于提升湖北省产业链现代化发展水平的角度，认为产业链现代化提升的关键在于提高科技实力和创新能力，内在核心条件是持有众多的高端技术及科研人才，通过对体制机制的优化、政策体系的完善来打造优良的产业链发展环境。

而基于特定行业的产业链现代化研究则包含制造业、体育产业和数字文化产业等。鲜一和程林林（2020）认为体育产业链现代化建设包含 5 个方面：第一，体育产品由单一供给转为多元供给；第二，体育产业链分工向纵深发展；第三，产业链环节结构的合理化提升；第四，产业链环节链接由分散低效向紧密高效转型；第五，体育产业链由封闭的“自循环”向开放发展。郝挺雷和黄永林（2021）认为在国内国际双循环背景下数字文化产业链现代化建设过程包含：第一，通过数字技术应用+内需来促进新链培育；第二，通过产业链协同化+平台来推动企业协同；第三，通过产业链本地化+集群来优化空间布局；第四，通过要素循环流通+市场来强化要素支撑；第五，通过双循环新战略+措施来完善政策保障。

综上，现有研究对产业链现代化的手段、实现路径做出了具体分析，然而，由于地域和行业的差异性，尚缺乏对于产业链现代化一致性的概念内涵。基于对已有产业链现代化相关文献的梳理，本书提出以下有关产业链现代化的定义：

产业链现代化是指实现产业链向高端演进的过程，其实现手段是当代科学技术和先进治理模式（陈心颖等，2021；刘志彪，2019），其特征是产业的高级化、数字化、全球化与生态化（陈心颖等，2021），其结果是促成产业链多主体、多要素间的协同作用与可持续发展（王静，2021；涂人猛，2020；李燕，2019）。

2.3 产业链现代化提升的技术路线

我国产业链在经过了“十三五”的产业架构调整和产业升级后，面对新的国内国际形势，产业政策的主要取向成为加快促进“产业链现代化”。而“产业链现代化”的本质是利用新兴科技和高效产业管理方式来促进传统的产业链升级转型，使产业链拥有高端延伸能力、自主可控能力和强竞争能力。

政府部门和企业可以依据产业动态的“体检表”——产业链电力指数，通过“电眼看经济”这一重要指标体系衡量产业发展，科学高效地促进“产业链现代化”。

提升产业链高端延伸能力促进“产业链现代化”。产业的高端环节，具有技术密集、附加值高、成长空间大、带动作用强等突出特点，决定着整个产业链综合竞争力，是抢占未来经济和科技发展制高点的战略性新兴产业。作为中部地区的河南省，应充分利用产业链电力指数中用来反映该产业链向高端环节延伸程度的产业链高端延伸指数，该指数越大，说明该产业链向高端环节延伸的程度越高。针对产业链高端延伸指数低于应有水平的产业领域，应实施吸引人才和借用人才并举战略，通过协同创新快速融入创新体系，在产业链和价值链上进行升级，向高端环节延伸，实现产业高质量发展。

提升产业链自主可控能力促进“产业链现代化”。提升产业技术发展，可以关注产业集群之一的创新型产业集群，其特征为：以创新型企业和人才为主体，以知识或技术密集型产业和品牌产品为主要内容，以创新组织网络和商业模式等为依托，以有利于创新的制度和文化为环境。而反映产业集群效应影响程度的是产业链集群化发展指数。而在创新型产业集群中，可以培养头雁企业，在升级发展过程中起到引导发展作用，从而产生雁阵效应，各企业共同实现高质量发展，带领整个行业加速优化步伐。政府部门可通过产业链集群化发展指数和产业链头雁带动指数，重点分析河南省的头雁企业的发展现状，规划各产业链创新型产业集群。与此同时，协同产业链高端延伸能力发展，提升自主可控能力。

提升产业链强竞争能力促进“产业链现代化”。龙头企业具有研发填补国内空白、替代国外进口产品的能力，发展并鼓励龙头企业在产业集群中发挥领导角色，提升产业集群整体竞争优势，促进产业集群不断演进。政府部门可参考产业链龙头指数，针对各产业链现状，选取龙头企业作为施策对象，以此提升企业创新引领力，推动具有一定基础的创新型龙头企业晋级为“独角兽”企业和成为行业创新领导者；提升企业市场主导力；提升企业群链带动力，塑造产业链竞争新优势。

第 3 章 河南省产业链布局与发展现状研究

3.1 产业链概念阐述

3.1.1 产业链的内涵和外延

（1）产业链的理论渊源

产业链（Industrial Chain）的概念提出时间不是很长，但其思想根源可以追溯到第一次工业革命时代的经济学家亚当·斯密（Adam Smith，1776）关于劳动分工的卓越论断，他著名的理论有关“制针”和“毛纺”的例子就是对产业链功能的生动描述。亚当·斯密在其经典著作《国富论》中有这样一段描述：“生产一种完全制造品所必要的劳动，也往往分由许多劳动者承担。”早期关于产业链的研究具有很大局限性，一是他们通常把产业链的概念局限于企业的内部操作，而忽视了与外部企业之间的交互，注重利用企业自身资源，认为产业链是专属于制造企业的内部活动；二是仅把产业链看作是一个产品链，把它定义为外部采购的原材料和零部件通过生产和销售等活动，传递给零售商和用户的过程。而后，新古典经济学派代表人物马歇尔（Marshall，1920）意识到企业与企业之间的分工能够使得整个市场产生协作，由此他在亚当·斯密关于企业内部劳动分工理论的基础上，将分工活动从企业内部延伸至企业之间，进一步阐明了这种企业间的分工协作活动之间的联系性和重要性，由此被认为是产业链概念的真正起点。

直到 1958 年 Hirschman 在其《The Strategy of Economic Development》一书中从产业的前向联系和后向联系的角度，论述了产业链的概念，才真正开启产业链理论及其实践研究序幕；贝恩（Bain，1959）提出了著名的产业组织市场结构-企业行为-市场绩效（Structure-Conduct-Performance，SCP）理论，为当代产业链的研究提供了理论分析基础。然而，这些理论更多是基于“产业链”的思想，试图从宏观层面分析劳动分工和专业化生产对经济发展的意义。伴随着学者对产业链研究的不断深入，产业链的概念在西方逐渐演变为生产系统（Production System）、商品链（Commodity Chain）、生产链（Production Chain）、价值链（Value Chain）、增值链（Value-Adding Chain）、全球商品链（Global Commodity Chain）等微观层面的概念，而作为中观层面的“产业链”的研究逐渐被弱化了。但从产业链产生和发展实际情况看，价值链和供应链等理论对产业链理论基础研究具有重要的借鉴意义，引导产业链理论逐步向前发展，并成为产业链进一步研究的理论基础。

（2）产业链的概念及内涵

由于产业链涉及的成分广，涵盖内容多，学术界对产业链研究角度各异，导致对产业链的认识和定义不一，故而没有形成统一概念。以下将从国内、国外角度对产业链的概念进行阐述。

首先是有关国外学者对产业链的理解认识，表 3-1 是国外学者对产业链的概念进行了归纳。

荷利汉（Houlihan，1988）指出产业链是从供应商开始，经生产者或流通业者，到最终消费者的所有物质流动。

哈里森（Harrison，1993）将产业链定义为采购原材料，将它们转换为中间产品和成品，并且将成品销售到用户的功能网络。该定义提示我们应关注产业链产生价值贡献的功能作用。

史蒂文斯（Stevens，1989）把产业链看作是一个信息链和功能链，是由供应商、生产商、销售者及消费者联系在一起的有机整体，这其中贯穿的不仅仅是产品的链条，更包含着信息链和功能链。这种观点认为信息和产品具有同等重要的地位，而且强调产业链中存在反馈过程。

斯维特和谢蒂（Sweet ＆ Shetty，1995）在《产业与贸易概述：服装类》报告中提到服装产业链是服装制造商与纺织供应商以及零售商联系在一起的链条，以加速彼此之间商品、服务和信息的流动。

意大利学者梅特兰（Maitland，2002）在构建新的产业链理论的分析框架，其重点在于产业链的供应区，并试图通过完善龙头企业的供应链而改进生产的流程。

表3-1　国外学者对产业链概念归纳表

提出人员	产业链概念内容
荷利汉（Houlihan，1988）	从供应商开始，经生产者或流通业者，到最终消费者的所有物质流动
哈里森（Harrison，1993）	采购原材料，将它们转换为中间产品和成品，并且将成品销售到用户的功能网络
史蒂文斯（Stevens，1989）	由供应商、生产商、销售者及消费者联系在一起的有机整体，这其中贯穿的不仅仅是产品的链条，更包含着信息链和功能链
斯维特和谢蒂（Sweet＆ Shetty，1995）	服装产业链是将服装制造商与纺织供应商以及零售商联系在一起的链条，以加速彼此之间商品、服务和信息的流动

再是国内学者对产业链概念的理解梳理，表 3-2 是国内学者对产业链概念的总结与归纳。

自 20 世纪 90 年代起，产业链逐步引起国内学术界的关注并得到进一步研究。产业链一词在我国出现较晚，最早可以追溯到由傅国华于 1990 至 1993 年，关于海南热带农业发展研究课题中，受到海南热带农业发展的成功经验的启迪而提出来，可以说是一个中国化的名词。据蒋

表3-2　国内学者对产业链概念归纳表

提出人员	研究角度	产业链概念内容
杨公朴、夏大慰（1999）	价值链	构成同一产业内所有具有连续追加价值关系的活动所构成的价值链关系
郑学益（2000）	核心竞争力	以市场前景比较好、科技含量比较高、产品关联度比较强的优势企业和优势产品为链核，通过这些链核，以产品技术为联系，以资本为纽带，上下连接，前后联系形成的链条
李仕明（2002）	政府和企业	从政府的角度，经营有好的“上家”和好的“下家”，这种经营环境中的上游—中游—下游
龚勤林（2003）	产业技术经济关系	各个产业部门之间基于一定的技术经济关联并依据特定的逻辑关系和时空布局关系客观形成的链条式关联关系形态
蒋国俊、蒋明新（2004）	战略联盟	在一定的产业群聚区内，由在某个产业中具有较强国际竞争力（或国际竞争潜力）的企业，与其相关产业中的企业结成的一种战略联盟关系链
李心芹和李仕明（2004）		在一定的地理区域内，以某一个产业中具有竞争力或竞争潜力的企业为链核，与相关产业的企业以产品、技术、资本等为纽带结成的一种具有价值增值功能的战略关系链
吴金明、邵昶（2006）	形成机制	一个包含供需链、企业链、空间链和价值链四个维度的概念，这四个维度在相互对接的均衡过程中形成了产业链
郁义鸿（2005）	工艺流程	在一种最终产品的生产加工过程中——从最初的自然资源到最终产品到达消费者手中——所包含的各个环节所构成的整个生产链条
芮明杰等（2006）	知识视角	存在知识联系的紧密结合体
刘贵富（2006）	综合	同一产业或不同产业的企业，以产品为对象，以投入产出为纽带，以价值增值为导向，以满足用户需求为目标，依据特定的逻辑联系和时空布局形成的上下关联、动态的链式中间组织，是“有组织的市场”和“有市场的组织”双重属性的合作竞争型准市场组织

国俊考证：姚齐源、宋伍生于1985年首次引用了产业链一词。产业链的概念涉及企业、产业和区域发展等范畴，生活中提到产业链，一般是从产业投入与产出的角度来认识问题，如纺织产业链、汽车产业链、服务产业链等。尽管产业链的种类众多，然而目前学术界对产业链的理解也没有达成一个统一的认识。

杨公朴、夏大慰（1999）主编的《现代产业经济学》从价值链的角度，指出“产业链是同一产业内所有具有连续追加价值关系的活动所构成的价值链关系”。

郑学益（2000）从核心竞争力的角度论证产业链，认为“产业链就是以市场前景比较好、科技含量比较高、产品关联度比较强的优势企业和优势产品为链核，通过这些链核，以产品技术为联系，以资本为纽带，上下连接，前后联系形成链条，这样，一个企业的单体优势就转化为一个区域和产业的整体优势，从而形成这个区域和产业的核心竞争力”。

蒋国俊重点研究了产业链中间产品的稳定机制、定价范围。蒋国俊总结了推动产业链稳定运行的三种机制，即竞争定价机制、利益调节机制以及沟通信任机制，并提出产业链的稳定性主要取决于这三种机制的共同作用。对于产业链中间产品的定价问题，蒋国俊没有研究独立企业之间如何确定中间产品的转移价格的问题，而是针对一个公司内各分厂的中间产品最优转移价格做了研究。

李仕明（2002）从政府和企业的角度论证产业链，认为“企业经营要有好的‘上家’和好的‘下家’，这种经营环境中的上游—中游—下游，对企业而言，通常称为供应链，对于政府，则称为产业链。”

龚勤林（2003）从产业技术与经济关系角度，系统研究了产业链延伸的价格提升问题、产业链接通的经济动因与区际效应问题。他认为“产业链是各个产业部门之间基于一定的技术经济关联，并依据特定的逻辑关系和时空布局关系客观形成的链条式关联关系形态”。他同时指出“构建产业链包括接通产业链和延伸产业链两个层面的内涵。接通产业链是指将一定地域空间范围内断续的产业部门（通常是产业链的断环和孤环形式）借助某种产业合作形式串联起来。延伸产业链则是将一条已经存在的产业链最大限度地向上下游拓深延展”。曾祥效（2003）则将产业链与产业集聚联系在一起进行分析，认为产业链的不断延伸和完善是专业化产业族群从成立到成长、发展的核心。卢明华等（2004）定义产业链为具有某种内在联系的产业集合。这种产业集合是由围绕服务于某种特定需求或进行特定产品生产（及提供服务）所涉及的一系列互为基础、相互依存的产业所构成。他们的产业链分析是认识和判断产业各环节竞争能力、确定产业竞争优势的有力工具，也为政府的战略决策提供了一种思维方法。

蒋国俊、蒋明新（2004）从战略联盟的角度提出：产业链是指在一定的产业群聚区内，由在某个产业中具有较强国际竞争力（或国际竞争潜力）的企业，与其相关产业中的企业结成的一种战略联盟关系链。其后，李心芹和李仕明（2004）将产业链界定为在一定的地理区域内，以某一个产业中具有竞争力或竞争潜力的企业为链核，与相关产业的企业以产品、技术、资本等为纽带结成的一种具有价值增值功能的战略关系链，并重点研究了产业链中间产品动态定价和产业链结构类型问题。他们根据产业链内部企业间供需的依赖强度将产业链划分为四种结构类型：资源导向型、产品导向型、需求导向型和市场导向型。

吴金明、邵昶（2006）对产业链形成机制进行了深入研究，提出了产业链运行机制的“4+4+4”模型（即四维对接和四维调控以及四种主要产业链形成模式）。他们认为产业链是一个包含供需链、企业链、空间链和价值链四个维度的概念。这四个维度在相互对接的均衡过程中形成了产业链。这种“对接机制”是产业链形成的内模式，它似一只“无形之手”调控着产业链的形成。在现实实践中，除了这只“无形之手”外，还有“政府的宏观调控”、“市场结构和行业间的调控”和“企业内部调控”三只“有形之手”同时也对产业链的形成进行调控。“有形之手”和“无形之手”的“握手”过程就是现实中对产业链进行“四维调控”的过程和产业链的形成过程，即产业链形成的外模式。产业链外模式的主要表现形式有四种:纵向一体化、市场交易式、准市场式和混合式产业链。四维对接、四维调控以及四种具体模式就构成了解释产业链形成机制的“4+4+4”模型。此外，邵昶、李健（2007）借用物理学中的“波粒二象性”原理，提出产业链实际上是一个具有“波粒二象性”的特殊产业组织。它的结构也不是通常的产业纵向关联形式，而是类似“玻尔原子”结构式的企业关联状态。这种特性和结构就决定了产业链研究的核心问题是如何整合产业链，完成产业创新和实现产业价值。解决的主要思路就是根据产业链的“波粒二象性”来调控产业链间的企业关系，促进产业链条的优化。

张利痒（2007）以我国饲料产业为例，运用产业组织理论和产业链整合理论，分析了我国饲料产业可持续发展的产业组织机构，并构建了一个基于联动优化的产业链框架。

王建军（2007）以钢铁行业为例，提出通过产业链整合，加强产业链上薄弱环节和关键环节，提高整个产业链的运作效能，有利于将产业链的竞争优势转化为企业的竞争优势。

郁义鸿（2005）系统研究了产业链理论定位、产业链类型和效率基准问题以及产业链纵向控制问题，从产业链的工艺流程角度出发，他认为“产业链是指，在一种最终产品的生产加工过程中——从最初的自然资源到最终产品到达消费者手中——所包含的各个环节所构成的整个生产链条。在产业链中，每一个环节都是一个相对独立的产业，因此，一个产业链也就是一个由多个相互链接的产业所构成的完整链条”。产业链在整个经济系统中属于中观且偏向于微观层面。依据上游产品是否为中间产品这一属性，郁义鸿把产业链划分为三种类型。为了对基于产业链的竞争策略进行基础研究，郁义鸿提出了产业链效率的概念，即将产业链作为一个整体进行衡量的效率，其相应的评价基准就是当产业链各个环节都实现完全竞争市场均衡下的市场效率与社会福利。

芮明杰等（2006）基于知识视角对产业链知识整合的理论进行了深入研究，从一个新的视角诠释了产业链。他首先通过比较基于规模经济、专业化分工经济和模块化经济的价值创造过程和知识共享的内容，揭示了不同类型产业链知识整合和价值创造的差异，进而构建了产业链的价值模块整合、知识整合与产品整合的三维模型，并基于野中郁次郎的 SECI 模型，引入动态知识价值链的概念，构造了一个新的知识创新模型，深化了对模块化体系中产业链知识整合机制的理解。此外，他们将产业链理解为一个知识整体，从知识角度探究了产业链分化整合的机理，探讨了产业链整合过程中知识共享的动力机制、模块创新机制、知识创造机制以及产业链整合的组织模式。芮明杰的研究表明产业链之间的联系不再是松散的组织形态联系，而是一个存在知识联系的紧密的集合体。

刘贵富（2006）是目前国内对产业链研究较为系统的学者之一。他在国内外已有的研究基础上，重新提炼了产业链的定义。产业链是同一产业或不同产业的企业，以产品为对象，以投入产出为纽带，以价值增值为导向，以满足用户需求为目标，依据特定的逻辑联系和时空布局形成的上下关联、动态的链式中间组织，是“有组织的市场”和“有市场的组织”双重属性的合作竞争型准市场组织。在此基础上，刘贵富进而对产业链的特性、形成机理、功能效应、运行机制、经济效益和产业链的组建提升进行了系统的分析。

随着产业链相关研究的拓展，国内外学者们也尝试结合不同的产业类型细化研究产业链。

冯泰文等（2014）指出产业链上的企业可分为上游、中游、下游三类，上游企业向中下游企业提供产品和服务，反映出资源处理和价值创造过程，而下游企业则将反馈信息传递给上中游企业。基于风电发电产业，指出风电发电产业链当中包括风力发电企业、下游输配电企业，也包括上游原材料供应商、设备制造商和相关的咨询服务企业。

李斌勇等（2015）指出汽车产业链是由上游的供应商企业群（汽车零部件制造企业）、中游的整车制造企业群（汽车制造厂）、下游的销售商企业群（各级汽车经销商、4S 店等）、下下游的售后服务商企业群（汽车售后服务站、4S 店、汽修店等）和物流商企业群所组成的大规模复杂供应链网络组织。

Liu 等（2016）认为天然气产业链是指天然气产业及其关联产业不同环节的节点企业与单位之间形成的链式关联结构。其中天然气产业是指从事天然气勘探、开发、生产等活动的企业和单位的集合。天然气关联产业是指由从事天然气运输、储存、清算、气化等活动的不同企业和单位组成的不同产业，如天然气及其副产品的压缩、销售或投资。

陈静锋等（2016）指出传统中医药产业链的“种植—生产—销售”单链式发展模式，存在中药材价格暴涨、暴跌，以及中医药产品难以追溯其生产来源等问题，结合“互联网+”时代背景，提出中医药全产业链延伸特点体现在产业链纵向的深化，横向的拓展，并向更细化、更专业化和更标准化方向发展，基于此提出“互联网+中医药”全产业链的“闭环”发展模式，其中正向为中医药的生产—流通—销售—服务，反向为中医药信息传递与医药追溯。

李肖钢等（2018）指出现代服务业产业链包含企业和产业两个层次，是一个具有波粒二象性的特殊产业组织，是不同的相关服务产业为实现专业服务功能、满足特定市场需求，由多个相关产业内具有经济关联的企业组成的一条连续追加价值关系活动的价值增值链。

倪国栋等（2020）指出装配式建筑产业链是在一定范围内，以装配式建筑产品或相关服务为对象，以价值增值为目的，以各利益相关企业为载体，以风险共担、利润共享为导向的上中下游企业相互影响、相互依存，具有协同效应的动态增值链。

陈超等（2020）从农业产业链出发，认为农业产业链是包含农业研、产、销在内的一系列经济活动的总过程，涉及农业产品的研发、生产、加工、流通、销售等诸多环节，形成以价值链、物流链、组织链缔结起来的有机整体，并以此形成与之密切相连的产业群。

国外学者在进行产业链研究时，其思想和理论在形成和演化的过程中与价值链、供应链、产业集群等相关理论的产生和发展密不可分。

首先，产业链概念的产生是与价值链（Value Chain）密不可分的，价值链理论对产业链理论的研究影响巨大，起到关键的导向作用。价值链的概念是迈克尔·波特于1985年在其所著的《竞争优势》一书中首先提出的，他认为“每一个企业都是用来进行设计、生产、营销、交货等过程及对产品起辅助作用的各种相互分离的活动的集合，所有的这些活动都可以用一个价值链表示出来”，并进一步指出“企业的价值创造是通过一系列活动构成的，这些互不相同但又相互关联的生产经营活动，构成了一个不断实现价值增值的动态过程，即价值链”。在此基础上，波特提出了价值链分析方法，即对企业活动进行分解，通过考察这些活动本身及活动相互之间的关系来确定企业竞争优势。同时，波特指出企业价值链并不是孤立存在的，而存在于由供应商价值链、企业价值链、渠道价值链和买方价值链共同构成的价值链系统中。企业的价值链也是动态变化的，它反映了企业的历史、战略以及实施战略的方式。

同期，寇伽特（Kogut B，1985）则认为价值链基本上就是技术与原料和劳动融合在一起形成各种投入环节的过程，然后通过组装把这些环节结合起来形成最终商品，最后通过市场交易、消费等最终完成价值循环过程。在这一价值不断增值的链条上“单个企业或许仅仅参与了某一环节或者企业将整个价值增值过程都纳入了企业等级制的体系中”。

之后，约翰·沙恩克（John Shank，1993）和菲·哥芬达拉加（V.Govindarajan，1993）、彼得·海恩斯（Peter Hines，1998）、格里芬（Gereffi，1995）、汉弗莱和施密茨（Humphrey & Schmitz，2002）、雷波特（Jefferey F. Rayport，1995）和斯威尔克拉（John J. Sviokla，1995）、诺曼（Normann）和拉米雷斯（Ramirez，1993）、古拉蒂（Gulati，2000）等人又对价值链理论进行了拓展。

沙恩克（John Shank，1993）和哥芬达拉加（V.Govindarajan，1993）认为价值链是指“从原材料至最终产品并发送到最终消费者手中这样一系列相互联系的价值创造活动”。任何企业都应将自身的价值链放到整个行业的价值链中去考虑，包括从最初的供应商所需的原材料直到最终产品的全过程。

英国学者彼得·海恩斯（Peter Hines，1998）从价值实现的最终目标出发对波特的价值链重新进行了定义，他将价值链定义为“集成物料价值的运输线”，把原材料和顾客纳入价值链，这意味着任何产品价值链的每一个成员在不同的阶段包含不同的公司，这不同于波特的观点，波特的价值链只包含那些与生产行为直接相关或直接影响生产行为的成员。此外，关于价值链作用的方向，海恩斯把顾客对产品的需求作为生产过程的目标，把利润作为满足这一目标的副产品，而波特所定义的价值链仅仅把利润作为主要目标。海恩斯（Peter Hines，1998）还认为现行的辅助活动中包含信息技术的运用，而与这部分相关的利润，则被看作是有效完成这一过程的副产品。

在经济全球化背景之下，格里芬（Gereffi，1995）提出了全球价值链思想，认为全球价值链是全球不同的企业在由产品设计、生产制造和营销等行为构成的价值链中展开合作。汉弗莱和施密茨（Humphrey & Schmitz，2002）进一步将全球价值链表述为“为实现产品或服务价值而将生产、销售、回收处理等过程联系起来的全球性跨企业网络组织，它涉及从原材料采购和运输、半成品和成品的生产制造与分销，直到最终消费以及使用后回收处理等全部过程”，与波特的价值链相比，它更能反映出价值的空间分离和全球配置之间的关系。

随着信息技术的发展，雷波特（Jefferey F. Rayport，1995）和斯威尔克拉（John J. Sviokla，1995）提出了虚拟价值链的概念。他们认为，当今每个企业都在两个世界中竞争，一个由管理人员可以看到、触摸到的资源构成的物质世界，以及一个由信息组成的虚拟世界。虚拟世界对应着虚拟价值链，企业对信息的利用亦能作为价值创造的源泉。虚拟价值链中通过信息的收集、组织、选择、合成与分配来达到价值的增值。诺曼（Normann）和拉米雷斯（Ramirez，1993）注意到价值链不再是由增加价值的成员构成的链条，而是由企业构成的网络，古拉蒂（Gulati，2000）等也认为企业处于由供应商、顾客、竞争对手等构成的网络组织之中，他们以合作方式维系网络存在，如战略联盟、合作伙伴等。

上述观点与波特最初的价值链概念相比，价值链的视点已从企业内部延伸到企业外部，供应商、销售商和顾客都被视为价值链的范畴，顾客在价值链中的地位日益受到重视，知识信息对于价值创造所起的作用也越来越重要。

价值链理论的核心思想是在一个企业诸多的“价值活动”中，并不是每一个环节都创造价值。企业所创造的价值，实际上来自企业价值链的某些特定环节，即能使企业获得竞争优势的战略环节。因而企业应该更加注重价值增值过程中的这些所谓战略环节，这一思想对于产业链的研究具有积极的借鉴意义。

其次，从供应链的角度对产业链进行研究分析的学者也很多。供应链的概念源自价值链，产生于20世纪80年代后期。作为一种新的企业组织形态和运营方式，供应链从微观层面考察了企业之间的关联。史蒂文斯（Stevens，1989）认为“供应链就是通过增值过程和分销渠道，控制从供应商到用户之间的流动，以供应商为起点，以消费者为终点”。埃拉姆（Ellram，1991）认为供应链管理是指以成员利益为导向，通过他们之间的一致性共同规划与管理，将整合、计划以及控制物流的方法应用于从供应商到终端顾客整个环节。克里斯托弗（Christopher，1992）认为供应链是一种组织网络，它通过联系上游和下游企业，涉及企业价值的不同活动及过程，以产品和（或）服务的形式交到终端用户。哈里森（Harrison，1993）基于价值网络的概念，将供应链定义为采购原材料，将它们转换为中间产品和成品，并且将成品销售到用户的功能网链。隆德（Londe）和马斯特斯（Masters，1994）认为供应链是由传递材料的一组企业构成，几个独立的企业涉及制造产品并把产品交到终端用户手中的过程，其中原材料和组成部件制造商、产品组装商、批发商以及零售商都是供应链成员。供应链管理过程不仅表现为企业内部的物质流、信息流等计划和控制，而且也体现在企业之间外部交易活动之中（Cooper 等，1997）。马歇尔·费希尔（Marshall Fisher，1997）则指出“供应链是指由原材料的供应商、制造商、分销商、零售商、顾客等成员，通过与上游、下游成员的连接组成的链状结构或网络结构。”产业链内部的联系归根结底还是企业之间的联系，这样产业链和供应链之间就具有极强的相关性，实际上，供应链理论正是从微观层面和企业管理的视角，阐述了产业链中企业之间分工协作的形式与内容。

最后，从产业集群的角度出发理解产业链。产业集群是在国际经济、技术、组织、社会等一系列结构变化的背景下应运而生的，在由传统的“福特式”大规模生产方式（受标准化商品和服务所支配，用标准化生产方法、廉价熟练劳动力和价格竞争）向“柔性专业化”生产方式（面向客户的生产和服务，运用灵活通用的设备和适应性强的熟练劳动力）转变的过程中，集群处于领导地位。从文献研究看，19 世纪末的阿尔弗雷德·马歇尔（Alfred Marshall）在其经典著作《经济学原理》中所论述的以手工业为主的小企业集聚的产业区已有集群的特质。而国际上对产业集群的真正兴趣最早来自 20 世纪 80 年代末的“第三意大利”经验。用产业集群（Industrial Cluster）一词对集群现象的分析，首先出现于迈克尔·波特（1990）《国家竞争优势》一书，它是作为提高生产力的商业环境以及区域竞争力和创新的决定因素而提出的。波特提出的菱形分析框架，极力强调集群现象对于生产力和创新能力的意义。此后，很多国家的地方政府根据国际经验，通过培育地方产业集群并促使其升级，使本地生产系统的内力和国际资源的外力有效结合，提高区域竞争力。

到目前，对产业集群概念的认识虽有一定的差异，但大体可以界定为产业集群是在某个特定产业中相互关联，在地理位置上相对集中的若干企业和机构的集中。区域内，以某一主导产业为核心，通过企业间的横向联系，外部形成多层次的产业群体，由于群体内企业相互享受着彼此带来的外部效应而充满活力。

（3）产业链与其他相关概念的区别和联系

为进一步理解产业链的内涵，以下将对产业链与价值链、供应链及产业集群进行区分。

关于产业链、价值链与供应链三者的区别，主要体现在以下方面。

从上文的概念界定来看，产业链强调的是产业配套与较强的分工性，而价值链更多体现价值的分层性，这是价值链有别于产业链的独到之处。价值链在产业链形成、供应链发育的市场经济中体现出来。概括来说就是，价值链主要是相对于一个企业而言的，是针对企业经营状况开展的价值分析，其目的是弄清楚企业的价值生成机制，剖析价值链条的构成并尽可能优化，从而促进企业竞争优势的形成。企业不同，其价值生成机制也不同。在这些企业的价值链条构成中各有其价值生成的重要节点，有的是生产，有的是研发，有的则是营销或管理。如果企业某一节点上的价值创造能力在同行中遥遥领先，那么可以说这个企业在这方面具有核心竞争力。另一方面，价值链的不同环节之间并不一定是原料——半成品和成品的关系，如美国的汽车业和中国的汽车业以及韩国的汽车业就处在价值链的不同环节，但他们并没有直接的产业链关系。

供应链往往是相对多个企业而言的，除非是大型的企业集团，否则很难构建单一主体的供应链。即使如此，大型企业集团也难免向集团外部延伸。因此，供应链可以说是企业之间的链条连接。供应链来源于物流范畴，供应链管理一般来讲，指的是跨企业的物流管理。但是，随着现代电子商务的发展，许多企业在完成其自身流程的变革后实现同其他企业的连接已不仅仅局限在物流管理层面上，这使得供应链管理的内涵增加了商流的内容。供应链管理的发展是由计算机网络技术发展推动的，同时也是企业实施战略联盟和虚拟经营的结果。企业实施供应链管理的目的，一方面是为了降低成本，另一方面是提高反应速度。

产业链是相对不同企业的概念，甚至是相对于不同区域和国家的概念。从某种程度上说，产业链是企业社会分工的有序结合。因此，产业链的含义范围大于供应链。产业链理论在宏观经济管理和区域发展中发挥着重要的作用，对于经济板块联系的加强以及产业复合体的形成均有着重要的推进作用。

关于产业链、价值链与供应链三者的联系，主要体现在以下方面。

从静态来看，产业链与价值链虽有差异。但事实上从斯密-马克思-杨小凯的分工分析体系来看，二者联系紧密。浙江许多专业化产业区的成长过程，就是一个“古典企业”内部的价值链的分解过程，原来一个企业内部的不同价值环节不断地外包，自己只做核心价值环节，其他环节让那些专业化生产或服务公司去做，这是一个分工的专业化和迂回化过程。尽管环节加长，但是效率成倍地增加，产业链于是逐渐形成。价值链的长短则是由该产业的主要生产技术的可分性决定的。价值链可以理解为产业链的表现形式，经过产业链上的不同企业，生产资料自身的价值也随之增加。

价值链理论的应用有助于人们了解企业的价值生成机制。它既是一个分析竞争优势的工具，同时也是建立和增强竞争优势的系统方法。但是，价值链并不是孤立存在于一个企业内部，而是可以进行外向延伸或连接。如果几个企业之间形成了供应链连接，并实现了同步流程管理，那么可以认为这些企业的价值链已经实现了一体化连接，只不过这时价值链已经不再是价值链条，而是变成了价值网络。因此，可以说企业认清自己的价值链是实施供应链管理的前提。

产业链概念虽偏向于中观或宏观研究，但其运作的载体却是企业。产业链条的构筑依赖于企业之间在经营上的有序连接。供应链的连接可能是多向的，也可能发生在有限的产业范围内；而产业链条往往是垂直的和宽范围的，或者说是多环节的。可以说，供应链的连接往往是产业链生成的基础，而产业链条正是多重供应链条的复合体。

（4）产业链与产业集群

产业集群是指大量联系密切的企业以及相关支撑机构在某一特定地理区域内集聚，并形成区内企业之间柔性专业化分工，结成紧密的合作网络，植根于当地不断创新的社会文化环境的空间组织体系。产业链强调的是产业内企业间的产业关联和配套关系。如果企业之间的产业关联和配套比较紧密和完善，这些企业构成了完整的产业链，所有的企业在这条产业链中都发挥了应有的作用，只是它们在其中的地位和作用不尽相同，有的企业起着核心主导作用，有的企业则扮演着为核心企业配套的角色。一般而言，在产业链上的企业，可以是地理靠近的，也可以是空间离散的。而产业集群则要求产业内企业尽可能在空间地理上靠近，同时产业集群内企业既要在纵向上构成一条完整的产业链或产业链片断，还要在横向上构成竞争合作链。如果产业集群内的企业在产业联系上构成了一条或若干条完整的产业链，通常则会形成规模较大、竞争力较强的产业集群。

产业链并不就是产业集群，但产业集群内一定含有一条或几条完整的产业链或产业链片断。一条完整的产业链或产业链的片断落在某空间区域内发展壮大就形成了产业集群，产业链可分成若干层次，相应的每个层次的产业链形成了若干不同级别的产业集群。一个开发区内若很多企业扎堆，但这些企业不一定构成产业链，也不一定能构成产业集群。一个工业园区内有若干企业扎堆，这些企业一般都形成一条或几条产业链，但不一定能构成产业集群。

比较产业链和产业集群的概念和特点，二者的关系可以动态地表述为：初期，一个企业在某个产品或市场（从生产到销售再到融资、技术研究、服务等各个价值环节的全部）上干得不错，逐渐地，市场竞争越来越激烈，企业要追求利润，不能“大而全”“小而全”，面面俱到反而成本高昂；于是，将那些辅助或非专业化环节外包，或者将非专用性资产出售，企业只做自己最擅长的价值环节，塑造企业核心能力。如果那些外包环节或者处理的资产在原有企业的周围，久而久之，从原材料采购到最终的销售服务整个价值链环节由不同的企业来独立运作，就形成了一条完整的产业链，如果这条产业链在一个相对独立的区域，就是产业集群。

（5）产业链的维度

通过对产业链的概念的描述，认为产业链是产业各个部门之间具有的一种技术经济关联关系，并依据一定的逻辑关系和空间分布关系而客观形成的一种关联关系形态。产业链的本质是描述具有某种内在联系的企业群结构，它是相关产业组织形成的一种功能性网链结构。产业链理论表述了产业的关联程度，这种关联关系主要体现在五大方面：①产业链是满足需求程度的表达；②产业链是产品价值传递的表达；③产业链是资源加工深度的表达；④产业链是主导核心技术的表达；⑤产业链是产业地理空间布局的表达。基于这一定义，把以上 5 种产业链的重要方面称为供需链、价值链、产品链、技术链和空间链，见表 3-3。

表 3-3　产业链的维度

产业链的子维度	含义
供需链	描述企业之间满足彼此供应和需求的契约关系
价值链	从原料到产品或服务的价值传递和增值过程，强调价值的增值及分配
产品链	从原料到交付产品或服务的物理性能或功能完成过程，是产品功能形成和资源加工深度的表达
技术链	产业链的主导核心技术
空间链	产业链的地理空间布局特性，强调产业空间分布

① 供需链　产业链描述了相同产业内不同企业间的关联程度，这种关联程度本质上是一种企业之间供应和需求的结构关系——供需链。产业链上下游企业之间的供需关系形成了供需链——上游企业向下游企业输送产品和服务，下游企业和上游企业之间存在大量的信息、物质交换。伴随着产业链上的企业之间分工协作紧密程度的增加，产业链上的企业之间的联系还可以通过产权关联、准市场关联等契约方式满足供需关系。

② 价值链　产业链的导向是产品价值的创造和传递，反映了从原材料到消费品的价值增值过程。产业链是由社会分工导致的，在市场交易机制的作用下，产业链组织不断发生变化。随着产业内分工不断向纵深发展，传统产业内不同类型的价值创造活动逐步由一个企业为主分离为多个企业的活动。产业链背后所蕴藏的价值创造的结构形式，代表了产业链的价值属性。在通常情况下，产业链上的价值分布是不均匀、非静态的;产业链内部不同的组成关系也会影响价值链的分布。产业内具有垄断地位的企业和产业链上的“链主”企业，通常能获得较高的价值体现。

③ 产品链　产业链反映了由自然资源到消费品的生产加工过程，产业链上的每一个企业都需要完善产品的使用功能。产业链是由产业中间产品生产企业或配套企业组成的产业链条。

产业链上的企业既可以由一个上游企业同时向下游节点的多家企业提供配套产品，也可以由处在同一节点上的几家上游企业同时向下游的同一家企业提供配套产品。从功能角度来看，产业链上游企业到下游企业是产品或服务功能不断加强的顺序过程。

④ 技术链　每个产业要存在和发展都需要主导技术，这些主导技术是最终形成产品或服务的支撑环节。因此从技术角度来看，技术链是产业链的重要特性之一。产业的主导技术和产业本身之间是互动发展的关系，技术的创新可以促进产业的发展，产业的发展也会推动技术进步。而同时需要注意的一个现象是，随着知识管理在各个领域的兴起，从知识的视角探讨产业链的研究也越来越多。本书把知识链归结为技术链的范畴，最主要的原因之一是显性知识最终要表现为技术这种形式；而对应的隐性知识由于难以描述，主要蕴含在具体行为中，在产业链的概念中难以清晰表述。

⑤ 空间链　空间链表现了产业链在不同地理空间上的分布特性。从当前产业链发展看，发达的产业链都会在空间布局上表现为在某一地区的“扎堆”现象，即产业集群。通过对产业链空间分布状况的研究，提供一种产业链升级的思路，优化产业链的空间分布是产业链研究的重要内容。

综上所述，产业链的概念反映了供需链、价值链、产品链、技术链和空间链的五位一体。这五个维度也相互影响、相互制约，揭示了产业链最重要的特性：供需链是产业链存在的前提；产业链形成的关键是价值链的衔接；产业链提供相似的产品或服务；产业链的主导技术是推动产业链重构的重要因素之一；发达的产业链在空间分布上会表现为产业集聚。

3.1.2　产业链的形成机制

在讨论产业链机制形成之前，必须先明确产业链形成的内外影响因素有哪些，其次，应当从不同视角探讨产业链形成的动因。为此，本章节从企业和产业两个层面探究，促进产业链机制形成的潜在动因，在此基础上，进一步提出产业链形成机制的系统性决策框架。

（1）产业链形成的影响因素

① 环境适应性　产业链的形成与外界环境是相互作用和相互影响的，而外界环境的变化促使产业链也需要进行调整，产业链调整和变化要求企业必须进行相应的调整，才能适应变化的环境，创造市场进入的柔性，加强竞争的创新性。核心企业战略性环境适应既是产业链形成的动态原因，也是其能否形成的关键因素。合作伙伴只有在战略上动态地适应核心企业的需求，保证自己能很好地适应外界动态变化的环境，通力合作，在组织上相互协调，在人力资源、企业文化以及运营上协同，才能取得成功。在合作伙伴之间，既存在合作，又存在竞争，竞争与合作是产业链管理的核心争论点。值得注意的是，相互协调是产业链成功的核心保证。

② 动机整合性　产业链中各相关主体在动态环境作用下产生构建产业链的动机，可以从以下几个部分来说明：首先，各主体间需要具有共同的愿景，这是合作的驱动力。共同愿景使各主体在合作目标上容易达成共识，从而使其相互之间更加容易建立动态的适应。由于产业链能增加双方价值，合作伙伴为了增加各自价值，会有意识地进行协调配合，使合作成功。再次，构建产业链能加大合作伙伴的市场进入性，或使产品被市场更广泛地接受；另外，产业链需要构建产业链联盟才能动态适应快速变化的外部环境。

（2）产业链形成的动因

蒋国俊和蒋明新（2004）在产业集群的基础上对产业链形成的原因进行了分析，认为产业链形成受以下几个因素影响：一是在当今激烈的市场竞争当中，产业竞争不再是以单个企业为单位竞争，而是以网络型的产业链参与竞争，企业要想在竞争中取胜需要有较好的产业链；二是因为形成产业链更有利于应对迅速变化的顾客需求；三是因为人才聚集降低企业招聘环节成本；四是产业链相比较于分散和随机的市场交易纵向一体化的企业关系，具有更加灵活性的管理。另外，他还提出保障产业链稳定运行的三大机制，分别是竞争定价机制、利益调节机制以及沟通信任机制。吴金明、邵昶提出了“4+4+4”模型来阐述产业链的形成机制，第一个“4”指产业链是包含价值链、企业链、供需链和空间链四维对接的概念，第二个“4”指四种调控产业链的机制，分别是“无形之手”、“企业内部调控”、“市场结构和行业间的调控”和“政府的宏观调控”，第三个“4”指产业链的四种模式，分别是市场交易式、纵向一体化、准市场式和混合式产业链，简称四维对接、四维调控以及四种具体模式的“4+4+4”模型。吴金明、黄进良、李民灯根据产业链是由龙头企业、核心企业和配套产业组成的，在此基础上提出产业链形成的三个驱动机制，分别是龙头企业需求拉动机制、核心企业创新驱动机制和配套企业双向传导机制等三类机制。刘明宇、翁瑾认为产业链是分工逐步深化的结果。随着迂回生产链条的延长，生产分工从企业内部扩展到企业外部，生产协作由企业内部的权威协调发展到企业间的社会分工协作，最后形成了产业链。

不论是从企业层面还是产业层面考虑，产业链形成的主要动因都是为了实现价值的创造和增加。即实现产业价值的最大化，达到 1+1>2 的强化效应，带来企业或产业整体价值的增加。

（3）产业链形成的企业层面动因

企业追求的目标是利润的最大化。随着产品市场的竞争愈发激烈，以同质化产品难以在市场中赢得竞争优势地位，并且面临巨大的“价格战”压力。因此，企业通过与产业链中的利益相关者合作或外包等形式来实现链内资源的有效整合，从而以产业链的整体优势来提升企业的竞争力，通过对链内异质性知识的有效吸收，来对企业内部的产品或服务进行升级，以此来满足异质性的客户需求，进而获取市场竞争优势。

① 市场的激烈竞争　激烈的市场竞争是促进产业链形成的重要外部因素。以产品市场为例，“低价格战”等行径无不在压缩企业的利润甚至是生存空间。为了在如此激烈的竞争环境中获得一席之地，取得竞争优势，根本在于扩大市场份额，因此，企业必须要实现拓展生产，以扩大自身的销售网络，提高市场占有率，以获得利润，不被淘汰，这样就无形中促进了产业链的形成。简而言之，企业期望通过产业链的形成来实现企业生产的规模效应和企业经营的范围经济。

② 资源的有效整合　在市场经济时代，谁能迎合市场需求，谁能生产出最让消费者满意的商品，谁就能在竞争中获得胜利。然而，信息时代单个企业的资源条件有限，为了能够及时准确地获取信息资源，获取最新的市场需求，就需要更多的企业分工合作，将流程细化，由不同企业负责不同的环节，搜集不同的信息。这样不仅能够获得最及时准确的需求信息，还能根据市场的反馈信息灵活调整竞争策略，以最好地迎合市场需求。

③ 知识的充分扩散　显性知识被视为能够通过“干中学”来达到学习和使用目的的一类知识，而隐性知识则被视为难以言喻的、内嵌于组织生产流程和运营方式的一类知识，并且，能够为企业带来竞争优势的一类知识往往属于隐性知识。随着产业的发展，逐渐形成相关企业集中于一处的趋势，这种集聚效应有利于企业之间信息、技术、资源等交流，有利于企业的分工与合作，无形中促进了产业链的形成。基于产业链的形成，通过企业间的相互沟通、交流与合作，能够有效促进企业间知识的流动和吸收，从而实现企业竞争能力的增强。

④ 企业的良性发展　虽然单个企业通过企业规模化生产能够降低生产成本，实现价格竞

争优势，也能够通过增加产品或服务的供应类别来实现企业范围经济，但是，这也给企业带来了诸如管理的复杂性增加、内部协调的成本增加等不利影响。产业链具有突出的优点，不仅可以促进企业间分工合作，协同发展，还可以一定程度上避免单一企业规模过大，引起的管理复杂和垄断问题，正是由于这些优点，不论是有形的手还是无形的手都鼓励和促进了产业链的形成。

（4）产业链形成的产业层面动因

袭勤林强调了产业集群与产业集聚是产业链形成的必要非充分条件，他认为只有经济活动在特定地域空间上形成产业集群之后，产业集群内的企业和部门之间才容易形成多种经济和技术上的联系，为进一步引导和培育产业链提供土壤。他还总结了产业链形成的三条途径：一是同一若干专业化分工属性的产业部门在空间的集中，出于拓展市场关联和降低交易费用考虑而联合集结形成产业链；二是不同区域的各层次专业化部门为加强前、后项联系，突破边界限制，走向区域产业链式一体化；三是由某一发育成熟的产业部门在市场需求条件下衍生出若干与之相关联的产业部门，逐环相扣而形成产业链。

① 产业集聚　具有专业化分工的企业在地域或空间上相对集中，这些企业基于节约成本，加强技术交流，拓展市场等发展需要，在地域和空间上组成了利益共同体，形成集聚效应，从而导致物理形态上产业链的形成，加强了物质、信息的流通和产业之间的技术经济交流。产业集聚不仅可以实现区域内同质化知识的强化和升级，而且有助于集聚区域内异质性知识的流动，通过集聚区域内部的沟通与合作，最终实现集聚区域的知识强化及知识互补，以区域内企业的渐进式创新和突破性创新相协调的方式，来强化区域的整体竞争力。

② 产业互补　产业互补主要是指产业链涉及的产品具有互补性，上下游产业链的优势互补可以提升产业链的整体竞争能力。以半导体产业为例，在广东和浙江经常不需要走出商圈，客户便可以以较低价格买到半导体产品相关的所有产品和配件。原因在于，区域内部的半导体产业在形成集聚效应的基础上，还实现了产业互补功能，这种兼具竞争和合作的区域性产业互补，有助于实现区域产业升级，进而打造区域品牌效应。位属于不同经济专业领域的产业，基于提升本产业竞争力、获取更多利润的考虑，同上下游的相关产业结成了纵向一体化，实现分工协作，利益共赢，促进了产业链的形成。

③ 产业融合　产业融合已经上升为我国国家层面的战略。以制造业和服务业为例，制造业面临着产品同质化竞争、“制造金融化”等发展问题，而服务业面临着“脱实向虚”的发展困境。因此，我国提出“两业融合”的发展战略，即打造“服务型制造”的新业态、新发展模式。制造企业的服务化转型能够避免同质化竞争，即以服务供应来实现与竞争对手的差异化竞争。服务企业的制造化能够避免服务业“脱实向虚”，进而实现制造业与服务业的协同共进，为我国经济发展增添活力。某一技术成熟、资金充沛、设备齐全的主导产业为了迎合市场需求带动了相关产业的发展，这些相关产业多是与其主打产业功能配套或服务于主打产业的产业，在这种带动作用下，这些产业基于产品或技术的紧密关联性而形成了产业链。

3.1.3　产业链机制构建的框架

（1）产业链构建的基本要素

产业链的构建从微观视角来看表现为节点对企业的衔接，从宏观和中观上看则表现为对产业链纵向关系的治理，它涉及企业、政府、投资者、经营者等多个方面。产业链构建的基本要素包括产业链构建的主体、客体、内容及治理模式。

产业链构建的主体主要是指在产业链节点上起主导作用的节点企业，一般来说，核心企业具有关键的生产技术或较强的资本实力，并对整个产业链的发展具有重要引导作用，而从属地位的企业要围绕核心企业进行产业衔接与延伸。

产业链构建的客体主要是指产业链上的节点企业所处的经济、技术、管理、体制、历史、文化等因素。它们通过影响节点企业间相互衔接的方向和范围来发挥作用。

产业链构建的内容主要是指产业链衔接或延伸的方向和范围。产业链延伸的方向主要是考虑横向同业延伸，或者是向上下游纵向延伸，抑或是相关业务的延伸。产业链延伸的范围主要因素包括投融资机制、资本运作机制与工具、技术创新和技术选择、制度安排、品牌、营销等。

产业链构建的治理机制主要是指产业链上的节点企业相互间以何种方式或组织模式来实现交易。通常认为在选择治理机制时，节点企业之间的衔接不仅要考虑产业链上企业间的前后联系因素，即技术的转移、技术的复杂程度、知识的转移、文化的兼容性、关系的期限、对关系的贡献，还要考虑产业链上企业间的内部因素，即信任、承诺、声誉、相关社会规范、力量、控制和依赖程度等，此外，还要基于交易成本分析需求挑战的外部因素：即不确定性、复杂性、不对称信息、机会主义等。

（2）产业链形成机制研究

吴金明和邵昶（2006）通过对产业链形成的条件和动因进行分析发现：产业链形成的“四维对接”机制，即产业链的形成是由价值链主导，以企业链为载体，通过企业链在空间的分布，达到供需链之间相互链接以及实现价值链的目的。在这一机制的作用下，产业链内将实现均衡并达到稳定状态，最后形成一条产业链。

产业链是一种特殊的存在形式，与具有相对独立资源循环关系的市场和企业不同。因此，有研究者从不同的理论视角，分别在对产业链的形成进行分析的基础上，进一步对其成因进行分析，并建立起一套较为全面的产业链形成理论模型。所采用的理论包括交易费用理论、资源依赖性理论、战略联盟理论、企业资源理论、生态位理论等。运用经济学中的理性经济人前提假设，可以将产业链整体视为一个理性主体，它将追求效用最大化，具体路径如图 3-1 所示。

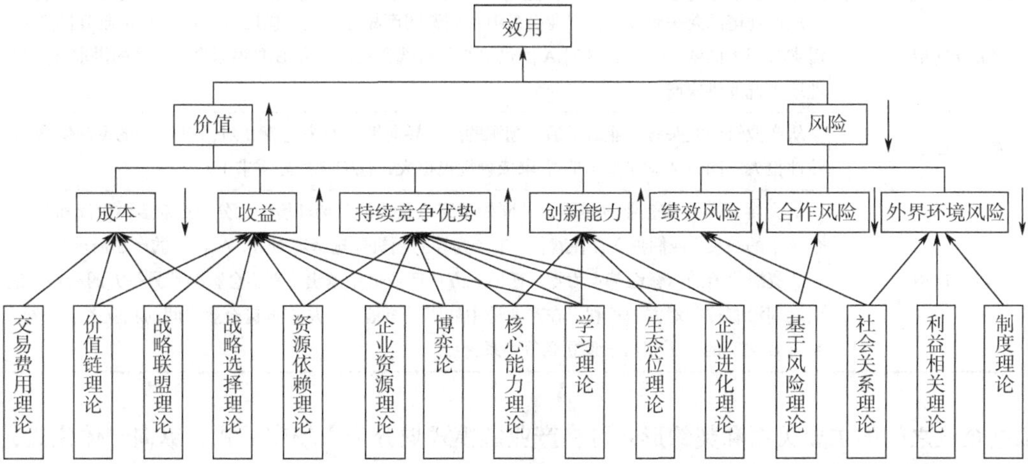

图 3-1　产业链形成机理的整体模型（来源：何太碧，2018）

从图 3-1 可以看出，在产业链所追求的目标中，效用最大化是作为理性产业链主体的最终目标。而效用最大化的实现，取决于产业链主体对其间价值和风险的权衡。其中，价值创造来源于收益和成本之间的差值。当边际收益大于边际成本，产业链主体会因为有利可图进而采取扩大规模的运作方式，进而增加产业链的价值。产业链中的主体面临的风险有三种：合作风险、绩效风险和环境风险。其中，合作风险主要是产业链中的主体要确保链中主体间信息交流的准确性、资源与能力的可交互性等，此外，还要规避由于信息不对称带来的机会主义行为。绩效风险是指产业链价值产出的不确定性，即外部市场导致的竞争性以及动荡性，此外，市场中客户需求的不确定性也增添了绩效风险，总之产业链的主体从产业链中获取的价值产出具有不确定性。环境风险主要是从战略的角度评估的风险。

从均衡分析的视角来看，产业链内各主体间进行联合协作的目标为：最大化价值创造，并减少风险因素。作为对目标达成的相应制度安排，产业链中各主体应该同时从增加价值创造和降低风险两方面进行管理决策。其中，价值创造不仅仅包括提高收益，还包括控制生产支出等，如战略联盟理论聚焦于从整合创新的战略合作形式来提高收益，交易费用理论主要着眼于将产业链中各个主体的成本和与成本相关的费用及其形成因素进行探究，资源依赖理论则聚焦于通过对产业链主体已有资源的充分利用来增加产业链的收益。

3.1.4 产业链的基本类型

从不同的角度，产业链的分类有很多种，众多学者在自己的研究中论述了产业链的分类。例如，根据产业链内部企业之间供给与需求依赖强度可将产业链分为资源导向型产业链、产品导向型产业链、需求导向型产业链、市场导向型产业链 4 种类型（李心芹、李仕明、兰永，2004），见表 3-4。

表3-4 产业链的基本类型与特征（一）

产业链类型	特征
资源导向型	从产业链源头看，产业链是循序渐进的资源供应链，供应商 A 的资源的充分供应对龙头企业 B 来讲相当重要，即 B 对 A 的资源供给有很大的依赖性，而 A 对 B 的产品需求则是有选择性的，A 是根据自己资源供应为导向有选择性地选择了 B 作为自己的龙头企业
产品导向型	从产业链的龙头企业看，产业链是追本溯源的产品导向链。供应商 A 对龙头企业 B 的产品需求有很大的依赖性，而 B 对 A 的供给则是有选择性的，即 B 是根据自己产品的需求有选择性地去选择供应商 A
需求导向型	从产业链的龙头看产业链是追本溯源的产品导向链。龙头企业 B 对供应商 A 的资源供给依赖性很大，同时 A 对 B 的产品需求依赖性也很大，他们都强烈需求于对方
市场导向型	供应商 A 与龙头企业 B 基本上共同处于完全竞争的市场环境中，分别是众多供应商和龙头企业中的一员，他们独立存在着，以市场为导向随机地选择着对方，A 对 B 的产品需求和 B 对 A 的资源供给的依赖性基本为零，任何一方从产业链中退出，都不会影响到另一方的利益，他们之间没有控制对方的权利，在产业链中处于平等地位。从产业链企业之间的相互关系来看，A 与 B 之间的关系相当于独立竞争关系

根据企业之间的主要关系和契约形式可将产业链模式划分为市场交易式、纵向一体化式、准市场式、混合式 4 种类型（吴金明、邵昶，2006），见表 3-5。

表3-5　产业链的基本类型与特征（二）

产业链类型	概念	特征
市场交易式	产业链中的企业之间是完全的市场交易关系，企业在产业链中的地位平等，靠供需链而组成一个有机链条	整个产业链中不存在垄断利润的节点，企业生产不会受制于某些厂商 产业链中的商品迂回程度较低，供需链中的技术链较短 过于“独立”式的生产不利于整合企业内、外部资源，不利于社会分工的发展和整体产业链价值的最大化 由于除了自己生产的产品以外都来源于外购，产品生产受市场环境的影响大
纵向一体化式	核心企业通过向产业链上游和下游的纵向一体化扩张而形成的产业链	产业链中的企业同属于一个企业集团或总公司，有着产权的关系纽带。总公司或集团公司通过控股或自建等方式对其他企业保持着强有力的控制，靠企业间的产权纽带形成一个产业链；在产业链内部进行“自给自足”，能够将产业链的各个环节纳入同一个经营体内，形成风险共担、利益共存、互惠互利、共同发展的经济利益共同体 将市场交易转化为企业集团内部生产，用集团内部的计划代替市场交易，从而使生产更加稳定 企业集团内部管理的难度大，不利于产业链整体效率的提高 适用于进入壁垒高、容易产生垄断的产业
准市场式	核心企业或龙头企业通过虚拟、OEM、ODM、特许经营连锁、外包、战略联盟、租赁等既非市场交易又非产权控制的形式，以及处在自己上游或下游的企业形成的一种既非完全市场交易又非企业集团内部关系的产业链	存在于商品经济高度发达、社会分工和专业化水平非常高的情况下 生产的灵活性高，最能适应消费者日益多样化的需求 本质在于选择产业链节点上的企业 适用于在信息技术运用较发达、技术成熟度高、技术关联性强的产业
混合式	含有市场交易式、纵向一体化式、准市场式这三种产业链模式中的两种或三种的结合模式	生产的灵活性，能适应消费者日益多样化的需求 能较好地实现产业价值 适用范围广

按照产业链的形成方式可以分为技术推动型、资源带动型、需求拉动型、综合联动型 4 类；按照产业链的龙头企业地位，产业链又可分为王国式产业链、共和式产业链以及联邦式产业链；按照产业链的形成机制，可将产业链分为自组织形成的产业链（市场交易式）和他组织形成的产业链两类（刘贵富、赵英才，2006），见表 3-6。

表3-6　产业链的基本类型与特征（三）

产业链类型	特征
技术推动型	当上游企业向中游企业提供技术和设备时，其投入的技术、设备就由上游企业向中游企业转移，上游企业顺利地实现了产品价值，中游企业吸收上游企业的技术、设备，生产产品并通过其产品向下游企业或消费者转移以实现产品价值
资源带动型	中游企业对上游企业的资源依赖性强，上游资源型企业基本处于垄断地位，上游企业只有少数几家或一家，而中游企业有很多家，中游企业处于激烈竞争环境中

续表

产业链类型	特征
需求拉动型	以消费者需求为中心，强调对消费者的个性化服务，强调与消费者的交流和消费者的满意度。需求拉动型产业链，启动产业链流程的不再是制造商，而是最终用户消费者。整个产业链的集成度较高，信息交换迅速，发展导向明确，企业见效快，但缺乏发展后劲
综合联动型	兼顾了技术推动型和需求拉动型的优点，同时具有发展后劲足、发展导向明确的优点
王国式	表现为大量中小企业围绕龙头企业，作为龙头企业的供应商或销售商，为龙头企业配套生产。龙头企业在产业链中处于领导地位，是整个产业链的物流中心，也是整个产业链的信息中心和资金周转中心。中小企业完全围绕龙头企业开展生产经营工作，这种合作关系相对比较稳定与密切，对区域经济发展带头作用较强，技术创新扩散也较易进行，有利于整个产业链的技术进步
共和式	表现为大量中小企业集聚，企业之间地位平等，无龙头企业，联系密切，长期分工合作使企业之间建立了相互信任与合作关系。产业链管理由行业协会负责
联邦式	表现为垂直关系网络、水平关系网络和相关产业关系网络的交互叠加而成的一种复杂的产业链体系。这类产业链一般是围绕两个或多个龙头企业形成多条产业链群，产业链群内有众多的垂直关系网络和水平关系网络，两个或多个产业链群之间存在互为依存的关系，其他企业与龙头企业之间形成像成品商和供应商之间的上下游投入产出关系

郁义鸿（2005）将产业链抽象为两个相关产业之间或相邻市场之间的关系，将这类关系分为上下游产业之间的纵向关系和并行产业之间的横向关系两类，并按照纵向关系的两产业中上游产业产品是纯中间投入品、纯最终消费品，还是既可以作为中间投入品又可以作为最终消费品 3 种情况，将纵向关系分为Ⅰ、Ⅱ、Ⅲ三类。以 A、B 产品为例，将上游行业的产品记为产品 A，将下游行业的产品记为产品 B。通常假定，下游厂商是直接面向消费者的生产者或上游产品的零售商。对于这样的上下游关系，可以根据产品 A 是否为中间产品这一属性加以区分。从现实中的各种情况来看，产品 A 的特性可能存在三种不同类型：第一种是最终产品，第二种是纯粹的中间产品，第三种，产品 A 既可以作为产品 B 生产的投入品，又可以作为最终产品直接面向消费者。我们分别称其为类型Ⅰ、类型Ⅱ和类型Ⅲ。此外将横向关系中下游厂商为生产者且两种中间产品是严格互补的情况归为第Ⅳ类（若下游厂商为销售者，则视为Ⅰ+Ⅳ型）。

此外，还有学者从产业链的层次范围角度、产业链的生态属性、产业链伸展的范围和内容、产业链涉及的内容、产业链上其他节点产业（或业务）之关系等角度对产业链类型进行划分（刘贵富、赵英才，2006；周新生，2006）。

潘成云从不同的角度对产业价值链进行了分类，如：从产业价值链的发育过程看有四种类型，即技术主导型、生产主导型、经营主导型、综合型；从产业价值链的形成诱因看，产业价值链有政策诱致型和需求内生型两种；从产业价值链独立性看，可以分为依赖型产业价值链和自主型产业价值链；从产业价值链的适应性看，可以把产业价值链分为刚性和柔性产业价值链两类。

王家瑞、王禹把一个产业系统内的不同产业结构链之间的关系分为产业结构链之间的无相关联和产业结构链之间的有相关联。提出这种相关联不是解决一个部门内部的问题，而是解决两个进行独立经济核算部门之间的问题，由于他们出于对各自利益的重视，将可能导致共享问题的复杂化。共享的复杂化将有可能抵消规模经营的效益和降低信息的有效性。不管以何种方式来调整发展模式，都必将引发协同调控的成本，具体包括时间成本、柔性成本和刚性成本等。

刘大可根据产业链中企业之间的相互依赖程度，将企业与其供应商的关系划分为供应商垄断型、目标企业垄断型、独立竞争型和相互依赖型四种类型，并讨论了各个不同类型中供应商与目标企业的控制权问题。由于资产的专用性、产业的垄断性等因素的存在，致使不完全竞争是市场的现实形态。不完全竞争意味着产业链中的企业不可能处于平等的地位，某个企业在整个产业链中控制其他企业的能力取决于该企业单方面退出产业链给其他企业带来的损失与给自己带来的损失的比较。企业经营者也都希望扩大自己的控制范围。但是，从现实情况看，企业在产业链中的地位往往并不取决于企业控制者的主观愿望，而是取决于企业的资金、市场网络、技术垄断性等。一般说来，有雄厚的资金实力、有专用性强的资产，而且有健全的市场销售网络的企业在产业链中将处于相对垄断的地位，他们不仅可以控制自己投资的企业，而且可以将权力延伸到产业链中的其他企业；相反，资金少、技术含量低、市场知名度低，而且缺乏健全的销售网络的企业必然处于产业链中的弱势地位，他们不仅不能控制其他企业，而且对自己企业的控制权也难以保全。

3.1.5　河南省产业政策

（1）战略支柱产业政策

战略支柱产业是在一定时期内对区域经济发展具有较大贡献和较强带动作用并具有长期持续、稳定增长性质的产业，是国民收入的主要来源。近年来，河南省为壮大和巩固提升装备制造、绿色食品、电子制造、先进金属材料、新型建材、现代轻纺 6 个战略支柱产业链，出台了一系列支持政策，比较重要的参见表 3-7。

表3-7　战略支柱产业政策

政策发布时间	政策目标	政策工具	产业链
2020 年 7 月 15 日	加快推进农业机械化和农机装备产业高质量发展	河南省人民政府办公厅关于加快推进农业机械化和农机装备产业高质量发展的意见	装备制造产业发展和应用
2021 年 8 月 18 日	促进经济社会发展全面绿色转型	河南省人民政府关于加快建立健全绿色低碳循环发展经济体系的实施意见	包含绿色食品产业

（2）新兴产业政策

战略性新兴产业是转变经济发展方式、构建产业新体系的重要支撑，引领着未来经济发展，体现了新兴科技与新兴产业的深度融合。对于河南而言，加快发展战略性新兴产业，更有利于将后发优势转化为产业优势、经济优势和核心竞争优势。2021 年 4 月 2 日，经河南省第十三届人民代表大会第四次会议审查批准的《河南省国民经济和社会发展第十四个五年规划和二〇三五年远景目标纲要》明确提出：实施战略性新兴产业跨越发展工程，力争实现产业规模翻番；着力构建新型显示和智能终端、生物医药、节能环保、新能源及网联汽车、新一代人工智能、网络安全、尼龙新材料、智能装备、智能传感器、5G 等产业链；重点培育 10 个千亿级新兴产业集群。近年来，相关产业政策参见表 3-8。

表3-8　新兴产业政策

政策发布时间	政策目标	政策工具	产业链
2019年1月8日	加快形成新型显示和智能终端产业联动发展新格局，推动智能终端产业转型升级	《河南省新型显示和智能终端产业发展行动方案》	新型显示和智能终端
	推动现代生物和生命健康产业加速发展，培育新兴支柱产业，加快形成新动能	《河南省现代生物和生命健康产业发展行动方案》	现代生物和生命健康产业
	加快提升环保装备和服务产业的规模及竞争优势，促进绿色发展	《河南省环保装备和服务产业发展行动方案》	环保装备和服务产业
	加快建设具有国际竞争力的尼龙新材料产业基地	《河南省尼龙新材料产业发展行动方案》	尼龙新材料产业
	抢抓新能源及网联汽车发展机遇，打造汽车电子新的千亿元级产业集群，培育制造业新增长点	《河南省汽车电子产业发展行动方案》	新能源及网联汽车产业
	抢抓新一轮科技革命和产业变革机遇，推动全省传感器产业高质量发展	《河南省智能传感器产业发展行动方案》	智能传感器产业
	加快推动河南5G（第五代移动通信技术）产业发展，培育新经济、形成新动能，促进网络强省建设	《河南省5G产业发展行动方案》	5G产业
	抢抓新一代人工智能发展重大战略机遇，培育新的经济增长点	《河南省新一代人工智能产业发展行动方案》	新一代人工智能产业
2019年1月23日	加快推动河南智能装备产业发展，提升装备制造产业能级和竞争优势	河南省人民政府办公厅关于印发河南省智能装备产业发展行动方案的通知	智能装备产业
2019年6月10日	进一步加大城市建成区新能源汽车示范应用力度，提升河南新能源汽车推广应用水平	河南省人民政府办公厅关于印发河南省加快新能源汽车推广应用若干政策的通知	新能源及网联汽车产业
2019年9月21日	提升河南省煤矿智能化水平	河南省人民政府办公厅关于印发河南省煤矿智能化建设实施方案的通知	智能传感器和人工智能技术在煤矿产业的应用
2020年5月29日	加快推动河南5G（第五代移动通信技术）产业发展，培育经济高质量发展新动能，进一步促进网络强省建设	河南省人民政府办公厅关于印发河南省加快5G产业发展三年行动计划（2020—2022年）的通知	5G
2020年7月15日	健康有序推进河南新型智慧城市建设，推动数字经济与新型城镇化融合发展，提升城市治理现代化水平	河南省人民政府办公厅关于加快推进新型智慧城市建设的指导意见	人工智能、智慧终端、5G等产业应用场景
2020年8月4日	加快推进新能源汽车充电桩等新型基础设施建设的重要部署，加快推进河南电动汽车充电基础设施建设	河南省人民政府办公厅关于印发河南省加快电动汽车充电基础设施建设若干政策的通知	新能源及网联汽车产业
2020年11月3日	为加快新兴产业发展，培育新兴产业链，壮大发展新动能	河南省人民政府办公厅关于建立新兴产业链工作推进机制的通知	推进新兴产业链发展
2021年1月13日	加快推进煤矿智能化建设	河南省人民政府办公厅关于印发河南省煤矿智能化建设三年行动方案（2021—2023年）的通知	智能传感器、人工智能和智能终端等技术在煤矿产业的应用

续表

政策发布时间	政策目标	政策工具	产业链
2021 年 4 月 12 日	加快 5G、工业互联网、物联网等新一代网络基础设施建设，稳妥推进大型数据中心、人工智能等信息技术基础设施建设	河南省人民政府办公厅关于印发河南省推进新型基础设施建设行动计划（2021—2023 年）的通知	5G、人工智能等产业发展
2021 年 2 月 24 日	明确了 10 大新兴产业链中的 5 个有较好基础的产业，3 个有一定基础的产业，2 个处于起步阶段的产业，以及 6 个支柱产业的发展	河南省人民政府关于明确政府工作报告提出的 2021 年重点工作责任单位的通知	发展 10 大新兴产业和 6 大支柱产业，大力发展现代服务业
2021 年 7 月 30 日	带动更多社会资本支持河南实施战略性新兴产业倍增计划，推动产业转型升级，加快构建现代产业体系	河南省人民政府办公厅关于印发新兴产业投资引导基金创业投资引导基金实施方案和考核评价办法（试行）的通知	新兴产业投资市场化

（3）与其他省份产业政策对比分析

产业远景性政策较多，但产业定位尚不明确。现阶段，河南省政府办公厅已陆续出台了数十条新兴产业发展相关的政策文件，从产业政策数量上来说，这相比同为中部六省之一的山西省以及较为发达的浙江省而言均是较为多的。一方面是由于河南省新兴产业发展主要还处于起步阶段，相比浙江省而言，一些高科技创新发展相关的模式和路径仍处于探索阶段，并且由于各个省之间的省情存在一定的差异性，难以复制其他省市的先进经验。另一方面也说明，现阶段河南省对于新兴产业的发展缺少具体的规划，以十大新兴产业为例，虽然明确了发展基础较好的生物医药、节能环保、尼龙新材料、智能装备、新能源及网联汽车 5 个产业，有一定发展基础的新型显示和智能终端、网络安全、智能传感器 3 个产业，以及处于起步阶段的 5G、新一代人工智能 2 个产业，并且提出了差异化的建设目标。但这些目标目前仅着眼于产业自身发展，而忽视了与外部环境的交互。例如，河南省新兴产业发展与中部其他地区的发展之间的关系是什么？相比之下，浙江省则更多地从“长三角一体化”战略以及 G60 科创走廊（浙江段）出发，对省内新兴产业发展及其和上海等城市之间协同关系作了明确定位。因此，有待进一步对河南省产业发展政策细化，明确河南省新兴产业在中部六省、“一带一路”等发展带上的功能定位，实行差别定位，实现区域协同发展。

产业发展的共性识别不足，科技创新的促进力度不够。实质上，新兴产业的发展说到底还是归根于相关产业的创新能力，河南省要想把握新兴产业的先进发展并实现一定程度的领跑，那么区域创新生态系统的建立则必不可少。创新生态系统是以协同创新为核心且具有自演化功能的创新体系。从创新要素上来说，需要包括创新主体、创新资源和创新环境在内的共同作用。其中，创新主体包含以企业为主的技术创新主体和以高校、科研院所为主的科技知识创新主体，而这两类对于河南省而言优势均不明显。首先，在科技知识创新主体上，河南省缺少浙江大学、西湖大学这类具有较强原始创新能力的高校，而在技术创新主体上，企业（尤其是民营企业）的创新活力又远不如浙江。因此，如何有效激发创新主体的主观能动性是促进新兴产业根本性发展的重要因素。在科技知识创新主体层面，河南省可通过改革高校和科研院所对经费划分的自主分配权，来激发科研人员创新的主观能动性，此外，要保障科技创新知识产权，建立相关的法律法规，来推动科技成果的产业化。在技术创新主体层面，由于河南地理位置具有一定的局限性，政府要大力鼓励企业采用人才“飞地”等方式，尽一切可能地吸引高科技人才“为我所用”，此外，要采取普惠性政策来促进企业创新的主动性，如广泛采用“创新券”的方式来降低中小企业的创新成本。

3.2 河南省产业链布局特点

《河南省国民经济和社会发展十四五规划和二〇三五年远景目标》对产业链体系及布局做出了清晰明确的规划，既指出了产业发展的主攻方向，明确了战略支柱，又大力培育新兴产业。河南省产业链布局以制造业高质量发展作为主攻方向，实施战略支柱产业链提升工程，巩固提升装备制造、绿色食品、电子制造、先进金属材料、新型建材、现代轻纺等六大战略支柱制造业，形成 10 个万亿级产业集群，进一步推进产业链现代化。与此同时，大力发展新兴产业，推动新型显示和智能终端、生物医药、节能环保、新能源及网联汽车、新一代人工智能、网络安全、尼龙新材料、智能装备、智能传感器、5G 等十个新兴产业链跨越式发展，重点培育 10 个千亿级新兴产业集群。

“十四五”产业规划蓝图凸显“新”：创新经济发展理念、打造中西部创新高地、实施战略性新兴产业、产业集聚区新定位、产业集聚区发展新思路。

创新经济发展理念，激发经济内生动力。新一轮科技革命和产业变革加速演进的大背景下，创新已成为决定区域核心竞争力的关键因素，河南省作为总量超过 5 万亿元的经济大省，要在以高质量发展、创新发展为导向的区域竞争中占得先机，必须创新培育产业发展新动能，创造产业链的新需求、新供给，释放市场化改革红利，实现创新驱动型的内涵式发展模式。

打造中西部创新高地，抢抓国家优化区域布局新机遇，积极争取国家级重大创新平台、重大科技基础设施布局，创建国家级科技成果转移转化示范区，推动郑洛新自创区提质发展，加快建设郑开科创走廊、强化企业创新主体地位，培育 100 家创新龙头企业，争取高新技术企业数量突破 1 万、科技型中小企业突破 1.5 万。推动产业链、创新链深度融合，构建良好创新生态，让河南成为中西部创新高地。

推动新兴产业跨越式发展，加快建设现代化产业链体系。以制造业高质量发展为主攻方向，实施战略支柱产业链提升工程，装备制造、绿色食品、电子制造、先进金属材料、新型建材、现代轻纺 6 大支柱产业在现有的基础上巩固与提升，积极构建新型显示和智能终端、生物医药、节能环保、新能源及网联汽车、新一代人工智能、网络安全、尼龙新材料、智能装备、智能传感器、5G 等战略新兴产业链，形成 10 个千亿级新兴产业集群。

从产业链的载体形式看，产业集聚区被赋予了新的定位，产业集聚区要跳出园区、跳出产业，在服务河南高质量发展大局中赋予新的角色和定位。产业集聚区是践行创新、协调、绿色、开放、共享发展理念的重要载体，推动产业低碳化、循环化、集约化发展，建设安全、绿色、开放、共享的产业集聚区。产业集聚区是河南落实新发展理念的关键环节，成为区域经济高质量发展、高能级产业链体系的重要载体。

从产业链的功能表现看，产业集聚区将由传统地理位置的园区，升级为产业链系统生态园区。从产业链的带动辐射作用看，通过产业集聚区联结城与乡，资源与人力，农业和工业，推动了县域经济高质量发展，特别是在全面推进乡村振兴阶段，产业链的合理化布局与系统化发展，引领、推动了农业、工业和服务业的全面融合。

从产业链的发展思路来看，强调差异化价值策略，系统筹划创新、资源、区域等要素的差异性和产业链的价值体系，既要充分权衡省、市、县不同区域层面产业链的衔接，也要统筹产业链上下游企业的协调发展。

3.2.1　产业链的区域空间分布特点

河南省在“十三五”期间，经济总量连续突破 4 万亿元、5 万亿元，产业结构实现由“二三一”到“三二一”的历史性转变，河南省已从乡村型社会向城市型社会转变。丝绸之路海陆空网四路协同的格局基本形成，实现了由全国发展腹地向内陆开放高地的历史性转变。同期全省工业总量位居中西部第一，全国第五，战略新兴产业占工业增加值的比重提高到 22%以上，建成装备制造、现代食品两个万亿级产业集群，国家级新型工业化产业示范基地十三个。河南经济产业结构持续调整优化。

“十四五”是河南省产业转型升级的关键期和攻坚期，要注重系统集成和补短板，要突出产业布局特色，协调全省发展下好一盘棋。

一方面要立足河南省现有产业基础和比较竞争优势，巩固、壮大装备制造、绿色食品、电子制造、先进金属材料、新型建材、现代轻纺等六大战略支柱产业链，打造具有竞争力的万亿级经济产业支撑体系。另一方面，要培育、壮大战略性新兴产业链，以新型显示和智能终端、生物医药、节能环保、新能源及网联汽车、新一代人工智能、网络安全、尼龙新材料、智能装备、智能传感器、5G 等十大新兴产业链为主体，强化战略性新兴产业链的示范与引领作用，推动河南产业布局向高端拓展，打造中西部创新高地。

推动形成以国内大循环为主体、国内国际双循环相互促进的新发展格局，是以习近平同志为核心的党中央根据我国发展阶段、环境条件的变化作出的事关全局的系统战略决策。河南作为中西部地区的核心省份，是推动我国实现高质量发展战略的重要承载力量，平衡好地区增长与产业结构的关系，以产业结构转型调整升级为契机，推动经济实现可持续性、高效增长已成为河南省全面发展的关键点。

产业链的空间布局与经济区域紧密相关，产业内的企业会在不同区域间，积极探寻适合其经济活动的最优区位，这种“寻优推移”的过程，必然会影响产业链各环节的空间布局，正因如此，区域的经济发展已由传统的企业实力型调整为产业链带动型。产业链的空间布局越合理，资源间互补优势越突出，区域的经济发展优势和发展特色越明显。河南战略性支柱产业的快速发展，对河南省的工业经济增长发挥了极为重要的作用，支柱产业占工业增加值的比重持续增长，2019 年六大支柱产业增加值占全省规模以上工业增加值比重接近 50%。

以河南食品产业为例，依托农业大省丰富、优质的农产品资源，坚持“粮头食尾”“农头工尾”的发展思路，以农促工，依托县域经济建设农产品精深加工产业集群，通过优质、特色农产品规模化发展，将“中国粮仓”变为“国人厨房”。目前全省规模以上食品企业达 3000 多家，食品产业也成为河南省重要的支柱产业。

电子信息产业作为知识经济时代的核心产业，国内外对产业资源的竞争尤为激烈，河南省在电子信息产业链布局时，坚持高端化、绿色化、智能化、融合化的发展方向，以龙头带动、集群配套、创新协同的产业链发展思路，重点布局智能终端研发生产基地，通过富士康等龙头企业的带动，同时引进酷派、中兴、天语等多家智能终端企业落户河南，智能手机产业集聚日益完善，产业链价值增效明显。此外，依托智能终端、电子材料、新型电池等产业优势项目和信息安全、光电子、软件和信息技术服务等产业特色项目，实现规模效应，提升核心竞争力。

以郑州航空港经济实验区为核心，重点培育智能终端产业生态链。新乡以硅麦、车辆监测传感器及仪表等产品为重点，建设培育光电信息产业链。鹤壁依托经济技术开发区，建设百亿级电子信息产业基地，重点发展汽车电子、光电子、通信设备等智能传感器类产品链条。洛阳、濮阳、南阳等地区结合区域产业基础，重点培育环境监测、消费电子、工业电子等领域的智能传感器类产品链条。

金属材料产业的发展有基础、有资源，是河南省重要的战略支柱产业。河南是我国重要的有色金属资源产业大省，铝、铅、锌、钼等有色金属资源丰富。河南省金属材料产业链的空间布局，以伊川控股、万基控股、焦作万方、豫联能源、恒康铝业等大型金属材料企业为重点，以铝系列产品生产和加工为发展主线，聚焦郑洛工业带，构建国内最大的铝工业产业集聚区。重点建设鹤壁镁系列产品产业基地，建设金属镁生产、开发和后期精深加工产业链条。济源市以豫光金铅、金利、万洋等龙头企业为依托，重点建设铅锌综合生产基地，安阳市整合豫北金铅、安阳岷山等企业资源，建设再生铅二次开发生产基地。洛阳市合理配置钼矿资源，积极引导栾川、嵩县、卢氏和镇平等地的资源向优势企业集中，重点开发钼、钨精深加工，建设钼、钨产品全产业链条生产基地、研发中心。

轻纺产业链条长、关联度高，轻纺产业是河南省传统的优势产业和重要的民生产业，当前轻纺产业调整升级和产业转移步伐加快，河南具有承接转移的良好基础，面临着难得机遇。以中原区、二七区、新密、新郑和荥阳等产业集聚地为重点，深度扩展郑州纺织产业基地。以镇平、新野、邓州、南召家纺等产业集群地为重点，积极发展南阳纺织产业基地。以白鹭化纤、辉县、封丘、卫辉、长垣等产业集群地为重点，巩固新乡纺织产业基地。以扶沟、商水、西华、太康等产业集聚区为重点，加快周口纺织产业基地规模化发展。以安阳纺织产业集聚区为重点，突出染整配套，优化产业布局，发展成为中西部最大的针织服装产业集群。以商丘夏邑、睢阳、虞城、梁园等产业集群区为重点，依托产业集聚区，发展针织童装产业基地。

河南省聚焦化药、中药、生物药和医疗器械，形成了全产业链体系，并集聚一批太龙、辅仁、羚锐、安图、华兰等龙头企业，提出聚焦生物医药等现代生物和生命健康产业，作为十大重点培育的新兴产业之一，加快建设全国重要的生物医药中高端研发生产基地。河南省生物医药产业形成了以郑州生物医药产业集聚区（航空港实验区、新郑市、高新区），新乡生物医药产业集聚区，周口、商丘化学制药产业集聚区，南阳、信阳和禹州、汤阴等中药产业集聚区的产业发展格局。

节能环保产业是国家重点培育的战略性新兴产业之一，也是打好污染防治攻坚战的重要支撑。河南全省节能环保产业主营业务收入年均增长近15%，2019年达到3500亿元，对经济发展的贡献率进一步上升。依托现有产业基础，引导支持郑州、洛阳、许昌打造节能环保综合产业集群，坚持引进龙头企业和培育本地骨干企业相结合，在高效节能技术装备、环保新材料、废旧电池回收利用等重点细分领域打造一批综合性龙头企业，引领带动全省节能环保产业提质发展。聚焦黄河干支流农业、工业、城乡生活污染和矿山生态环境整治“3+1”生态环境治理。

汽车产业是河南重点支持的五大优势产业之一，呈现出产业规模不断壮大、产品结构持续优化、产业集群度不断提升、新能源汽车推广应用成效明显、智能网联及燃料电池汽车迅猛发展等特点。河南省新能源及网联汽车产业要打造3～5个百亿元级汽车电子专业园区，形成鹤壁、郑州2个产值规模突破300亿元的汽车电子产业基地。要重点推动郑州经济技术开发区、中牟汽车产业园、开封汴西开发区、长葛市产业集聚区、三门峡经济技术开发区、鹤壁金山产业集聚区以汽车电子为主的零部件产业园，引进、落地一批优势企业和重大项目。依托中牟汽车服务业博览园、郑州国际汽车公园和整车企业 4S 店，积极发展汽车电子后装市场。

河南省把人工智能作为战略新兴产业之一予以重点推进和培育，涌现出了宇通客车、中信重工、郑州金惠、信大捷安、国家农机装备创新中心等一批优势企业和研究机构，在自动驾驶、智能传感器、图像识别与机器视觉、语音识别、消防（巡检）机器人等领域掌握了一批国内一流的关键技术，打造了一批特色优势“拳头”产品，在“智慧交通”“智慧医院”“智慧教育”“智慧文旅”“智慧金融”等领域形成了一批典型应用场景。

河南省网络安全产业示范基地作为网络安全产业集聚的重要载体空间和产业运营基础，位于郑州市金水区科教园区。园区突出以新一代信息技术为引领，重点打造信息安全、共享生态科技两大千亿级产业集群，大力推进服务外包、生物医药、新材料新能源等产业向纵深发展。

河南省具有较完备的尼龙产业链，目前各类尼龙产能达 170 万吨，其中尼龙 66 工业丝、帘子布生产规模世界第一；尼龙 66 盐规模位居亚洲第一、世界第四。产业发展要坚持龙头引领、项目带动、开放合作、集群发展，优先做大尼龙 6，巩固提升尼龙 66，打造一基地两集群。“一基地”：在平顶山市高水平规划建设中国尼龙城，打造尼龙新材料产业基地核心区，同时以叶县产业集聚区、平顶山高新技术产业集聚区为两集群，补齐产业链短板，同时支持鹤壁等市发展尼龙新材料后加工产业。

河南省智能装备产业发展规划确定了新乡市动力电池专业园区、禹州市绿色铸造产业示范园区、漯河液压科技产业园、漯河食品和包装机械产业园、太康县产业集聚区、确山汽车零部件产业园等 11 个园区为示范园区，郑州航空港区智能装备产业园等 6 个园区为重点培育的智能装备产业园区。

随着集成电路以及科技信息的不断发展，传感器逐渐迈入多元化，成为现代信息技术的三大支柱之一，也被认为是最具发展前景的高技术产业。河南省传感器产业已具备加速突破的基础，打造“一谷两基地”产业格局，打造中国（郑州）智能传感谷以及洛阳、新乡智能传感器产业基地。围绕智能传感器产业链协同升级和产业生态完善，建设核心共性技术协同创新平台，补齐以特色半导体工艺为代表的技术短板，推动智能传感器材料、设备、设计、制造、封装、测试、系统集成和重点应用全产业链发展。

到 2020 年底，河南 5G 网络建设在全国的领先地位进一步巩固，5G 基站数量达到 4 万个，5G 网络实现县城以上城区全覆盖和垂直行业应用场景按需覆盖，5G 用户突破 1400 万户；5G 产业规模进一步扩大，产业配套能力明显增强。依托河南电子信息产业发展基础，形成具有 1 个 5G 设备生产制造基地、若干个配套产业基地的产业发展格局。郑州市重点发展 5G智能终端及核心配套产业，打造世界级 5G 智能终端制造产业集群；加快发展基于 5G 应用的软件产业，建设科学谷软件小镇。南阳市、商丘市、鹤壁市、济源示范区、兰考县等重点围绕手机机构件、玻璃盖板等配套产品，逐步形成 5G 智能终端配套协作区。同步发展 5G 应用支撑产业，打造郑东新区智慧岛大数据产业园，建设鲲鹏产业生态基地。

河南省产业空间布局基本形成，区域化发展特色突出，如郑州、洛阳、信阳重点建设智能终端产业集群；装备制造产业方面，重点突出洛阳现代装备、郑州高端装备、新（乡）长（垣）高端装备、焦作高端装备、开封汴西、林州、濮阳濮东、南阳高新、安阳新区、济源虎岭等百亿级装备制造特色产业集群；现代食品产业方面，重点建设漯河、周口、郑州、驻马店、信阳等食品产业集群，建设虞城、汤阴、浚县、延津等百亿级县域产业集群。网联汽车产业方面，重点建设郑汴、郑（州）新（乡）电动汽车产业集群，建设孟州、博爱、许昌尚集、西峡、淅川、鹤壁金山、驻马店驿城区等百亿级县域产业集群。

目前河南省的产业空间布局，已呈现出主副引领、两圈带动、三区协同、多点支撑的发展现状。“主”即郑州国家中心城市，“副”即洛阳；“两圈”即郑州都市圈和洛阳都市圈；“三区”即安阳、南阳、商丘等区域中心城市；“多点”即开封、平顶山、鹤壁、新乡、焦作、濮阳、许昌、漯河、三门峡、信阳、周口、驻马店、济源等重要节点城市。

“主”：郑州作为国家中心城市，发挥龙头作用，不断发挥引领示范功能和高端资源集聚功能，建设现代化郑州经济发展圈，形成支撑带动中西部地区高质量产业发展的强劲动力源。

“副”：作为中原城市群副中心城市，洛阳要增强要素集聚承载和跨区域配置能力，积极推进洛济、洛汝、洛巩、洛渑产业带建设，推进基础设施互联互通，打造引领全省高质量发展的“双引擎”。

“三区”：安阳、南阳、商丘区域中心城市联动周边城市，建设北、南和东部产业发展示范区，形成错位发展、特色发展、竞相发展的良好局面。

“多点”：开封、平顶山、鹤壁、新乡、焦作、濮阳、许昌、漯河、三门峡、信阳、周口、驻马店、济源等重要节点城市，全省县域经济探索独具特色的高质量发展路径，做强产业发展的战略基点。

3.2.2 产业集群和集聚

产业集聚是当今世界经济中颇具特色的经济组织形式，是相同或相近产业在特定地理区域的高度集中、产业资本要素在特定空间范围的不断汇聚过程。产业集聚促进了区内企业组织的相互依存、互助合作和相互吸引，一方面，产业集聚有利于降低企业运营成本，包括人工成本、开发成本和原材料成本等，因而有利于提高企业劳动生产率，有利于提升企业竞争力；另一方面，集聚体内的企业之间相互作用，可以产生“整体大于局部之和”的协同效应，最终有利于提高区域竞争力，促进区域创新发展。产业集聚区不同于工业园区、开发区，它强调以特色主导产业为发展支撑，集群区的产业特征要突显。

2009 年 4 月，河南各市县规划启动建设产业集聚区，产业集聚区成为河南推进工业化、城镇化的重要抓手，产业逐步由原来的分散状态向集聚区集中，同时带动农村人口到城镇就业居住，产业集聚区实现从无到有、从小到大，规模总量持续增长，实现从零散布局无序发展向集中布局集群发展转变。历经 10 年建设发展，产业集聚区已经成为河南经济发展的重要增长极，产业转型升级和产业集群培育的重要平台，县域经济发展的重要载体和城镇化发展的助推器。依托产业集聚区，全省已经培育出了洛阳智能装备、漯河食品、商丘纺织服装等 19 个千亿级产业集群，以及 127 个百亿级特色产业集群，形成了一批特色鲜明、竞争力强的区域品牌。

结合河南省产业集聚区的最新考核晋级结果，截至 2019 年底，河南省共计产业集聚区 179 个，其中 112 个为星级集聚区：六星级产业集聚区 1 个（郑州航空港产业集聚区）；五星级产业集聚区 1 个（郑州经济技术产业集聚区）；四星级产业集聚区 1 个（永城市产业集聚区），三星级产业集聚区 11 个（郑州高新技术产业集聚区、洛阳市石化产业集聚区、孟州市产业集聚区、长葛市产业集聚区、禹州市产业集聚区、民权县产业集聚区、夏邑县产业集聚区、虞城县产业集聚区、沈丘县产业集聚区、太康县产业集聚区、驻马店市产业集聚区）；二星级产业集聚区 44 个，一星级产业集聚区 54 个。

郑州航空港产业集聚区、郑州经济技术产业集聚区已经形成河南省产业发展的高地，引领全省产业经济的发展，郑州航空港产业集聚区得益于国际机场和富士康的发展，进而带动临空制造、临空物流等临空经济和相关配套产业的发展。郑州经济技术产业集聚区目前已经形成汽车及零部件、装备制造两大千亿级高端制造产业集群，有中铁工程装备、郑煤机、宇通客车等龙头企业。

高星级产业集聚区的数量有所提升，特别是三星级产业集聚区数量逐步增加趋势明显。其中永城市产业集聚区首次晋级四星，民权县产业集聚区、夏邑县产业集聚区、虞城县产业集聚区、沈丘县产业集聚区、太康县产业集聚区、驻马店市产业集聚区首次晋级三星级产业集聚区。以上产业集聚区之所以能晋级，多因为已经形成了独具特色的优势产业集群，诸如永城市产业集聚区的新材料产业集群，民权县产业集聚区形成了以冷藏汽车、冷柜、冰箱为主导的制冷产业链，成为中国“冷谷”。沈丘县产业集聚区则在金丝猴集团入驻后，带动华电集团、克浪集团、湖南家家面业等数十家企业进驻，形成了百亿级食品产业集群，此外还有许昌电力装备集群、长葛有色金属集群、长垣起重产业集群、睢县制鞋集群等都是依托产业集聚区的发展而形成的。

3.2.3　价值链所处位置

产业链是各个产业部门之间基于一定的技术经济关联，并依据特定的逻辑关系和时空布局关系客观形成的链条式关联关系形态。按照哈佛商学院教授迈克尔 · 波特（Michael Porter）的逻辑，每个企业都处在产业链中的某一环节，一个企业要赢得和维持竞争优势不仅取决于其内部价值链，而且还取决于一个更大的价值系统，即产业价值链中，一个企业的价值链同其供应商、销售商以及顾客价值链之间的连接。企业的这种关系反映了产业结构的价值链体系。构成产业价值链的各个组成部分是一个有机的整体，相互联动、相互制约、相互依存，每个环节都是由大量的同类企业构成，上游环节和下游环节之间存在着大量的信息、物质、资金方面的交换关系，是一个价值递增过程。

河南推动产业链高质量发展的特殊性在于，省域经济社会发展水平依然低于全国平均水平，推动高质量发展，具有追赶性、艰巨性、双重性和非均衡性。“十四五”期间，河南必须在传统产业、传统技术、传统增长模式、传统增长动力与新产业、新技术、新模式和新动力之间找到均衡点，聚焦“产业升级、区域协同和开放合作”三大主题，努力推动全省经济由高速增长阶段转向高质量发展阶段。客观审视河南省产业发展状况，有利条件在于经济体量大、市场空间大、产业门类全、区位交通好，约束条件在于产业层次偏重、传统产业占比大、新型产业占比小的省情。河南既要利用新技术革命的最新成果，加快培育发展高端产业，加快实现新旧主导产业的更替，也要利用庞大的传统产业基础，向产业高端领域攀登，促进老树发新芽。最核心的要在传统产业和新型产业之间找到贯通点，通过植入新技术、新理念和新创意，延伸产业链条，衍生新的产品和新的产业，形成由河南主导的产业链、价值链，最终实现产业价值创新化。

依据河南既有的产业基础和发展优势，以产业融合促升级转型，积极构建战略支柱产业（装备制造、食品、新型材料、电子、汽车）的现代化体系，支柱产业的发展战略是从河南产业基础和优势出发，同时兼具其成长性，是河南实现产业转型升级的母本和载体，是构建河南特色产业体系的依托，有利于形成由河南主导的产业价值链。

如食品产业体系，2020 年上半年河南省规模以上食品产业营业总收入增长 20.2%，位居产业营业收入增长率第一。现代食品产业体系未来要立足于城乡居民消费水平的提高和消费结构不断升级的市场需求，在现有产业规模的基础上，充分利用文化创新和互联网、人工智能等先进技术和先进理念，沿着安全、绿色、便利和智能化、个性化、定制化和品牌化的路子，向产业高端迈进，打造具有全球竞争力的产业产品体系，真正实现由农业大省向工业强省的转变。

装备制造业是构建河南特色现代产业体系的一大重要支柱，主营业务收入居主导产业之首。河南发展装备制造业前景广阔、大有可为，一有基础，装备制造业作为全省制造业的重点，产业规模总量位列全国第一方阵；二有优势，河南在电力装备、盾构装备、农机装备、矿山装备等领域优势领先、态势良好；三有潜力，目前全省装备制造业在规模化、产业化、智能化发展上还有很大提升空间，特别在品牌塑造、链条整合等方面亟须挖潜。“十四五”期间，河南省将由装备制造大省向装备制造强省转变。在转型发展重点上，将电力装备、盾构装备、农机装备、矿山装备作为龙头品牌着力打造，全力推动其跨越提升、领军全国；将数控机床、机器人、节能环保装备、轨道交通装备作为新兴品牌着力突破，推动其赶超跨越、迈入第一方阵，成长为未来发展增长点。

电子信息制造业和汽车制造业的区位也在提升，形成了智能手机、宇通客车等一批很有竞争力的品牌优势。未来一个时期，产业体系发展的关键点着眼于河南生产性服务业发展不足，对实体经济尤其是制造业支撑不够的短板，抓住制造业服务化和服务型制造业发展的牛鼻子，通过与互联网、大数据和人工智能的融合，形成制造业与服务业良性互动、融合共生的关系，打造现代制造业大省。

虽然河南产业结构调整的主动性比较强，但从产业价值链角度看，产业升级状况并不乐观，在国内外价值链中处于较低的层次，并且近些年又有所强化。新形势下河南的产业升级，在宏观层面应选择“自主式”路径，在产业层面应选择内化升级为主的路径，逐步提高在国内价值链中的地位。

3.2.4 河南当前产业政策

2021 年 7 月份，河南省提出把制造业高质量发展作为主攻方向，提升传统产业，培育新兴产业，布局未来产业。

9 月份，河南省要实施优势再造战略。推动交通区位优势向枢纽经济优势转变，推动内需规模优势向供需协同优势转变，推动产业基础优势向产业链供应链优势转变，努力在国内大循环和国内国际双循环中成为关键环、中高端。

实施数字化转型战略。准确把握产业数字化、数字产业化的内涵和外延，把加快数字化转型作为引领性、战略性工程，构建新型数字基础设施体系，发展数字核心产业，全面提升数治能力，全方位打造数字强省。

实施换道领跑战略。拿出敢为人先的气魄和胆略，善于优中培新、有中育新、无中生有，在未来产业上前瞻布局，在新兴产业上抢滩占先，在传统产业上高位嫁接，在生态圈层上培土奠基；实施文旅文创融合战略。

全面参与市场分工，深度融入国内大循环、国内国际双循环。在细分市场中找到产品定位，并形成一定规模和集群，有较高的科技含量、较高的市场份额，成为一个或几个产业链的某一环，成为一个或几个供应链的供应商，成为当地经济、就业、税收支柱支撑的新型经济模式。

以 5G 为代表的新一轮科技革命和产业变革蓬勃兴起，新兴产业未来产业成为各地抢占发展制高点、实现“换道超车”的战略重点。随着新发展格局加快构建，产业链供应链面临重新洗牌，能不能在国内大循环和国内国际双循环中成为中高端、关键环，将成为入局还是出局的重要标志。要按照整合、扩区、调规、改制的总体思路，加快形成空间布局合理、产业集群发展、资源集约利用、特色优势鲜明、发展动能强劲的开发区发展新局面。

突出项目为王，加快开发区产业转型升级。要把项目建设作为开发区发展的主抓手，在“三个一批”活动上下大功夫，着力培育主导产业、强化创新驱动、突出绿色低碳、加大招商引资，持续开展“万人助万企”活动，打造一流的产业生态、创新生态，促进产业链、创新链、供应链、要素链、制度链共生耦合，抓好创新最大变量，进一步激活存量、扩大增量、优化常量，提升产业聚集度和竞争力。

10 月份，围绕未来产业谋篇布局、新兴产业重点培育、传统产业高位嫁接，整合链接资源，以原始创新支撑应用创新，以应用创新牵引原始创新，让科研人员真正把论文写在中原大地上、落在产业发展上，转变为现实生产力。聚焦产业发展，强化协同攻关。建好产业研究院、中试基地，重在加快实现规上企业创新活动全覆盖。充分发挥企业特别是重点骨干企业、领军企业、头部企业主体作用，对接省内外高校、科研院所、创新团队，携手共建高水平创新平台，让科研和产业结合得更加紧密。

加强协同攻关，着力解决“卡脖子”技术和关键共性技术，以技术引领支撑建链延链补链强链，打好产业基础能力高级化、产业链现代化的攻坚战。贯通产学研用，促进成果转化。建设产业研究院、中试基地，是破解科研成果走不出高校、出不了实验室难题的重要途径，搭建起科技与产业、高校科研院所与企业合作的桥梁，打通了科技成果转化的“最后一公里”。产业研究院要突出应用技术研发，中试基地要突出推动创新成果中试熟化与产业化，大力开展中试放大、验证测试、集成熟化、技术交易等重要服务，更好实现“基础研究—技术攻关—技术应用—成果产业化”全过程无缝衔接。

3.3　河南省新兴产业链现状

3.3.1　新型显示和智能终端产业链

目前，河南新型显示和智能终端产业链在地理区位上主要集中在洛阳、郑州，部分重点企业分布在安阳、鹤壁和信阳等地。郑州拥有航空港经济综合实验区、高新区国家 863 软件园、金水科教园区 3 个产业园区。洛阳拥有伊滨经济开发区、偃师产业集聚区、高新技术开发区 3 个产业园区。许昌拥有鲲鹏产业园 1 个产业园区。

河南新型显示和智能终端产业链如图 3-2 所示，主要有企业 23 家，其中，11 家公司定位于上游，5 家公司定位于中游优势，7 家公司定位于下游，主要集中在上游的制程设备、核心材料，中游的激光显示设备制造，下游的手机显示、VR/AR、穿戴设备、平板电脑和 3C 及车载显示。产业链缺失的环节主要集中在中游的 OLED 面板、Micro-LED、Micro-OLED 和光学模组，且中游规模水平有待提升。

应把握新型显示和智能终端产业发展趋势，坚持“龙头带动、屏端联动、集群配套、链式

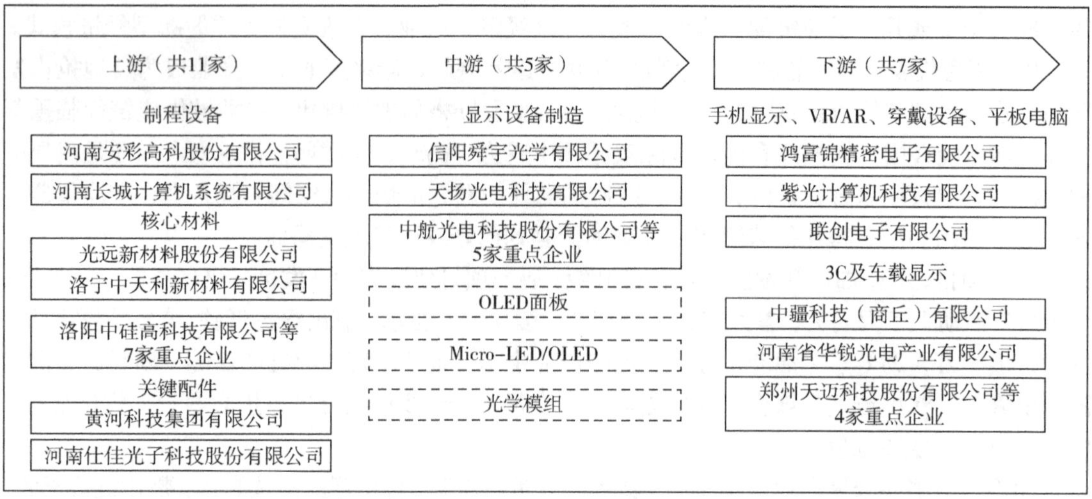

图 3-2　新型显示和智能终端产业链图

延伸”，重点突破整机设计、核心元器件、关键材料等产业链核心环节，加快实现产业链由以终端生产为主向以屏端并重链式发展为主转变，力争到 2022 年，河南新型显示和智能终端产业链基本形成，新型显示产业规模超过 1000 亿元，智能终端产业规模突破 5000 亿元。

3.3.2　生物医药产业链

河南生物医药产业链在地理区位上主要集中在洛阳、郑州、新乡，部分重点企业分布在周口、南阳、驻马店和信阳等地。新乡拥有平原示范区生物与新医药专业园区和长垣市产业集聚区 2 个产业园区；郑州拥有航空港区临空生物医药园 1 个产业园区；许昌拥有许昌生物医药产业园和禹州医药健康产业园 2 个产业园区；焦作有万方生物医药产业园 1 个产业园区；驻马店拥有高新区医药产业园 1 个产业园区；信阳拥有息县产业集聚区医药专业园 1 个产业园区。

河南生物医药产业链如图 3-3 所示，主要有企业 35 家，其中，17 家公司定位于上游，13 家公司定位于中游优势，5 家公司定位于下游，优势主要集中在上游的生物医药原料制造，中游的生物医药制造，下游的医药流通。

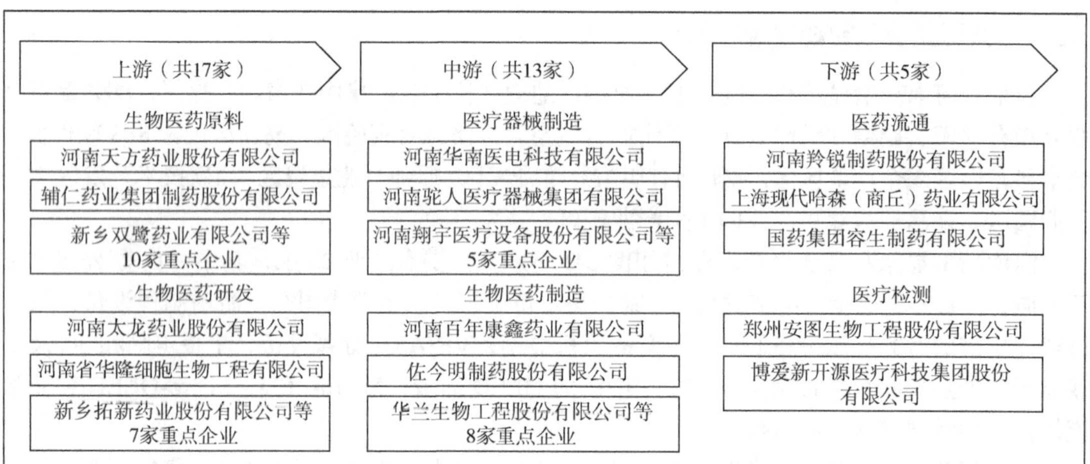

图 3-3　生物医药产业链图

河南的生物医药产业链发展情况已经比较完备，但下游规模水平有待提升，应发挥河南市场应用优势，聚焦创新药、中药、医疗器械、健康服务等生物医药产业链重点领域，促进河南生物医药产业链条更加完善，打造全国重要的生物医药中高端创新研发基地、产业转化应用集聚地和健康服务发展新高地。

3.3.3　节能环保产业链

河南节能环保产业链在地理区位上主要集中在洛阳、郑州、安阳。部分重点企业分布在济源、新乡、许昌、商丘、周口、信阳、南阳等地。郑州拥有航空港经济综合实验区、高新区国家 863 软件园、金水科教园区 3 个产业园区；洛阳拥有伊滨经济开发区、偃师产业集聚区、高新技术开发区 3 个产业园区；许昌拥有鲲鹏产业园 1 个产业园区。

河南节能环保产业链如图 3-4 所示，共有企业 39 家，其中，24 家公司定位于上游，11 家公司定位于中游优势，4 家公司定位于下游，优势主要集中在上游的环保设备制造，中游的固废处理、水治理，下游的综合资源再利用。

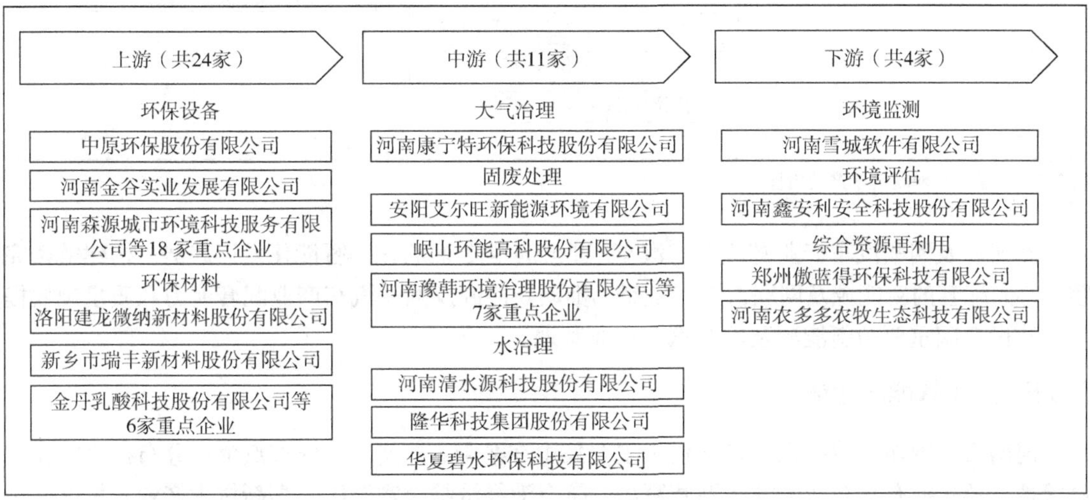

图 3-4　节能环保产业链图

目前，节能环保产业链发展较为完备，下游规模水平有待提升，应提升产业链上游装备产品发展水平，扩大中游工程项目规模，做强下游服务产业。依托省内巨大市场空间优势，构建产业间耦合、上下游衔接、技术先进的节能环保产业链。

3.3.4　新能源及网联汽车产业链

河南新能源及网联汽车产业链在地理区位上主要集中在郑州、许昌、开封。部分重点企业分布在济源、三门峡、南阳、洛阳、焦作、驻马店、商丘、濮阳和新乡等地。郑州拥有经济技术产业集聚区、航空港产业集聚区、中牟汽车产业集聚区 3 个产业园区；洛阳拥有高新技术开发区 1 个产业园区；许昌拥有城乡一体化示范区 1 个产业园区；开封拥有汴西产业集聚区 1 个产业园区；焦作拥有工业产业集聚区 1 个产业园区；安阳拥有城乡一体化示范区 1 个产业园区；新乡拥有高新技术产业集聚区、电源产业集聚区 2 个产业园区。

河南新能源及网联汽车产业链如图 3-5 所示，共有企业 35 家，其中，5 家公司定位于上游，14 家公司定位于中游优势，16 家公司定位于下游，优势主要集中在上游的电池原材料业务，中游的电池生产研发，下游的整车业务，产业链整体环节较为完备，但上游规模水平有待提升。

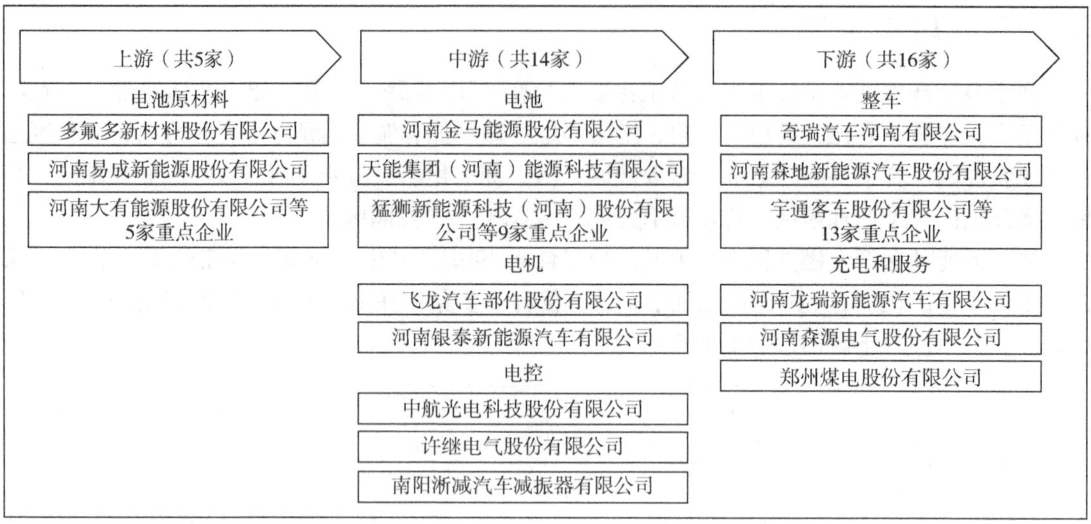

图 3-5　新能源及网联汽车产业链图

新能源及网联汽车产业链应顺应汽车产业电动化、网联化、智能化发展趋势，构建链条完整、协同配套的新能源及网联汽车产业链，推动新能源及网联汽车产业配套能力和质量规模提升，建设全国重要的新能源及网联汽车产业基地。

3.3.5　人工智能产业链

河南人工智能产业链在地理区位上主要集中在洛阳、郑州。部分重点企业分布在南阳和许昌等地。郑州拥有郑东新区龙子湖智慧岛、航空港经济综合实验区、高新技术产业开发区、金水科教园区 4 个产业园区；洛阳拥有先进制造产业集聚区、洛龙产业集聚区 2 个产业园区；鹤壁拥有中国（鹤壁）机器人硅谷、人工智能产业园 2 个产业园区；新乡拥有市新东产业集聚区 1 个产业园区。

河南新一代人工智能产业链如图 3-6 所示，共有企业 36 家，其中，12 家公司定位于上游，22 家公司定位于中游优势，2 家公司定位于下游，优势主要集中在上游的芯片、电子元件，中游的工程设计研究、机器学习、计算机集成开发、设备研究制造、系统研发，下游的智能销售。产业链缺失的环节主要集中在上游的传感器、数据挖掘、云计算和下游的智能家居、激光投影等环节，产业链下游发展情况不乐观，缺失环节较多，且规模体量小。

人工智能产业链应抢抓人工智能发展的重大战略机遇，发挥数据资源规模及市场应用优势，以国家大数据综合试验区建设为引领，提升产业链上游智能软硬件发展水平，突破中游核心应用技术，做强下游优势智能产品，完善产业链环节，拓展“智能+”示范应用，构建基础坚实、技术领先、创新活跃、开放协作的人工智能创新生态体系。

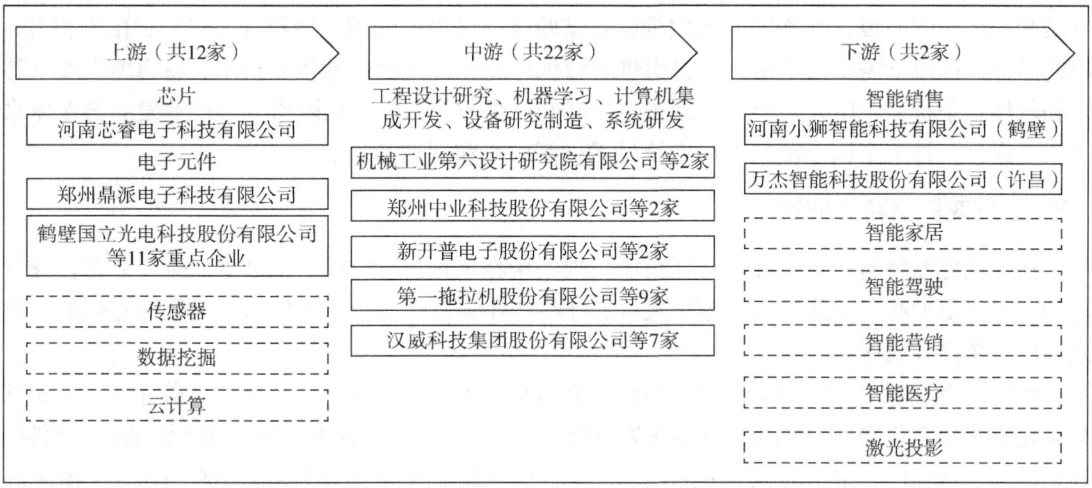

图 3-6　人工智能产业链图

3.3.6　网络安全产业链

河南网络安全产业链在地理区位上主要集中在郑州。部分重点企业分布在许昌等地。郑州拥有郑东新区龙子湖智慧岛、高新技术产业开发区、金水科教园区 3 个产业园区；鹤壁拥有 5G 产业园 1 个产业园区。

河南网络安全产业链如图 3-7 所示，共有企业 22 家，其中，2 家公司定位于上游，9 家公司定位于中游优势，11 家公司定位于下游，优势主要集中在上游的数据安全，中游的端点安全、业务安全和下游的内容安全、应用安全、自主可控；产业链缺失的环节主要集中在上游的网络空间测绘、攻击取证溯源，中游的安全网关、网络隔离和下游的网络测评认证，产业链整体发展规模有待进一步提升，且缺失环节亟须补充完善。

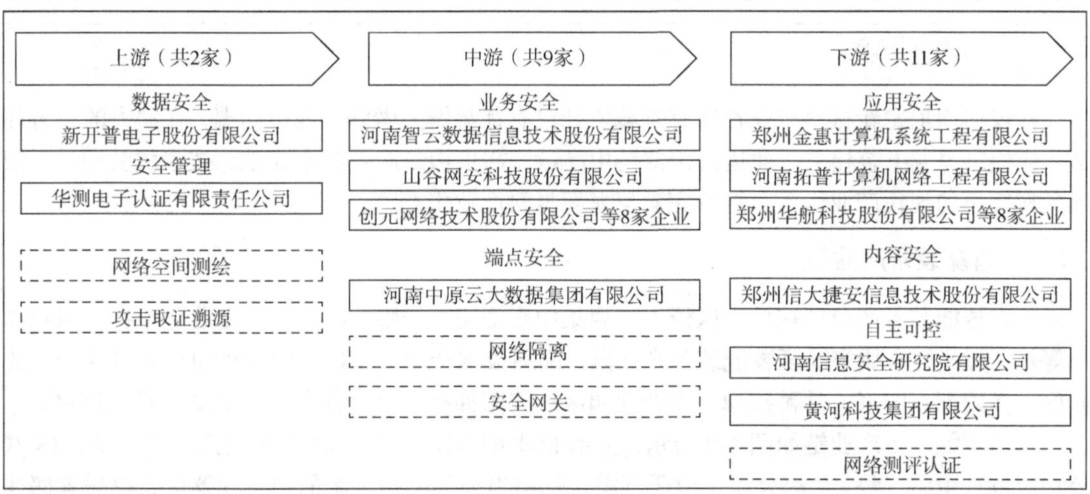

图 3-7　网络安全产业链图

河南应积极应对新时代网络安全挑战，加快培育和发展网络安全产业，全面推进数字经济发展和网络强省建设，发挥国家大数据综合试验区战略平台作用，坚持龙头带动、配套提升、链式延伸，以市场需求为牵引，大力引进培育优势企业，突破关键核心技术，着力增强安全芯片和软件竞争优势，做大安全终端规模，提高安全服务能力，推动网络安全产业发展与保障水平同步提升，打造全国一流的网络安全技术创新中心和制造基地。

3.3.7 尼龙新材料产业链

河南尼龙新材料产业链在地理区位上主要集中在平顶山、鹤壁。部分重点企业分布在开封等地。平顶山拥有尼龙新材料产业集聚区、叶县产业集聚区 2 个产业园区；鹤壁拥有鹤淇产业集聚区 1 个产业园区。

河南尼龙新材料产业链如图 3-8 所示，共有企业 9 家，其中，6 家公司定位于上游，3 家公司定位于中游优势，下游属于整体缺失情况，无重点企业，优势主要集中在上游的化工原料、加工助剂、增强体，中游的纯尼龙和改性尼龙。产业链缺失的环节主要集中在下游，下游全环节 3D 打印材料应用、汽车领域和电子器件领域属于严重缺失现状。

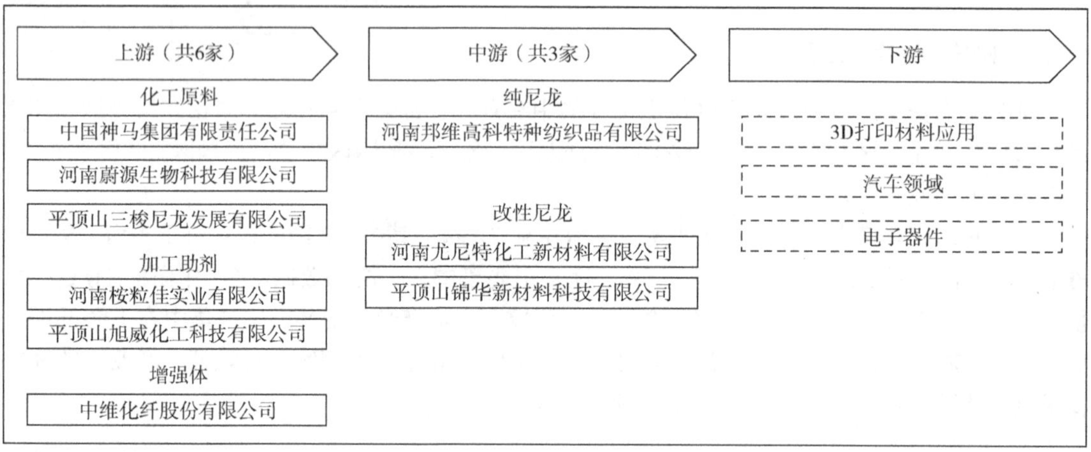

图 3-8 尼龙新材料产业链图

建议河南尼龙新材料产业在现有领域依托已有优势做大做强、占领高端，在缺失的下游环节，应促进尼龙下游相关产业迈向价值链中高端，初步构建产业链条完整、技术优势明显、规模效应突出的现代产业体系，打造完善尼龙新材料产业生态圈。

3.3.8 智能装备产业链

河南智能装备产业链在地理区位上主要集中在洛阳、安阳。部分重点企业分布在郑州和许昌等地。郑州拥有航空港区智能装备产业园、高新技术产业开发区、河南外包产业区 3 个产业园区；洛阳拥有国家大学科技园 1 个产业园区；安阳拥有城乡一体化示范区 2 个产业园区。

河南智能装备产业链如图 3-9 所示，共有企业 41 家，其中，21 家公司定位于上游，13 家公司定位于中游优势，7 家公司定位于下游，优势主要集中在上游的电气元器件、机械零部件和金属制品，中游的机器人制造、自动化组装设备和下游的机械设备制造，产业链缺失的环节主要集中在下游的医疗机械制造。

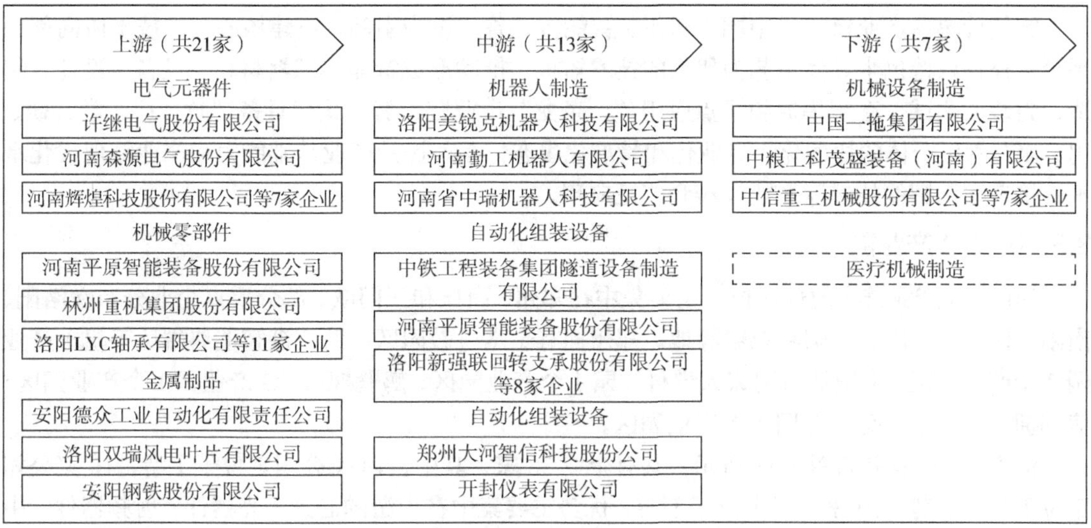

图 3-9 智能装备产业链图

智能装备产业链应把握新一代信息技术与先进制造技术融合发展新趋势，强化骨干企业培育、示范应用、创新引领、合作交流、人才培养、财税金融支持，完善智能装备产业发展生态，将河南打造成为国内先进的智能装备产业基地。

3.3.9 智能传感器产业链

河南智能传感器产业链在地理区位上主要集中在郑州。部分重点企业分布在南阳和鹤壁等地。郑州拥有航空港经济综合实验区、高新技术产业开发区、河南自贸试验区 3 个产业园区；洛阳拥有高新技术产业开发区 1 个产业园区；鹤壁拥有经济技术开发区 1 个产业园区；新乡拥有市新东产业集聚区 1 个产业园区。

河南智能传感器产业链如图 3-10 所示，共有企业 19 家，其中，8 家公司定位于上游，7 家公司定位于中游优势，4 家公司定位于下游，优势主要集中在上游的传感器研究、传感器设计，中游的传感器制造、传感器测试和下游的工业领域、通信领域。产业链缺失的环节主要集中在中游的封装与下游的汽车领域和消费领域。

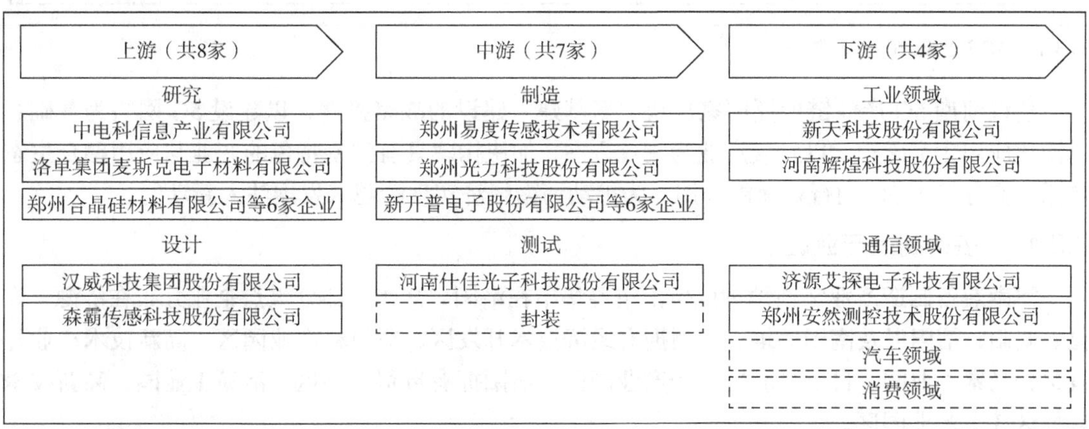

图 3-10 智能传感器产业链图

智能传感器产业链应以中国（郑州）智能传感谷建设为引领，搭建核心共性技术协同创新平台，补齐以特色半导体工艺为代表的技术短板，推动形成智能传感器材料、设备、设计、制造、封装、测试、系统集成和重点应用"一条龙"产业链，努力构建具备"政、产、学、研、用、服"六位一体的协同化、专业化和精准化生态体系。提升产业基础能力和产业链现代化水平，推动河南智能传感器产业发展和广泛应用。

3.3.10 5G 产业链

河南 5G 产业链在地理区位上主要集中在郑州、商丘和三门峡。部分重点企业分布在洛阳、南阳、许昌、信阳、安阳和鹤壁等地。郑州拥有金水科教园区、航空港智能终端（手机）产业园 2 个产业园区；洛阳拥有国家大学科技园 1 个产业园区；鹤壁拥有 5G 产业园 1 个产业园区；信阳拥有市电子信息产业园 1 个产业园区。

河南 5G 产业链如图 3-11 所示，共有企业 38 家，其中，18 家公司定位于上游，10 家公司定位于中游优势，10 家公司定位于下游，优势主要集中在上游的芯片、光器件、射频器件，中游的基站、传输设备、基站天线和下游的运营商、终端设备；产业链缺失的环节主要集中在下游的室内外 CPE 和无人机、机器人 5G 终端应用。

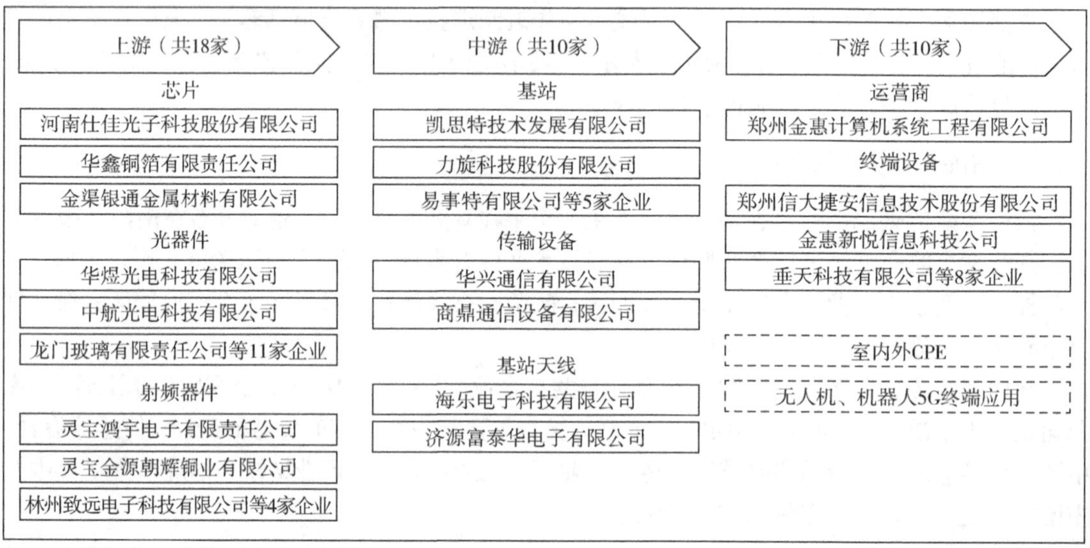

图 3-11　5G 产业链图

建议河南 5G 产业链抢抓国家加快"新基建"建设的战略机遇，以建设 5G 网络为基础、以深化应用为突破口、以发展产业为主攻方向，加快构建具有河南特色的产业与应用融合生态体系，充分发挥 5G 的行业赋能作用，为推动河南经济实现跨越式发展注入新动能。

3.3.11 装备制造产业链

河南装备制造产业链在地理区位上主要集中在洛阳、郑州。部分重点企业分布在济源、许昌、安阳、信阳以及南阳等地。郑州拥有经济技术开发区、新材料产业园区、高新技术产业开发区、马寨工业园、自贸试验区 5 个产业园区；洛阳拥有自贸试验区、洛新工业园、高新技术开发区 3 个产业园区。

河南装备制造产业链如图 3-12 所示，共有企业 31 家，其中，14 家公司定位于上游，16 家公司定位于中游优势，1 家公司定位于下游，优势主要集中在上游的金属制品和机械零部件、非金属材料、矿产资源，中游的设备研发、设备制造，下游的项目工程。产业链缺失的环节主要集中在下游的仓储物流、安全检测、运营维护。

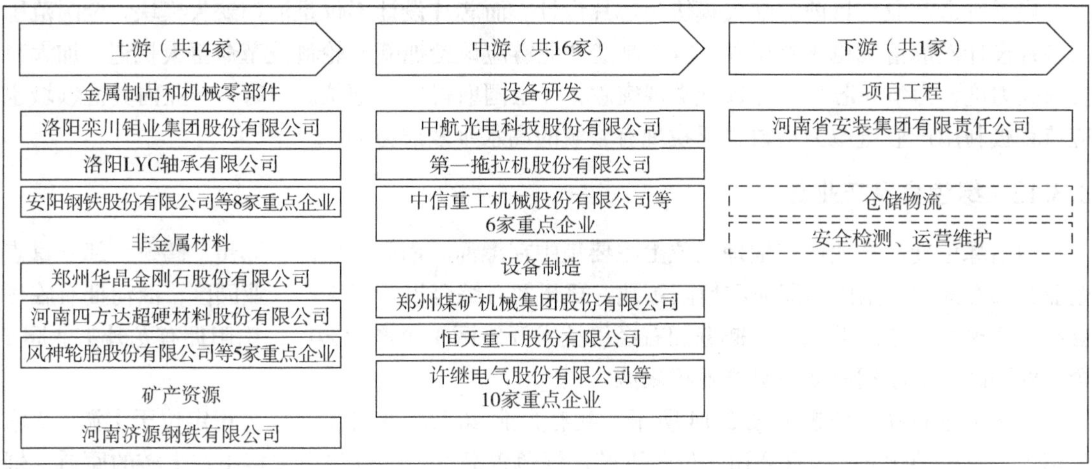

图 3-12　装备制造产业链图

河南装备制造产业链应依托郑州、洛阳等具有较强影响力的装备制造产业聚集区，聚焦目前缺失的产业链环节，利用智能装备产业链的新兴行业动力，把握新一代信息技术与先进制造技术融合发展新趋势，带动装备制造产业链发展，提升装备制造产业能级和竞争优势。

3.3.12　电子制造产业链

河南电子制造产业链在地理区位上主要集中在洛阳、郑州。部分重点企业分布在济源、许昌、焦作、安阳、信阳以及南阳等地。郑州拥有航空港经济综合实验区、高新技术产业开发区、自贸试验区 3 个产业园区；洛阳拥有洛龙科技园、自贸试验区、史家湾工业区 3 个产业园区；南阳拥有内乡县工业园区 1 个产业园区。

河南电子制造产业链如图 3-13 所示，共有企业 21 家，其中，13 家公司定位于上游，5 家

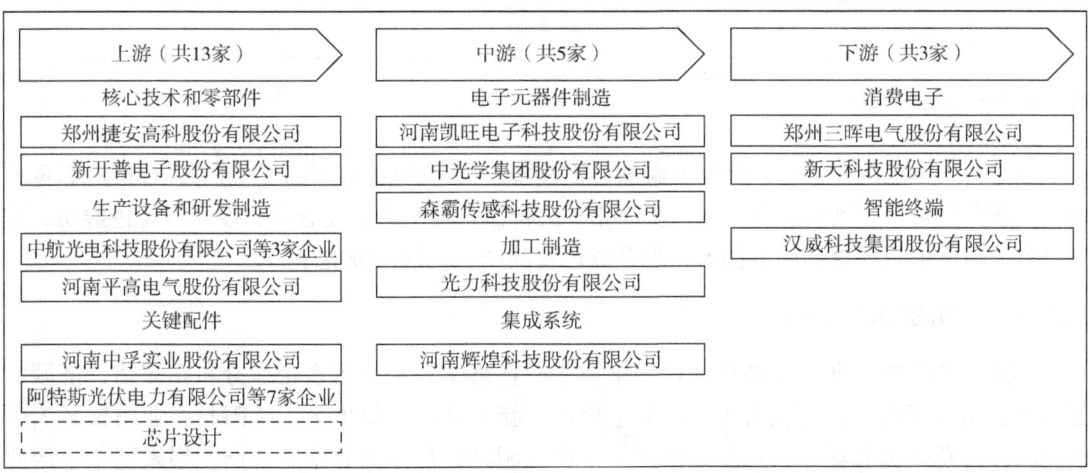

图 3-13　电子制造产业链图

公司定位于中游优势，3家公司定位于下游，优势主要集中在上游的核心技术和零部件、生产设备和研发制造，中游的电子元器件制造、加工制造、系统集成，下游的消费电子、智能终端，产业链缺失的环节主要集中在上游的芯片设计。

电子制造产业链目前的缺失模块为芯片设计，而芯片设计不仅是河南缺失模块，全国范围内芯片设计发展情况也不够乐观，电子制造产业链应该抢抓新一轮科技革命重大机遇，加大科技攻关力度，力争在芯片设计领域实现突破，在全国取得领先地位。同时，产业内其他领域也应该积极利用产业链电力指数，寻找现有领域的高水平发展方向。

3.3.13 绿色食品产业链

河南绿色食品产业链在地理区位上主要集中在漯河、南阳、信阳、郑州、鹤壁。部分重点企业分布在郑州、南阳、漯河和信阳等地。郑州拥有综合投资区1个产业园区；漯河拥有临颍县产业集聚区1个产业园区；鹤壁拥有经济技术开发区1个产业园区；南阳拥有龙升工业园1个产业园区；信阳拥有潢川县产业集聚区。

河南绿色食品产业链如图3-14所示，共有企业20家，其中，8家公司定位于上游，9家公司定位于中游优势，3家公司定位于下游。绿色食品产业链优势主要集中在上游的原料、辅料，中游的生产加工，下游的仓储物流、销售贸易。产业链缺失的环节主要集中在上游的关键设备、中游的成品包装、下游的宣传推广。

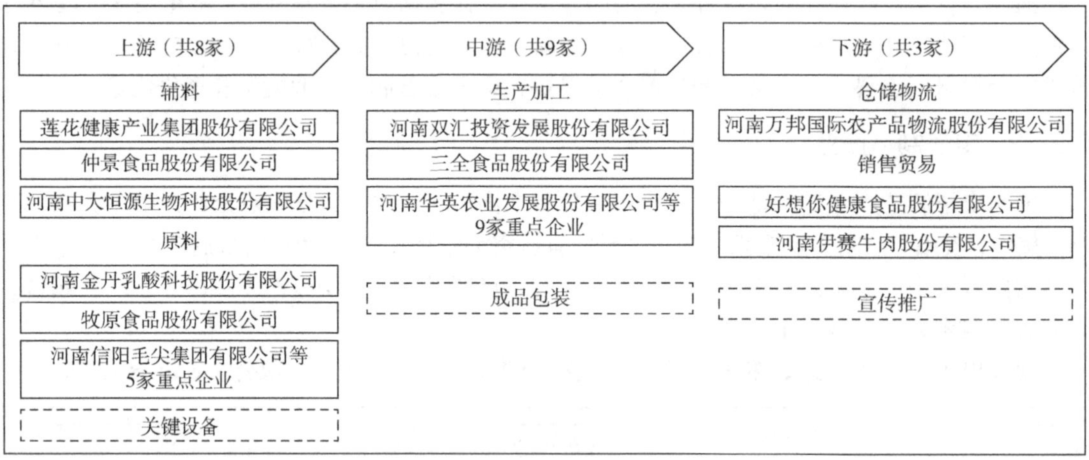

图3-14　绿色食品产业链图

发挥河南市场应用优势，聚焦上游的关键设备、中游的成品包装、下游的宣传推广等重点领域，着力提升产业创新能力，进一步深化开放合作，推动产业完善，建设一批特色鲜明、配套完备、绿色生态的食品产业园区，提升绿色食品产业链的产业竞争力。

3.3.14 先进金属产业链

河南先进金属产业链在地理区位上主要集中在洛阳。部分重点企业分布在郑州、济源、三门峡、焦作等地。洛阳拥有工业产业集聚区、新安县产业集聚区、汝阳县产业集聚区3个产业园区；郑州拥有巩义市产业集聚区1个产业园区；焦作拥有中工业产业集聚区1个产业园区；三门峡拥有三门峡产业集聚区1个产业园区；济源拥有虎岭高新技术产业开发区1个产业园区。

河南先进金属产业链如图 3-15 所示，共有企业 15 家，其中，1 家公司定位于上游，12 家公司定位于中游优势，2 家公司定位于下游。优势主要集中在上游的金属矿石开采，中游的黑色金属和有色金属材料，下游的制造业和其他。产业链缺失的环节主要集中在上游的废料回收，中游的特种金属材料，下游的建筑业。

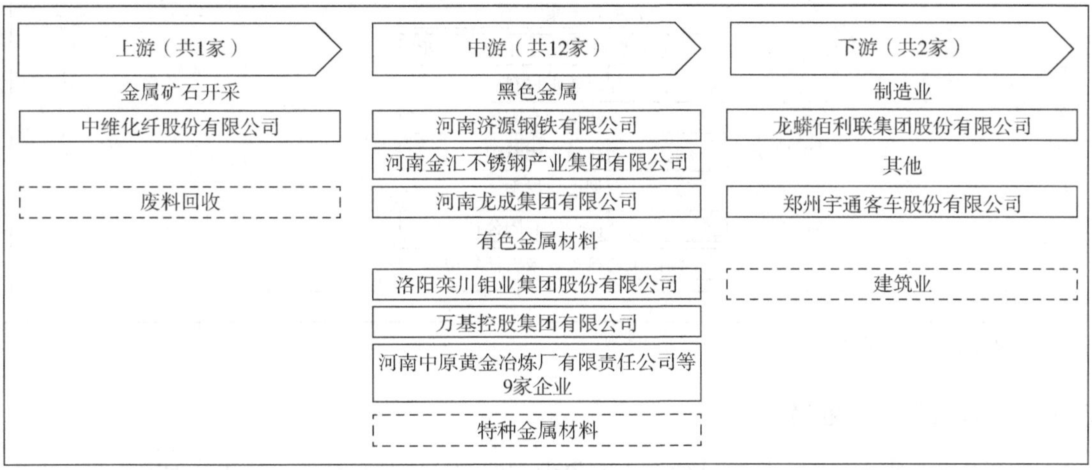

图 3-15　先进金属产业链图

先进金属产业链内部企业数量不多，但是该产业链内企业体量大。其中，产业链龙头公司为洛阳栾川钼业集团股份有限公司，作为河南先进金属产业链的龙头企业，产值排全国第一，且在国际上享有盛誉。先进金属产业链应以较为优势的产业竞争力为依托，提升产业链上下游发展水平，完善缺失领域，扩大中游工程项目规模，构建产业间耦合、上下游衔接、技术先进的先进金属产业链。

3.3.15　新型建材产业链

河南新型建材产业链在地理区位上主要集中在新乡和郑州。部分重点企业分布在洛阳、平顶山、濮阳、安阳、济源和鹤壁等地。郑州拥有新材料产业园区 1 个产业园区；洛阳拥有洛阳工业产业集聚区 1 个产业园区；平顶山拥有高新技术产业开发区 1 个产业园区；新乡拥有高新技术创业园、长垣市产业集聚区 2 个产业园区。

河南新型建材产业链如图 3-16 所示，共有企业 13 家，其中，1 家公司定位于上游，12 家公司定位于中游优势，暂无从事下游各领域的重点企业。优势主要集中在上游的工矿企业原料开采，中游的保温隔热材料、装饰装修材料、建筑防水材料和新型墙体材料；产业链缺失的环节主要集中在上游的材料研发，下游的住宅、公共设施建筑和工业厂房。

新型建材产业链应促进中游相关产业迈向价值链中高端，而上下游各缺失产业应依托中游发展现状，形成联合发展局面，力争构建产业链条完整、技术优势明显、规模效应突出的现代产业体系。

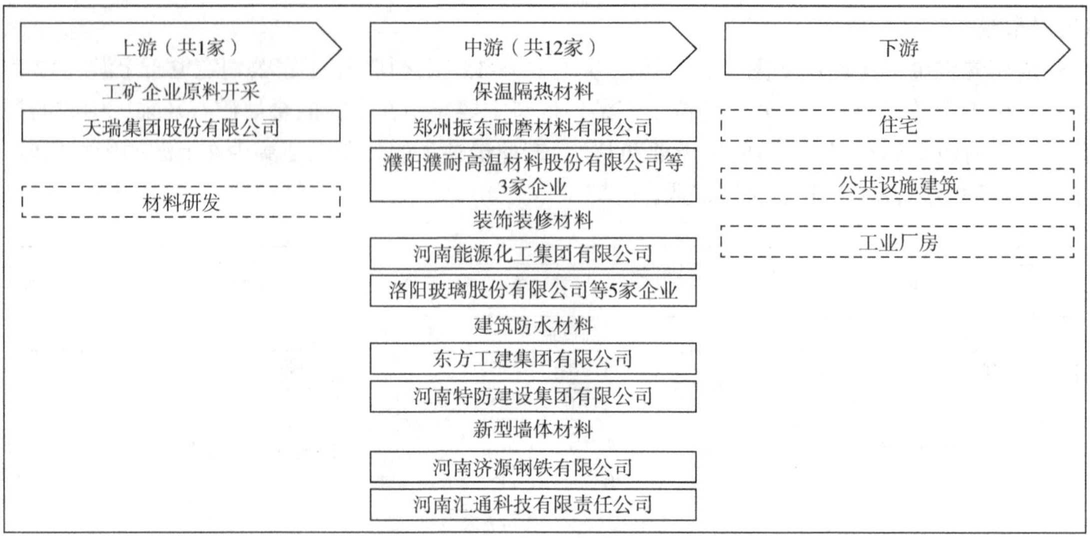

图 3-16 新型建材产业链图

3.3.16 现代轻纺产业链

河南现代轻纺产业链在地理区位上主要集中在安阳、南阳和平顶山。部分重点企业分布在许昌、郑州、新乡、周口和商丘等地。安阳拥有纺织产业集聚区、红旗渠国家级经济技术开发区 2 个产业园区；周口拥有太康纺织工业园区 1 个产业园区；平顶山拥有中舞钢市院岭工业园区 1 个产业园区；南阳拥有能源经济技术开发区 1 个产业园区。

河南现代轻纺产业链如图 3-17 所示，共有企业 11 家，其中，3 家公司定位于上游，6 家公司定位于中游优势，2 家公司定位于下游。优势主要集中在上游的化学纤维、棉花，中游的白纺纱、印染布、色织布、胚布和面料布，下游的服装。产业链缺失的环节主要集中在上游的蚕丝、毛料和麻类，下游的汽车和家具。

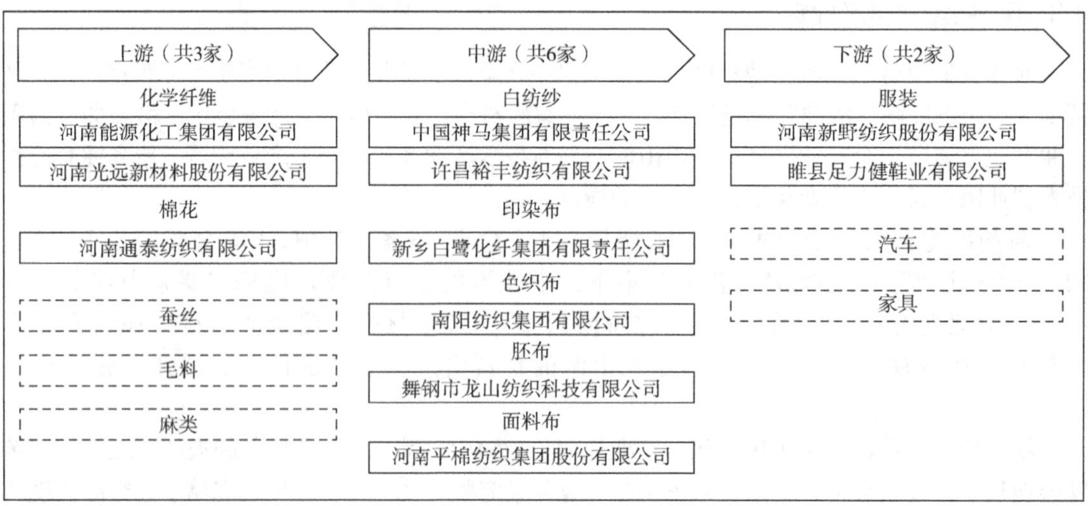

图 3-17 现代轻纺产业链图

现代轻纺产业链虽然作为河南传统支柱产业，但其产业内重点企业数量少，体量在全国范围内也不够突出。现代轻纺产业链应培育若干国内领先的智能装备龙头企业，研发一批标志性轻纺产品，提升产业竞争力，产业内其他领域应该积极利用产业链电力指数，寻找现有领域的高水平发展方向。

3.4　河南省产业链关联度分析

3.4.1　产业链关联度

所谓产业关联，就是在社会生产中不同部门、不同行业之间的相互联系。所谓产业关联度，则是不同产业之间相互联系、相互依存、相互促进推动的程度。产业链上下游是命运共同体，区域内主导产业通过与区域内其他产业之间的联系，产生对其上游产业的前向影响，对下游产业的后向影响，对平行产业、辅助和服务部门的旁侧影响，从而引起相关产业的扩张。一般而言，产业链关联度高的产业有装备制造业、汽车、现代轻纺、电子制造业、生物医药等，说明该产业的影响力较强，对其他产业的发展起较大推动作用。河南应充分发挥产业链关联带动作用，突显产业链长的优势，补齐产业链短板，增强产业链、供应链自主可控能力。尤其是装备制造业作为河南工业经济增长的第一支柱产业，产业分工体系复杂，制造业的高质量发展有赖于产业链和供应链的维系，加强产业链和供应链上下游协同尤为重要。打造更高完整度的产业链条，要立足产业链上下游延伸，瞄准现有产业中的龙头企业、行业上的领军企业，充分发挥大项目、大配套的协同带动作用。

河南要发挥 1 亿人口的内需市场优势，着力抓好稳链、补链、强链，打造更强创新力、更大附加值、更高完整度的产业链条，需要强化“链”的思维，强化产业“链接”对产业招商引资提出的更高标准与要求。以往传统的产业招商是“看碟下菜”，招商人员根据客商的具体情况进行推介，而不是“看题填空”，把高层次的产业谋划作为招商的核心工作。再加上产业链、供应链培育缺乏，跨企业、跨行业、跨区域、跨行政部门进行资源调动、协调管理的能力并不充分，没有把产业链、供应链作为一个整体来考虑。要跳出“摊大饼”的粗放发展思维模式，从规划、空间、机制等方面谋求突破，将产业内的高度分工和规模经济很好结合起来，不以规模定标准，在做大增量中促进产业结构升级。

针对产业链协同性不高，优势产业带动效应不突出等问题，2020 年河南全省推行“链长制”，省级领导担任链长，重点推进新型显示和智能终端、生物医药等 10 个新兴产业链发展，保障产业的供应链、信息链、采购链、服务链、人才链、资金链等多个链条，引导政府管理思路从零散点状向系统链状转变，更加重视打造产业生态圈，完善产业链协同机制，促进产业链上下游、产供销、大中小企业整体配套、平稳运营。

3.4.2　产业链完整度

第四次工业革命带动的经济增长是指数增长，而非线性增长，全球产业链发展更加体现为生态性和系统性。如何叠加劳动力与资本、技术和市场等优势，持续整合跨行业、跨区域、跨国界的各类要素资源，为产业链、供应链注入新型“黏合剂”，助推区域产业发展拾级而上，这是新形势下河南参与全球产业链竞争和合作需深度思考的命题。推进全产业链建设是贯彻新发展理念、构建新发展格局的重要举措。

当前经济发展从“中心—外围”结构变为一种“双循环”结构，河南作为“全球超级工厂”的重要组成部分，制造业成为一个中介性“枢纽”，技术、组织形式以及生产逻辑发生演变，令经济空间以各种方式突破区域限制，衔接起两个市场和两种资源。习总书记曾强调要把制造业高质量发展作为主攻方向，推动高质量发展，制造业是重中之重。突如其来的疫情，还是让很多制造业企业感受到了来自产业链和供应链的压力，疫情危机在一定程度上会加速全球供应链的重构，推动全球产业链格局发生调整。盾构机核心零部件轴承受国外供应商物流受阻的影响，发生“断链”导致中铁装备多份订单无法按期交付，中铁装备急于寻找可进口替代的供应商，洛阳轴承从中铁装备供应链的 B 计划顺势成为 A 计划。一些大企业也感受到零部件“国际断档”的压力，已经谋划国内布局或加强对供应链的掌控，通过产业链的固链、补链、强链再加上“链长制”，提升上下游链条整合力，并以此打造优势产业集群。

根据“产业链条定律”，一根链条与它最弱的环节有着相同强度，因此针对产业链条的薄弱环节，稳固产业链条竞争力，必须提升产业链上中下游企业的协作配套能力，着力把产业链拉长、补齐、做强、划圆，形成完整的产业链闭合圈。只有瞄准“链”上关键环节，有的放矢进行补链，才能有效保障产业链、供应链的安全。经过疫情危机，全省产业布局更加明确了产业链上缺什么，地方就招什么的产业招商理念，更好地完善产业链。新乡有化纤产业基地，郑州有轻纺产业基地，产业链条薄弱环节是印染，产业链布局和招商环节就应重点“补链”，通过夏邑县印染基地的建设，助力河南打造现代轻纺产业全链条。

完善产业链和供应链，要注重引进培育技术先进、产品竞争力强的企业，充分发挥其头雁的带动作用。比如分子筛行业的头雁企业建龙微纳，借助国家级院所里的院士、工程师的智慧，成功摘取分子筛“皇冠上的明珠”，攻克 Li-LSX 变压吸附制氧分子筛技术难题，并在偃师产业集聚区建立起分子筛成型制造的全产业链条。

从 1G 到 5G，移动通信技术在不断推陈出新。现有的生产、消费、运输与支付体系给社会和个人带来前所未有的系统性变革。消费升级，可以带动产品升级，制造升级，又助力产业升级。河南年人均生产总值已经突破 8000 美元，1 亿人口的消费规模，集聚着产业变革的巨大潜力。利用人口大省、经济大省、网络大省的优势，河南在全国第一个出台了 5G 产业发展行动方案，旨在率先培育一条新兴产业链：上游是基站等通信基础设施，中游涉及网络建设及运维服务，下游则是多种多样的应用场景及终端产品。利用这条新兴产业链，再造数字经济形态中的新型生产关系。在这个全新的形态里，5G 是实现资源高效分配的有力工具，将之前的“信息高速公路”升级为“海陆空”立体式的交通网，拓展物理世界和数字世界的通道，让河南的区位优势与云计算、人工智能、大数据、区块链等技术相互赋能，有助于造就一批新时代的独角兽企业，完成重构产业链的使命。

3.4.3 产业链能耗水平

能源是经济社会发展的物质基础，是河南加快建设中原经济区、全面建成小康社会、实现富民强省和现代化的重要保障。河南能源产业快速发展，已成为全国重要的能源生产大省和消费大省，初步形成煤炭、电力、石油、天然气以及新能源和可再生能源全面发展的能源供应体系。电力发展与经济发展高度融合、密不可分，电力指标是反映经济运行状况的“晴雨表”，电网企业是经济社会发展的“先行官”。

河南积极引入清洁电力，加快淘汰落后产能。但受资源禀赋制约，全省以煤为主的能源消费格局并没有得到根本性转变，电煤占全省煤炭消费比重 40%，电能占全省终端能源消费的比重只有 15.3%，均低于全国平均水平。2020 年全省工业用电量 187.25 亿千瓦时，同比增长 10.59%，虽受新冠肺炎疫情、产业结构调整等因素的影响，但经济运行的整体良好势头没有改变，全省建材、钢铁、有色、化工等传统高耗能行业产能稳步回升，通用设备、电气、机械、汽车等新兴制造业呈持续高增长态势，发电厂用电量大幅增长。要继续加快各级电网发展，合理安排电网资金投向，加大城乡配电网投资和配套电力设施建设力度。要加强供电优质服务工作，重点支持产业集聚区以及重点行业、重点企业的转型发展，切实提高服务质量。

用电量情况不仅可以反映出经济总量的整体增长情况，而且从用电量的内部分布结构，还可以看出经济结构的调整变化情况。数据显示 2016—2020 年，煤炭开采和洗选业、化学原料及化学制品制造商、非金属矿物制品业、电力、热力的生产和供应业等高耗能产业带动经济发展的趋势从持续增长到逐渐下跌。2020 年上半年，河南省食品加工、现代家居、汽车及零部件制造、电子信息、装备制造和服装服饰等六大高成长性行业用电量同比增长 14%，比去年同期增速提高 4.4 个百分点。其中，装备制造业在所有工业子行业中用电增速最快，为 17.8%，成为拉动工业用电量增长的新动能。

3.4.4　产业链发展总体评价

在“双循环”新发展格局下，提升产业链现代化水平，推动制造业高质量发展是河南省产业发展的主攻方向。河南以制造业供给侧结构性改革为主线，持续推进智能化改造、绿色化改造和技术改造，突显软件定义、数据驱动、平台支撑、服务增值、智能主导的新特征。河南传统产业改造和新兴产业培育空间巨大，抓住“两新一重”建设机遇，协同推进新兴产业布局和传统产业提质，对接好产业链与创新链，加快向高端化、智能化、绿色化、服务化方向迈进。

产业集聚区发展空间拓展，承载作用凸显，已成为全省经济增长速度最快、发展活力最强区域，成为推动河南工业化、城镇化建设的重要引擎。截至 2019 年，全省产业集聚区主营业务收入占全省规模以上工业的比重 74.9%，对全省增长的贡献率为 89.5%。利润总额占全省规模以上工业利润的比重为 77.9%，对全省增长的贡献率为 83.3%。在全省 18 个省辖市中，2018 年有 16 个市产业集聚区规模以上工业增加值增速高于全市规模以上工业平均增长水平，17 个市产业集聚区规模以上工业增加值占全市规模以上工业增加值的比重超过 60%。产业集聚区的规模化发展，使部分经济基础较差的传统农业县、贫困县经济实现了突破和跨越，促进了河南经济协调发展。

全省产业发展布局突出功能性，围绕主导产业招商引资，推动产业链条由短到长、产业层次由低到高、企业关联由散到聚。产业规划聚焦智能制造业引领、传统产业提质、新兴产业培育，促进转型发展。河南省产业体系及产业发展由规模扩张为主向创新型发展转变，更加注重产业结构升级和节约化、系统化发展，提升经济社会综合效益；由要素投入为主向创新驱动发展转变，强化以科技创新为核心的内在增长，依靠创新驱动实现产业持续快速发展；由企业集聚为主向产业品牌培育转变，围绕特色主导产业培育、引进龙头企业、集聚上下游产业链与横向服务链、集聚产业内配套网络与产业间融合网络，形成具有较强区域影响力的产业品牌。

第 4 章
对产业链的电力数据量化分析研究

对企业运营的研究不仅仅局限于企业内部，必须放眼于整个企业生态圈，从产业链的角度，通过研究各个产业部门之间的技术经济关联，发现他们的链条式关联关系形态，认准自己在产业链条上的位置，从而精准定位，制定企业的各项发展战略。所谓“经济要发展，电力要先行”，在国家“十三五”发展纲要中电力行业的发展已成为重中之重。“用电量”等电力指标数据，作为经济社会的“晴雨表”和“温度计”，与经济运行息息相关，对经济周期波动的反映相当灵敏。用电量消费的大小及变化能折射出行业或企业经济运行的活跃度，可以实现对各区域、产业、行业和企业发展水平的精准分析，深刻反映经济运转状况。另一方面，大数据作为重要的战略资源已经在全球范围内达成共识，因此，电力企业可利用自身拥有的大量数据资源，结合企业自身特性，加深对已有数据的研究，利用大数据构建相关的电力指数模型，让外部数据“走进来”、电力数据价值“走出去”，量化分析电力与经济发展的协同关系，深度挖掘电力数据的社会化应用价值，这对于掌握当前经济形势、预估经济走势、制定产业政策等方面都具有十分重要的现实意义。

4.1 电力数据应用现状

4.1.1 电力数据应用场景

当前，电力数据应用比较成熟的场景有电力景气指数、企业复工电力指数、乡村振兴电力指数、青海绿电指数、旅游活跃类电力指数、甘肃空心村指数、电力经理指数等。

（1）电力景气指数

景气是对研究对象发展状况的一种综合性描述，用于说明研究对象的活跃程度。电力景气指数是应用大数据分析，通过用电情况等信息，得出的反映经济体发展的前瞻性指标，它可以对短期经济趋势进行预测。电力景气分析有助于分析人员掌握各个行业的用电规律，从而为电力企业及政府合理地制定决策建议提供理论依据。目前国内使用较为广泛的电力景气指数是中经电力产业景气指数，涉及的指标包括发电量、销售利润率、产品销售收入、利润总额、工业品出厂价格和从业人员等。

一般来讲，电力消费（景气）指数构建方法一般会将电力数据与宏观经济统计指标进行相关性分析，选取用电量、业扩报装容量和用户数等电力数据作为模型输入指标，而电力数据本身为全量数据，客观性强于宏观经济统计指标。通过建立电力负荷与宏观经济之间的联动关系，协助政府合理地规划电网建设，优化电力资源的配置。通过研究经济发展方式与电力经济的关系，提供预判分析。另外利用神经网络（Neural Networks）技术，从电力角度出发对城市发展的因素进行分析，对经济发展形式进行预测，能够在一定程度上反映出当今经济发展的形势。

用户数等相关性较低的指标与用电量等核心指标本身存在强关联，引入过多冗余的变量反而会降低模型构建的易读性和可追溯性，因此选取与电力消费水平现状相关性最强的用电量指标与电力消费水平预期相关性最强的业扩容量指标作为模型的输入数据。基于用电量指标和业扩容量指标，引入电力消费现状因子和电力消费期望因子，构建电力景气（消费）指数模型，具体公式为

$$\mathrm{EPI}=\frac{Q_i+\Delta C_i\alpha T}{Q_{i-12}+\Delta C_{i-12}\alpha T}\times 100\% \tag{4-1}$$

注：越来越多的研究者，基于不同的角度，会给出不同的计算公式。

式中，Q_i是本期用电量，反映了电力消费的现状水平，称为电力消费现状因子；ΔC_i是本期业扩净增容量；α是单位容量的每小时电量转化率；T是转化时间；$\Delta C_i\alpha T$体现了业扩净增容量带来的期望电力消费水平，称为本期电力消费期望因子；$Q_i+\Delta C_i\alpha T$称为当期电力消费综合因子。EPI 指数 100 为荣枯线分界。

① 为贯彻国家电网的“数字新基建”工作部署，国网北京市电力公司自 2020 年 6 月 17 日起，每日主动向北京市有关部门递交疫情影响分析电力景气指数，分门别类、简洁清晰地呈现自 6 月 16 日北京地区应急响应级别上调以来全市各产业、各行业及丰台、大兴等重点区域的电力景气指数变化。通过对各产业、各行业、各地区多维度历史用电数据与宏观经济数据的关联分析，直观反映各行经济情况，为政府预判宏观经济走势、制定宏观经济政策提供数据支撑。

② 2020 年 5 月，国网浙江省电力有限公司发布国内首个电力消费指数（EPI）。EPI 基于用电量及业扩报装变化情况，从区域、产业、行业等多个维度开展分析，以衡量电力消费水平及发展趋势。该指数抓取当期和去年同期用电量、当期与去年同期业扩净增容量、单位容量每小时电量转化率和转化时间等作为模型输入指标，充分保留电力数据的物理意义，体现客观性。指数 100 为荣枯线，换言之，指数 100 以上为“荣”，意味着恢复以往水平，指数 100 以下则还有待恢复。该指数从电力能源消耗需求变化，真实反映全省各区域、各产业、各行业运行状况，为各地政府决策提供有效参考，助力全面提振经济社会发展。2020 年 9 月 14 日，东莞市发展和改革局联合南方电网广东东莞供电局发布东莞市经济和社会电力消费景气指数（EPI），这是南方电网发布的首个电力消费指数。通过对电力客户的用电量、企业业扩报装容量等数据

进行相关性分析，依据电力消费现状因子和电力消费预期因子构建电力消费景气指数（EPI）模型，从全市、各镇街（园区）、各产业、各行业等多个维度进行“电力看经济”和“电力看社会”等量化分析。

③ 2021年7月，国网安徽电力科学研究院基于企业用电量、用电容量、业扩报装情况计算产能利用率指数、业扩报装指数，对该指标加权求和得到小微企业电力景气指数（EPI），结合用电恢复率、达产率、超产率三个景气指标，围绕不同地区、不同行业、不同新兴产业，监测分析小微企业景气情况。

（2）企业复工电力指数

企业复工电力指数，是根据用电信息采集系统中企业历史用电量情况、当日用电量情况等数据，综合考虑复工电量比例和复工企业数量比例两个因素，得出复工指数。这个指数能动态监测、精准分析各区域、各行业由点及面的复工复产情况。

企业复工电力指数由国网浙江电力首创，运用营销系统海量数据，开展电力大数据企业复工生产情况分析，通过综合考虑复工用电与复工户数情况，设立企业复工电力指数，其中复工电力指数 R：

$$R=（复工电量比例\times 0.5+复工企业户数比例\times 0.5）\times 100 \tag{4-2}$$

其中，对于复工电量比例，需要计算该地区企业用电量相较历史正常水平的比例，其计算公式为：

$$复工电量比例=统计范围内企业当日用电量总和/上年日均用电量总和\times 100\% \tag{4-3}$$

对复工企业比例，需根据企业开始复工的时间节点来判断，具体应结合企业自身用电规律进行分析，同时形成“1+2”指标体系，力争全面、客观、准确反映全省复工复产情况，“1”是指全省总指数，“2”是指地区指数、行业指数。基于浙江电力大数据的复工分析报告纵向涵盖了全省各地市以及国家规定的十大行业。

当前，除了浙江，四川、山东、江苏、上海等不少地区都构建了企业复工电力指数。

（3）乡村振兴电力指数

2021年3月11日，国网丽水供电公司发布“乡村振兴发展电力指数”。围绕乡村振兴“产业兴旺、生态宜居、乡风文明、治理有效、生活富裕”五方面，对应设计乡村产业、乡村宜居、乡村文教、乡村管理和乡村居民5个电力指数，以电力大数据为核心，通过构建数据组合模型反映乡村振兴发展成效，从电力视角增加政府对乡村振兴水平和差距的直观认识，为政府强化防止返贫监测、统筹城乡发展、美丽乡村建设和乡村产业融合发展提供决策支持。

2021年5月，国网浙江电力在会上正式推出了“乡村振兴电力指数”，运用海量行业/居民用电、清洁能源发电、设备运行信息等数据，从产业发展、富裕程度、宜居水平、供电保障、绿色用能五个维度开展大数据分析，形成了“一个总指数和五个分指数”的评价体系，指数越高则代表发展情况越好。同时，可穿透分析乡村在居民用电强度、村民流动情况、医疗、通信、文教配套等15个方面的情况，多维度折射乡村振兴发展面貌，助力乡村地区补短板、强产业、促发展、惠民生。

2021年6月17日，由国网河南省电力公司牵头研究的“河南乡村振兴电力指数”评审工作在郑州举行。评审专家组一致认为，该研究成果用电力指数创新、准确、可靠地量化表征了乡村振兴发展状况，研究成果属于国内首创，对于科学评估乡村振兴成效具有重要意义。国网河南省电力公司立足河南农业农村大省定位，深入挖掘电力大数据价值应用，找准乡村振兴量化切入点，开展了全域 107 县（市、区）与典型县域兰考县 13 乡（镇）的乡村振兴电力指数应用，构建乡村振兴电力指数分析模型，优化乡村振兴电力指数测算程序，为乡村振兴实施成效提供量化评估工具。同时，通过乡村振兴电力指数分时、分项的对比，多维度量化展现乡村振兴当前发展水平、近年发展速度和未来发展趋势，进一步提升乡村振兴综合施策精准度，助力农村地区补短板、强产业，推动农业高质高效，辅助优化产业布局。

2021 年 3 月 3 日，国网甘肃省电力公司深挖电力数据价值，利用电力大数据分析模型，围绕乡村产业兴旺、生态宜居、生活富裕等三大方面，构建形成“乡村振兴电力指数”。正式上线运行后，该指数可直观、量化反映全省 75 个脱贫县区、7262 个脱贫村的振兴发展趋势，对乡村振兴各项工作开展实现量化评估、监测，为政府、企业、研究机构等提供参考。

（4）青海绿电指数

2019 年 6 月 12 日，国网青海电力发布了“绿电 15 日”暨“绿电指数”。这是青海继 2017 年“绿电 7 日”和 2018 年“绿电 9 日”之后又一次全清洁能源供电的实践。绿电指数是国网青海省电力公司联合清华大学四川能源互联网研究院、华中科技大学等机构探索建立的相关评价标准，科学量化评价绿色电力发展水平。这是国内外的首次尝试。“绿电指数”采用的数据来自政府能源部门、统计部门，发电企业、电网企业、用电客户等主体提供的海量数据，并通过软件自动计算和评价。该指数综合反映绿色电力发展总体水平，涵盖电力生产、传输、消费全过程。具体包括 1 个一级指标、3 个二级指标和 31 个三级指标。一级指标，即“绿电指数”，综合评价电力清洁化程度，绿电指数越高代表电力越清洁。二级指标对应电力生产、传输、消费三个环节，确定为“绿电开发”“绿能共享”“绿色生活”三个指标。三级指标从绿色电力发展情况、资源开发利用效率、消纳水平、电网传输效率和配置能力、技术进步、各类排放情况等多个维度对绿色电力发展水平和发展质量进行综合测评。

“绿电指数”不仅为观察到我国绿色电力发展水平提供了新视角，更精细地研判清洁能源发展的活力和潜力，还能为政府、企业、用户等各类主体提供参考。基于工业互联网架构，在青海建成国内首个集数据汇集、存储、服务、运营于一体的新能源大数据创新平台，着力构建“开放共享、共生共赢”的能源全产业链生态圈。

（5）旅游活跃类电力指数

2020 年 8 月，国家电网山西省电力公司推出旅游活跃指数，为山西省文旅业高质量发展提供参考。其实，从 2019 年 10 月开始，为推动电力大数据在更大的范围内发挥作用，国网山西电力结合山西旅游资源分布特点，组织所属运城、大同、晋中等地市供电公司，针对“黄河、长城、太行”三大文旅品牌，开发“电力看旅游”数据产品，发布电力看旅游大数据分析报告。如运城供电公司构建“运城市旅游电力活跃指数”，包括同比活跃指数和环比活跃指数，并分别计算景点活跃指数、周边餐饮住宿活跃指数、节假日活跃指数等，全面展示重点景点分时段旅游活跃指数和排名，反映旅游发展情况。晋中供电公司应用旅游、住宿、餐饮、娱乐等行业用电、业扩报装数据以及旅游人数、旅游收入等数据，融合季节、气象、地理等互联网数据，发布电力看旅游分析报告，对区域内所有 A 级景区及周边住宿餐饮业复工复业情况开展监测，并重点开展 4A、5A 级景区的带动力分析，从电力视角评估区域旅游发展趋势。国网山西电力发挥电力大数据的价值，让数据说话，构建旅游电力活跃指数，对全省重点旅游景区及上下游产业链进行监测，弥补当前仅依靠门票销量等传统监测手段，真实反映旅游业上下游产业链的发展情况和复工复业情况，辅助政府部门精准决策。

2021 年 5 月，国网甘肃省电力公司通过电力大数据从多角度透析全省“五一”旅游发展情况，创新构建乡村旅游电力发展指数：基于旅游乡村用电、餐饮住宿用电、供电质量等反映乡村旅游发展的情况指标，建立了旅游电力便利指数、旅游电力满意指数、旅游电力民生指数及旅游电力活跃指数四个维度的指数。综合反映乡村旅游发展情况：2021 年“五一”甘肃旅游业在疫情后迎来了爆发式增长，A 级及以上各旅游景区总用电量较 2020 年假日同期增长 34.74%，“五一”期间景区用电量呈现明显的“拱桥型”增长趋势，中间三天用电量连续增长，假日第三天用电量达到最大，较去年用电高峰增长 50%。“五一”期间全省各旅游景区的旅游规模及热度直线飙升。这让大家从电力角度了解了不一样的“五一”假期。

（6）甘肃空心村指数

“空心村”治理一直是困扰农村发展的一大问题，除了观念改变难、政策不健全等难题外，缺乏有效的统计分析手段也是制约“空心村”治理的一大难题。2020 年 1 月，国网甘肃电力成立技术攻坚团队，选取陇南市为试点，共收集家庭年龄、家用电器设备、经济作物等各类数据 5.6 万条。经过半年时间的反复摸索，国网甘肃省电力公司根据农村居民历史用电量、当日用电量、村情村貌等数据，在国内首创利用电力大数据，精准识别“空心村”。确定户用电量、经济作物、人均收入、海拔、天气等 15 个关键特征因子，构建了聚类、决策树等 7 类数据分析模型，不断训练、优化、验证，最终确定基于梯度增强树回归分析模型首创 EEGM 分析模型（基于用电量、经济与地理特征的空心村人口测算模型），在国内首创利用电力大数据，精准识别出了陇南市“空心村”。后经由陇南市政府、清华大学博士以及国网能研院组成的专家检验，利用该算法测算出的行政村的空心率，与现场调研数据进行比较，得到乡镇空心率测算绝对误差平均值为 4.7%。算法模型及分析结果获多方验证，结果真实可信。

通过电力大数据对农村空心率程度实现了精准测算，能够辅助政府项目投资决策，为学校、公路等公共设施建设和市场及产业配置优化提供辅助依据。经陇南市政府测算，每年可帮助政府优化节约乡村公共设施投资约 15 亿元，实现了基础设施投资效益最大化。

（7）电力经理指数

电力经理指数（EMI）由东南大学教授、博士研究生导师徐青山与福建省电力有限公司林章岁等人于 2014 年提出。首先，基于各行业（产业）EMI 的实现路径，分别在电力统计数据侧和行业市场数据侧选出能够影响行业用电量的关键因素：①电力统计数据方面：申请和完成的扩容容量、申请和完成的减容销户容量、申请和完成的净扩容容量、申请和完成的扩容企业数、申请和完成的减容销户企业数、申请和完成的净扩容企业数以及行业用电量。②行业市场数据侧初选指标包括：订单量、产量、库存量、订单完成量、生产线规模、设备数量、产品价格、价格空间、本行业政策、上游行业政策、行业市场情况。然后，以问卷调查的形式向行业内的专家征询意见，以统计检验-粗糙集分析法对初选的行业电力经理指数关键指标的合理性进行检验和优化，判断初选的关键指标的合理性，删除不合理指标。最后，以电力统计数据和行业市场数据为评价维度，采用主客观相结合的组合赋权法，建立行业 EMI 指标体系，见表 4-1。

表4-1　电力经理指数指标体系

评价对象	一级指标	二级指标	权重系数
行业 EMI	电力数据类	申请净扩容容量	0.266
		申请净扩容企业数	0.086
		完成净扩容容量	0.145
		完成净扩容企业数	0.052
		用电量	0.163
	行业数据类	订单量	0.056
		产量	0.043
		库存量	0.048
		订单完成量	0.054
		产品价格	0.035
		价格空间	0.030
		行业政策	0.022

把 EMI 为 50 定为基准线，称为荣枯分水线。EMI 大于 50 表示行业用电需求在增长；EMI 小于 50 表示行业用电需求在下降。EMI 偏离 50 的程度表示用电量变化的大小，朝大于 50 的方向偏离越大说明用电需求将大幅增加，朝小于 50 的方向偏离越大说明用电需求将大幅度减小。EMI 还可以对行业用电趋势进行预测，如徐青山等人对有色金属冶炼及压延加工业、非金属矿物制品业和化学原料及化学制品制造业、纺织行业、服装行业和食品行业、机械行业、电子行业和化工行业等都进行了预测，且结果合理、可行、有效，能够较好地预测各月份的行业用电量的变化趋势。此外，EMI 与产业发展具有高度相关性，通过对产业 EMI 的分析，还可以对各产业发展趋势进行分析，为政府相关调控部门进行相关决策提供依据。

除了上述场景，电力数据还有不少应用实践，如基于用电量、台区地理信息等电力数据，国网重庆市电力公司融合地价、房价等外部数据绘制出了覆盖重庆主城区 2050 个小区的数据服务地图；国网大数据中心与国网英大集团合作研发的能源金融大数据新业务——“数融 e”系列能源数字金融产品；2020 年 11 月 11 日，生态环境部与国家电网公司在京签署《电力大数据助力打赢打好污染防治攻坚战战略合作协议》，开启“生态环境+电力大数据”污染防治新模式；第七次全国人口普查国家电网公司推出“e 普查”应用，精准识别空置户，助力普查效率提升；已在国家电网全网上线的“转供电费码”，助力电费减免政策红利及时、足额传导到每一个电力客户，如此等等。电力数据积极助力国家治理现代化和地方高质量发展，服务居民日常生活，潜力不断释放，综合效益逐步显现。

4.1.2　电力数据的特点

“电力数据”中的“数据”是大数据，简单说就是大量的数据，电力行业的数据源主要来源于电力生产和电能使用的发电、输电、变电、配电、用电和调度各个环节，可大致分为三类：一是电网运行和设备检测或监测数据；二是电力企业营销数据，如交易电价、售电量、用电客户等方面数据；三是电力企业管理数据。

基于“大数据”的观点，电力数据的特征总体上可以概括为“5V”，即 Volume（大量）、

Veracity（真实性）、Variety（多样）、Velocity（高速）、Value（高价值密度）。

① 数据量大（Volume）。电力行业与国民经济生活有着密不可分的关系，随着我国经济及人民生活水平的不断提升，各行各业用电量的增加，电力行业在日常经营活动中产生了大量的数据，伴随着全社会用电量的不断增加，电力企业已经积累了海量的数据资源。

② 数据精确真实（Veracity）。根据电量测量的特点，当面的电力数据精准到户，并且统计精度、统计颗粒度可以精确到天。

③ 数据类型繁多（Variety）。主要表现为数据类型异构异质，包括数值、文本、图形、图像等互相关联的不同形态。

④ 数据处理及时性要求高（Velocity）。电力活动与国民经济及生活情况息息相关，在发电、输电、配电、用电等各环节中对数据处理的时效性要求较高，必须及时地完成数据的处理才能够及时地为决策制定和执行提供帮助。

⑤ 高价值密度（Value）。一般的大数据，价值密度的高低和数据总量的大小是成反比的，即数据价值密度越高数据总量越小，数据价值密度越低数据总量越大。电力数据则不同，由于数据精准、真实，即使总量巨大，电力数据的价值密度也比较高。

除了所有“大数据”均有的“5V”特点外，电力数据作为一种特殊的数据，还有以下重要特点：

① 正相关性。即用电量与生产产出呈严格的正相关。用电量越多，产出越多；用电量越少，产出体越少。并且经济发展与工业用电量、居民生活用电量相关程度也很高，总体增长趋势一致。如国网河南省电力公司经济技术研究院的刘跃新、王磊等人，通过回归分析得出，河南省用电量与经济相关系数 R 在 0.98～0.99 之间，说明用电量与经济总量相关性很高，两者增长趋势上总体一致。

② 全面的覆盖领域。一是几乎所有生产经营企业（不含汽车、飞机、轮船）都在用电。二是国家电网公司的大数据资源可以实现从宏观到微观的全覆盖，包括分地区、分行业、分企业的电力数据挖掘和全面分析；并且在电力数据的基础上，融合热、冷、气等行业数据与周边环境数据，实现多维度数据分析。

③ 准确及精细的数据来源。一方面电力大数据基于用电信息采集系统等，实现数据的自动抓取，消除了数据壁垒与时间延迟，并通过数据比对等方式进行清洗校核，可以最大限度地减少数据人工报送带来的影响，保障数据分析的真实准确。另一方面，基于强大的感知能力，可以实现设备级、元件级信息和底层、关键设备状态的精准把控；并基于负荷解耦技术等逐步实现用户家庭内部电器级的数据归集分析，实现精细化数据分析。

④ 灵活的时间尺度。电是一种很特殊的商品，最主要的特殊性是发电、输电、配电、用电同时完成，这样的特点决定了它的实时性。更重要的是，电力大数据不仅可以离线采集，也可以实现高频连续更新。基于先进的采集技术和信道能力的提升，根据需要选取适合的数据采集步长和更新周期，实现及时在线数据分析。

⑤ 多维的用户刻画。将电网营销、运行、检修等专业各自的局部表征融合，可以实现对用户的多维立体化标签，再结合用能数据等，为数据分析提供丰富的用户画像。

⑥ 电力数据的易获性。现在我们国家在电力用户侧有 4 亿支智能电表，还不包括电厂、电网中的电表，它们时时刻刻记录着每一个用户的用电状况。

4.2　基于电力数据研究产业链

电力数据的应用会涉及发电、输电、变电、配电、用电、调度各环节，是跨单位、跨专业、跨业务的数据分析与挖掘以及数据可视化。正如前文所述，电力数据具有可以高效、快速、精确地处理数量大、类型多的数据的特性。电力数据的出现与我们的经济发展、乡村振兴、绿色发展、文化旅游等很多方面都密切相关。

从 2015 年开始，国家电网公司陆续发布《国家电网公司大数据应用指导意见》《国家电网公司关于营销大数据应用工作的指导意见》等，在服务政府、电网生产、经营管理和优质服务等领域进行大数据分析深入研究和应用。

目前，国家电网公司的大数据资源已全面覆盖电力系统发、输、变（配）、用等各个环节，接入智能电表等各类智能终端 5.4 亿台（套），实时采集 4.98 亿客户电力数据，数据总量已超过 5PB，采集数据日增量超过 60TB，具备体量大、类型多、价值高、更新快等典型大数据特点。数据类型包括电网生产运营产生的海量能量数据、控制数据、用户数据、公共数据等，覆盖各类时间尺度。同时，河南、天津、四川等省公司在政府指导下建立“能源大数据中心”，接入电、水、气、热、煤、油等多种能源数据，更加丰富了大数据资源的规模和维度。

4.2.1　电力数据如何反映产业链的能源流

对于电网企业来说，数字化转型已成为企业顺应能源革命与数字革命融合并进的必然选择。立足能源根本、数字禀赋和资源禀赋，2020 年，国家电网公司制定实施 12 项专项行动计划、200 余项重点任务，明确了新兴产业的主攻方向，初步形成了从软件到硬件、从支撑到赋能、从平台到生态的较为健全的产业布局。同时，大数据客观上具备的海量、开放、连接属性还要求企业加强开放，使更多市场主体参与到能源互联网生态圈建设中来，共享发展成果。2020 年 11 月，《中共中央关于制定国民经济和社会发展第十四个五年规划和二〇三五年远景目标的建议》发布，文中明确提出“系统布局新型基础设施”“建设智慧能源系统”，将能源电力行业作为“新基建”中融合基础设施建设的重点领域。“电力新基建”作为以新一代信息通信技术为基础，以数字化技术和互联网理念为驱动，面向智慧能源发展需要的基础设施体系，是推动能源革命、优化产业链的重要手段。

除疫情防控和复工复产外，电力大数据能够在经济监测、产业调整、精准扶贫、环保防灾、普惠民生等场景中提供决策支撑。

在经济监测领域，基于电量、业扩报装、负荷、用能数据、经营数据，辅以经济指标，建立多元、动态的企业画像模型，能够反映企业征信、区域发展、宏观运行状态，助力政府更好了解经济及政策执行效果，为经济调控科学决策提供依据。

在产业调整领域，利用行业用电、产量、销量、设备特征等数据构建设备状态及行业动能分析模型，分析行业上下游情况，能够为产业设备升级提供依据，为政府部门掌控限制或鼓励类行业发展状况、开展行业规划提供参考。

在精准扶贫领域，基于用电信息采集下沉至户级甚至户用电器级的特点，融合精确细分的历史电量、负荷等数据，可以构建贫困户电力消费评估模型，甄别真正贫困户和贫困县情况，评估扶贫措施效果，辅助政府部门实现精准扶贫。

在环保防灾领域，通过实时监测总体负荷和设备信息，可以实现企业能耗监测、减排诊断、停产整改跟踪等；基于大范围、高密度、多品类的传感器采集灾害特征信号数据进行预测预警，能够提升环保部门监管能力，助力国家应急管理。

在普惠民生领域，对居民用电、用热、收入、消费等进行分析，多尺度、多维度量化用户行为，可以为节能诊断、需求侧管理、特殊人群关爱等服务提供支撑，为政府制定民生政策、发布民生信息、针对性调控提供参考。

对于不同的产业链，电力数据是如何具体应用的呢？我们举例说明。

① “碳市场交易”中的电力数据应用：2021 年 7 月 15 日，全国统一碳排放权交易市场启动。电力大数据助推钢铁等产业纳入碳市场。随着发电企业全国碳交易推进，未来石化、化工、建材、钢铁、有色、造纸、航空等行业也将纳入全国碳市场。电力大数据具有价值密度高、分秒级实时准确、全方位真实可靠和全生态独占性链接的特点，不仅有利于发电行业碳排放核算和配额发放，也有利于其他行业纳入全国统一碳市场。

具体而言，电力网络具有广域互联的特性，与其他行业密切相关，钢铁、化工、建材、造纸等行业的用电数据，可以在一定程度上直接反映用能水平，同时电力行业为其他行业提供用电量报告，能够直接辅助其他行业碳减排额度核算；电力大数据特性分析具有一定监测作用，可以通过对用电企业的负荷波动特性识别，获取企业的开工运行情况，侧面验证其碳排放报告的真实性，目前国网征信有限公司已完成企业征信业务经营备案，具备依法合规对外开展企业征信服务资格，未来可在碳排放报告真实性核查方面积极发力；电力大数据可以反映经济运行情况，客观对比其他行业或地区纳入全国统一碳交易市场前后的区域经济、产业经济发展情况，为政府把控碳市场推进节奏、优化碳交易配额模式及方法提供决策参考。

② “双碳”目标下各个产业链的绿色发展与电力数据的应用：2020 年 5 月，《各省级行政区域 2020 年可再生能源电力消纳责任权重》的通知发布，首次发布了各省份的可再生能源电力消纳指标，标志着中国可再生能源电力配额制进入正式实施阶段。在此之前，国家每年均有发布相关指标的检测结果，但是并未强制实施。根据国家能源局对该通知的解读，消纳权重的核算主要遵循三个原则，首先是确保实现非化石能源的占比，这也是设定责任权重的基本前提。其次是逐年增加各省消纳责任权重的目标比例，保证其在合理范围内稳步上升。再次是做到留有余地，松紧适度，合理确定各地的消纳责任，在逐年增加的同时，也不盲目增加任务，确保可再生能源消纳任务的有序平稳实施。

2020 年 9 月，我国政府宣布中国将“采取更加有力的政策和措施，二氧化碳排放力争于 2030 年前达到峰值，努力争取 2060 年前实现碳中和”。“双碳”目标的提出彰显了中国积极应对气候变化、实现经济高质量发展的决心。“双碳”目标的确定，势必会为能源电力行业的发展带来新的挑战，能源供给、能源消纳、能源信息化、能源结构调整、新兴能源技术利用等方面都需要做出新的调整和部署。而这种调整和部署，应该紧扣可持续环境收益这个主题，并将“双碳”目标与绿色制造体系有机地联系起来。

2021 年 1 月，全国首个可再生能源“碳中和”智慧园区在北京金风科技亦庄智慧园区“诞生”。“今日负荷：办公用电 2608kW · h，占比 47.72%；生产用电 2063kW · h，占比 37.76%；商业用电 40kW · h，占比 0.72%……今日能源分布：天诚楼 2560.19kW · h，研发楼 26.6kW · h，智慧楼 21kW · h……”这些数字，每天都滚动出现在金风科技亦庄智慧园区集控中心的数据大屏上。看着这些数据，金风科技智慧园区项目负责人说：“这套微网系统就是园区的‘智慧大脑’，我们利用物联网、云计算、大数据、GIS 等前沿技术实现了园区用能的智慧管理，哪个位置耗能高了在这里一目了然，发现问题之后，我们就可以有针对性地处理问题。”在园区内，“碳中和”到底是如何实现的？作为国内首个兆瓦级分布式风机接入的可实现并离网双模式运行的示范项目，以及 IEC 国际电工委员会微电网标准试验基地，无处不在的智慧能源理念，是这座“碳中和”智慧园区最显著的差异化优势。一方面，园区通过部署可再生能源发电设备，实现电力的自发自用，对降低园区碳排放意义重大。另一方面，各类节能措施能够进一步提高园区能效，也为实现园区的“碳中和”提供了重要支撑。

总之，“双碳”目标的实现，各个产业链的可持续发展，电力数据必定要扮演重要的角色。

③ 5G 产业链、第二产业与电力相互促进：2021 年 5 月，工业和信息化部发布了“5G+工业互联网”首批重点行业和应用场景，涵盖电子设备生产、装备制造、钢铁、采矿、电力等五大行业，其中装备制造、钢铁、采矿、电力均与能源领域强相关，同时电网企业、发电集团、煤炭企业等均有了 5G 应用的试点落地。6 月，国家发展改革委等四部委联合发布《能源领域 5G 应用实施方案》，明确指出了未来 3～5 年能源领域 5G 典型应用场景、专用技术产品研发及配套支撑体系建设的发展目标与主要任务，这对 5G 与能源领域各行业深度融合、实现能源行业数字化转型具有重要的指导意义。

电力企业和设备制造商也开展了多款电力行业定制化终端研制，形成了适配电力业务终端的嵌入式 5G 通信终端、具备高精度授时的电力 5G CPE、融合边缘计算和人工智能技术的 5G 终端等产品样机，并支撑了业务应用验证。5G 产业链上下游企业已经建立了密切合作关系，未来将在联合创新、共建共享、产业协同等方面持续合作，构建 5G 产业生态，推进 5G 在电网行业的规模化、产业化应用。

国家提出“双碳”目标，推动构建以新能源为主题的新型电力系统，未来电力系统亟须以数字技术与能源深度融合，支撑电网以信息流引领和优化能量流、业务流，增强电网的灵活性、开放性、交互性。随着“比特”驱动“瓦特”的步伐稳步迈进，5G 在电力领域的应用还将持续丰富与完善。

④ 电力数据助力节能环保产业：长期以来，“散乱污”企业由于规模小、产能低，通常隐藏在村镇内，导致周边生态环境恶劣，居民不胜其扰。由于企业隐蔽性强，排查困难，很容易死灰复燃。电力大数据助力污染防治攻坚系统的应用，使各重点区域、行业的用电情况一目了然，为排查清理整治“散乱污”场所提供了有力的研判依据。生态环境部信息中心大数据室工作人员表示，“现在通过电力大数据助力污染防治攻坚系统大屏，我们可直观看到‘散乱污’疑似点，极大提高了执法效率。”“电力大数据助力污染防治攻坚系统”不仅具有监测功能，还肩负着“监管”职能。之前，生态环境部门在进行污染源监测和相关政策制定时，只有气象数据作为辅助依据，难以判断各行业及企业的真实生产经营状况，而电力大数据助力污染防治攻坚系统则解决了这一难题。

“2021 年 8 月 2 日，湖北荆州供电公司互联网部专责桑田通过电力大数据环保监测平台发现，平台重点监测的某建材企业用电异动比例达到 182%。平台自动弹出告警信息说明，该企业可能违反环保管控要求进行了额外生产和排放。他随后向相关生态环境部门推送了平台监测到的数据。”——这是国网湖北省电力有限公司推进企业数字化转型、应用电力大数据环保监测平台助力打赢污染防治攻坚战的探索。电力大数据环保监测平台由国网湖北电力开发，并于 2 月份上线。电力大数据环保监测平台通过计算重点污染企业单位能耗产生污染值及监测相应时段排污企业实际用电量，判定企业是否存在超标排污行为。

⑤ 金融大服务中的电力数据应用：2019 年 7 月，国网吉林省电力有限公司与吉林省地方金融监督管理局、工商银行、农业银行、建设银行、邮储银行等吉林省主要商业银行在长春签署“智能电力大数据+金融——助力吉林振兴发展”战略合作协议。此次战略合作将拓展电力大数据在金融领域的应用场景，实现智能电力大数据产品的商业化运营，全国首创“电力大数据与金融大服务”系统性互融互享互惠新路径，推动构建开放共建、合作共治、互利共赢的能源互联网产业生态。构建电力大数据可为银行识别客户、企业融资增信、政府调控经济提供助力，可为银行提供优质客户目标群体，实现引流赋能，推动银行不断接纳新伙伴、开拓新领域，为银行解决市场主体融资难、融资贵等问题提供了创新性解决方案，具有鲜明的创新引领性、开放合作性和精准有效性。促进数字资源和金融资本加速融合，必将为全行业发展创造更大机遇和空间。

⑥ 轻纺产业中的电力数据应用：2020 年棉花春耕期，通过实时采集棉花灌溉机井电量数据，建立棉花排灌的用电与抽水用能关系，应用电力大数据技术，监测棉花灌溉水井用能抽水及变压器负载率情况，通过电力大数据的管理和物联感知，靶向治理排灌设备、线路、变压器等故障，保障了棉花机井灌溉设备安全运行，确保棉种喝足出芽水。通过建立电量与纺织企业的产能间的监测模型，打造电力大数据下的棉花加工及纺织产业的可视化场景，以棉花加工、纺织企业用电量为基础，实时监测纺织企业电流、电压、产能等数据，预测下一年迎峰度夏、度冬负荷增长与电厂出力间的矛盾，预测供电缺口区间，充分发挥纺织、棉花加工等电价较低的杠杆作用，指导纺织企业有序用电，确保纺织、棉花加工企业在下一年迎峰度夏、度冬期间运行稳定。

⑦ “疫情状态下”电力数据的健康卫生领域应用优势愈发明显：疫情发生以来，国家电网公司针对社区、特殊群体、重点对象的疫情防控需求，开展“两多（多场景诊断、多领域融合）、两高（高频度监护、高风险预警）”的疫情大数据分析。如何理解“两多、两高”分析的含义？对疫情防控有什么实际效果？

国网能源研究院能源互联网研究所专家表示：“两多、两高”大数据分析高效准确，能够助力基层防疫全面监测，提高防疫效率和水平。多场景诊断指开发基于大数据的多场景计算模型，对人员流动情况进行精准识别，从而提高基层防控排查效率。如国网天津电力公司采集滨海新区 82 万余户居民近 3000 万条日用电量数据，构建居民短暂和长期外出、举家返回等多个场景多套算法模型，精准判断流动总量和小区分布，被纳入社区网格化管理。多领域融合是指将电力大数据与其他信息结合，对防疫重点人群行为进行精准刻画，帮助社区人员快速识别风险群体。如国网宁波供电公司与宁波大数据中心开展合作，将电力和医保、交通等信息结合，可分析出潜在的外出人群，也可精准定位外出时间和疑似外出地点。

高频度监护主要针对居家隔离人员、独居老人等特殊群体，通过判别其异常用电情况并预警，辅助社区人员及时进行风险排查。如国网杭州供电公司研发了“服务特殊群体”算法，每 15min 开展一次“用电体检”，判断特殊群体是否存在异常，并在 1min 内将预警推送给社区和医疗人员。高风险预警主要针对宾馆、酒店等疫情防控重点场所，同样通过用电数据判断其潜在的高风险行为并预警，有效切断疫情蔓延渠道。如国网温州瑞安市供电公司通过核查宾馆、酒店等场所同期用电大数据，分析其是否在使用中央空调等设备，一周内就指导 35 家酒店实行关闭中央空调等防疫措施。

⑧ 电力大数据赋能数字政务建设：2021 年 6 月 30 日，东莞市用电数据看板“东莞的一天”主题数据应用项目场景上线，这是南方电网广东东莞供电局推动电力大数据变现的一次有益尝试。据了解，东莞市用电数据看板“东莞的一天”主题数据应用采用“全市一张大图，一镇一张小图”的梯级展示模式，助力政府及社会有关部门实时掌握东莞全市的企业生产用电情况、各镇街（科技园区）的企业用电档案、园区活跃度、各行业的用电对比情况等经济发展动态数据。“该应用根据东莞市政府的规划建设需求、工商管理部门发布的行业分类标准，结合广东电网公司营销、计量等业务系统的第一手数据，实现了分区域、分行业、分时段对东莞全市 32 个镇街、两百多万用户的用电情况进行详尽分析。”罗金满说。该应用基于南方电网公司数据中心，整合电力数据与政务数据等资源，匹配安全可靠的数据加工处理技术，以直观的图表化形式展示东莞全市的用电数据。罗金满告诉笔者，东莞市用电数据看板“东莞的一天”主题数据应用对于政府部门掌握全市相关情况非常有帮助。比如通过电力数据，可以精准地掌握全市各行业、各镇街的用电数据，有的放矢地制定相关政策措施。

目前，东莞供电局正在开展数据变现探索。除了与东莞政务服务数据管理局进行合作外，还在积极推动与东莞市财政、工商、环保等部门进行深度对接，让电力大数据为数字政府的数据应用赋能，促进智慧城市和智慧政务的发展。

为了更好有效并科学反映产业链上的能源流，我们必须以电力新基建为抓手，加强电力数据挖掘，构建综合服务平台。

宏观上讲，一是要设计“电力新基建”架构，充分运用“云计算”“大数据”“物联网”“移动互联网”“人工智能”技术和智慧能源系统建设目标，建设开放共享的数字化技术平台。建议立足于我国能源电力行业自身的特点和现有的信息、控制、管理系统发展水平，结合“云大物移智”技术特点和智慧能源系统建设目标，开展“电力新基建”架构设计，明确关键业务领域及支撑技术领域，从而保证“电力新基建”能够满足智慧能源系统的规划建设、协调运行以及信息数据共享需要，有效解决我国能源转型与电力系统发展中的实际问题。

二是制定相关标准与规范。建立统一的标准规范，是实现信息共享的必要条件。建议由国家统一部署制定“电力新基建”的规范和标准体系，组织各方面的力量集中科研攻关，依托能源电力、传统互联网等相关行业现有的标准体系，完善融合后纳入“电力新基建”体系框架中，最终形成完整的规范和标准体系，为智慧能源系统设备即插即用、信息实时交互及平台共享开放提供重要保证。

三是要进一步构建适应“电力新基建”的开放市场环境，建设能源生态圈，使数据服务于“发-输-配-用”各环节的企业、用户以及上下游的设备制造商、互联网公司、政府部门、科研院所等主体，形成数字化的能源新生态。打通各主体间服务流、信息流、资金流，实现各主体间的数据共享与业务互动，有效提升资源要素配置效率。

具体来讲，可以分以下几个方面：

① 建设电力物联网，推动能源技术与信息通信技术体系融合。应通过能源流、信息流与业务流的深度融合，为“电力新基建”的实施提供数据基础、算力支撑与平台支持。电力物联网的建设内容包括：将智能感知、电力芯片等技术应用于边缘层的系统末梢信息数据采集，将 5G 等移动通信技术应用于基础设施层的信息即时、安全传输，将大数据、区块链、云计算等技术应用于平台层的数据管理，将数据挖掘、人工智能等技术应用于应用层的能源电力信息价值挖掘。

② 推进电力数据的高质量发展。电力企业基于海量的数据与强大的算力、平台支持，实现与业务流、信息量、能源流的深度融合，优化电网资源配置，提高电力的绿色与稳定程度，再进一步反向推荐电力数据质量的螺旋可持续发展。

③ 建设智慧能源系统运行控制云平台，推动能源生产供应清洁化与智能化。应依托电力物联网，建设智慧能源系统运行控制云平台，提高电力系统对可再生能源的接纳能力。一方面，建设电网规划、运行状态监测等子平台，提供更安全、智能的输配电服务，满足集中式清洁能源大规模、远距离传输需求以及分布式清洁能源规模化、经济化发展的需要；另一方面，建设源—网—荷—储优化调度子平台，依托广泛布置的感知装置与边缘控制装置实现电力系统的状态全面感知与智能化运行，改善能源生产和供应模式，提高清洁能源比重。

④ 建设智慧能源综合服务云平台，推动能效提升与能源服务升级。应将云计算、大数据等先进技术应用于海量用能数据的融合、分析与管理，提高能源综合利用效率。首先是建立需求侧管理子平台，通过智能化终端用能设备与用能辅助工具的广泛使用，对系统内能源的供给和消耗情况全面、实时监测，并开展综合能效分析和多环节协调管控优化。其次是以能源灵活自主微平衡交易为重点，应用区块链等交易信息技术，建设电力交易子平台，支撑分布式能源、分布式储能主体与工业大用户及个人、家庭级微用能主体间的点对点实时自主交易，提高市场效率。

⑤ 建设能源互联网生态圈，推动平台经济与共享经济发展。应依照“平台+生态”思路，开展互惠共赢能源互联网生态圈建设，使数据服务于“发—输—配—用”各环节的企业、用户以及上下游的设备制造商、互联网公司、政府部门、科研院所等主体，形成数字化的能源新生态。通过建设开放共享的数字化技术平台，打通各主体间服务流、信息流、资金流，实现各主体间的数据共享与业务互动，有效提升资源要素配置效率，为能源电力系统的转型升级和能源互联网的发展创造良好平台。

4.2.2 电力数据研究产业链的优势

目前，基于大数据视角的相关产业链的研究越来越多，如《大数据时代下江苏旅游食品加工业产业链优化策略》（许传久，2021），《大数据在防范 P2P 网贷产业链金融风险的应用》（杨立，2021），《基于大数据的产业链演变研究》（张轶群，2020）。

另一方面，所谓“经济要发展，电力要先行”，在国家“十三五”发展纲要中电力行业的发展已成为重中之重。“用电量”等电力指标数据，作为经济社会的“晴雨表”和“温度计”，与经济运行息息相关，对经济周期波动的反映相当灵敏。用电量消费的大小及变化能折射出企业（行业）经济运行的活跃度，可以实现对各区域、产业、行业和企业发展水平的精准分析，深刻反映经济运转状况。基于电力大数据与经济关系的研究也不少，如：

① 国网江苏省电力公司徐超、杨俊义等人，基于电力数据通过逐步回归筛选出合适的电力数据，接着分别使用神经网络与最小二乘法估计建筑先行景气指数，接着使用幅度误差修正与方法选择体系得到最终的建筑先行景气指数。

② 国网信通亿力科技有限责任公司的陈岸青、佟亮等人以某省商务厅公布的省级重点商圈名单为分析对象，基于商圈的商户档案和用电数据，通过清洗、转换相关数据，构建商圈经济活力指标体系，生成商圈经济活力指数，并建立多维应用分析场景进行分析，反映商圈经济发展水平。通过电力视角看商圈经济的发展现状和发展潜力，能够辅助政府主管部门制定政策，

为地产企业的商业布局提供参考。

③ 西安市发展和改革委员会的邢欣以西安近 10 年来电力大数据为样本，系统分析全社会用电情况与经济增长间的曲线关系、数量关系等关联规律，结合当前疫情影响电力运行情况的变化特点，提出建议：进一步强化现代产业体系支撑，稳步发展实体经济，筑牢经济增长根基，因势利导，促进新兴产业释放增长潜力；深入推进县域产业发展现代化与城市治理现代化“双提升”；进一步促进开放水平升级，增强市场主体国际竞争力，提升产业链水平，营造经济良性循环的内生环境，实现内部提质、外部培优，促进多业融合、同频共振，共同推进经济高质量发展迈出更大步伐。

④ 国网江苏省电力公司高骞、刘云云等人建立一种电力指标与模型自动选择预测系统，并使用窗口数据对江苏省第三产业生产总值进行预测。结果表明，模型动态优于任何一个单独的模型。

⑤ 国网冀北唐山供电公司熊长虹、王丽丽研究了唐山市 1999—2014 年用电量与生产总值的关系，指出产业结构与用电结构的变化趋势基本一致。

⑥ 国网能源研究院的孙祥栋在《从电力数据看“胡焕庸线”的稳定性及产业突破》中指出：电力消费数据反映出“胡焕庸线”仍然较为稳定，且考虑到未来经济发展的转型方向，第三产业用电、居民消费用电对全社会用电的拉动作用不断增强，“胡焕庸线”以东地区仍将是我国的负荷中心，结合能源资源禀赋来看，跨区输电将是未来我国电力发展的长期必然选择。与此同时，未来个性化、多样化的第三产业用电、生活用电需求呼唤电网的灵活性、智能化水平进一步增强。第一产业、第二产业尤其是高耗能行业逐步突破“胡焕庸线”，用电增长快速提升，需加强区域内部电网建设，以适应新形势下的生产需求。此外，数据显示，“胡焕庸线”两侧单位生产总值产出的电耗差距持续拉大，需在推进第二产业转移的同时，更加关注转入产业的节能改造，促进经济增长与环境保护的协调统一。

2019 年 1 月，国家电网办发布［2019］1 号文暨《国家电网有限公司关于新时代改革“再出发”加快建设世界一流能源互联网企业的意见》，文中明确指出：“充分应用移动互联、人工智能等现代信息技术和先进通信技术，实现电力系统各个环节万物互联、人机交互，打造状态全面感知、信息高效处理、应用便捷灵活的泛在电力物联网，为电网安全经济运行、提高经营绩效、改善服务质量，以及培育发展战略性新兴产业，提供强有力的数据资源支撑。”“充分利用电网数据、技术、标准优势，加强与新经济和互联网企业合作，积极参与新能源、智能制造、智能家居、智慧城市等新兴业务领域的开拓建设，加快构建围绕能源互联网发展的产业链、生态圈。发挥电网网络优势，大力实施服务脱贫攻坚十大行动计划，助力地方经济社会发展。”“大力开拓电动汽车、电子商务、智能芯片、储能、综合能源服务等新兴业务，促进新兴业务和电网业务互利共生、协同发展。”“国家电网在能源互联网布局方面将积极参与新能源、智能制造、智能家居、智慧城市等新兴业务领域的开拓建设，加快构建围绕能源互联网发展的产业链、生态圈。在特高压直流输电、增量配电、综合能源服务、抽水蓄能、通用航空、金融等领域，积极吸引社会投资，放大国有资本功能。深化‘双创’示范基地建设，建立成果孵化转化平台，打造中央企业‘双创’升级版。积极主动与地方政府、企业、用户开展互利合作，加快构建智慧能源综合服务平台，共同推进清洁能源消纳、综合能源服务。”

总之，我们可以运用大量的电力数据资源，对已有数据深挖掘，量化分析电力与经济发展的协同关系，深度挖掘电力数据的社会化应用价值，这对于掌握当前经济形势、预估经济走势、制定产业政策等方面都具有十分重要的现实意义。

就如同国网能源研究院能源互联网研究所所长代红才、主任工程师刘林等专家所言：电力大数据具有“五个助力作用”——助力政府治理决策、助力疫区安全用能、助力生产可靠平稳、助力企业成本优化、助力产业链条协同。

① 助力政府治理决策，就要利用客户用电数据，监测其复工复产情况。如国网浙江、上海、天津、安徽电力等推出企业复工电力指数，基于营销系统数据，综合考虑复工电量和数量，可动态监测、精准分析各区域、各行业的复工复产情况，并预测未来趋势，为政府全面掌握情况、制定防控策略和经济计划提供决策辅助。

② 助力疫区安全用能，就要通过电网大数据调度，实现对电网运行状态的准确识别及风险预警，确保抗疫期间大电网安全稳定运行。如国网华中分部针对可能出现的电煤库存短缺等不利情况，制定了加大跨区电力交易、适当减少本地火电企业电煤消耗、筹集各方清洁电能支援的交易策略，及时保障抗击疫情期间的安全供电。

③ 助力生产可靠平稳，就要广泛应用配电网实时监测系统，主动监测、主动分析、主动运维，快速定位故障类型和故障点，缩短抢修恢复时间。如国网武汉蔡甸供电公司对辖区内 6 家医院等 14 家重点单位供电情况进行 24h 监控分析，预判其用电异动和隐患。

④ 助力企业成本优化，就要结合国家电网公司推出的降低用电成本八项举措，以大数据手段为企业提供优化策略，帮助企业实现及时、科学的成本优化效果。如国网龙岩供电公司针对辖区企业转产医疗防护用品，定制转产用电数据模型，优化计算企业转产所需的准确负荷量和专变承载指数，实现电费优化。

⑤ 助力产业链条协同，就要分析各行业用电大数据，精准把握各区域、各行业、各重点企业的复工情况，通过信息共享，助力政府协调企业有序复工，助力产业链上下游企业及时调整生产计划。如由国网江苏电力开发的电力大数据公共查询平台，汇集 512 万家企业和 3776 万户居民用电信息，每日公开并更新复产复工信息。苏州一家电子元件生产厂从该平台了解到下游计算机、通信设备制造等关联行业复产和元件需求趋势，做出争取扩大产能的决策。

从电力数据的视角研究产业链，具有明显的优势。

① 开展电力数据应用于产业链，是能源电力企业响应国家大数据战略，服务数字中国建设、推动数字经济发展的担当之举。当前，国家高度重视大数据在经济社会中发挥的作用，大数据应用成为推动经济高质量发展的关键力量。大型国有能源电力企业掌握着海量、高价值的数据资源，依托大数据应用深挖数据资源价值，充分发挥数据要素的基础资源和创新引擎作用，对整条产业链的发展都具有战略指导意义。

② 开展电力数据应用于产业链，是能源电力企业应对外部环境不确定性、推动提质增效的必由之路。目前我国经济形势面临贸易摩擦、新冠疫情等黑天鹅和灰犀牛事件，外界环境面临的不确定性持续提升，为企业运营带来更大挑战。大数据应用具有识别、洞察和预测复杂问题的能力，为应对外界不确定性提供了有效的认识论、方法论和工具。依托电力数据应用与运营管理深度融合，可以推动企业内部管理流程的重塑，撬动机制的转型变革，提升产业机构调整与优化，构建数据驱动的产业发展模式。

③ 开展电力数据应用于产业链，促进产业发展模式的创新，推动产业转型升级和提质增效。一是电力大数据促进传统电力产业组织和运行模式创新，让传统的发电、输电、变电、配电更加精准、高效和智能。二是电力大数据促进了新型信息服务业态的孵化，各领域大数据分

析挖掘行业信息服务快速崛起。营销、征信、互联网、金融等领域大数据信息服务的崛起，让产业经济发展更加高效、健康。三是电力大数据倒逼着信息通信技术加速创新，为我国信息通信产业实现后发赶超、由大变强提供了难得历史机遇。

④ 电力大数据能促进社会治理模式创新，加速国家治理能力和治理体系现代化。一是电力大数据提升了国家电网管理能力，基于电力大数据的管理模式让电力管理更加主动、精准、高效。城市生活用电、农业用电、工业用电等用电大数据的采集、挖掘和利用，加强了对城市、农村的用电实时监控和智能管理，优化了电力资源的配置，促进了城市绿色、清洁、高效、安全运行。二是电力大数据提升了政府宏观调控能力，让宏观调控更加精准和科学。电力能源大数据的采集、挖掘和利用，实现了国家对各产业链的有效评估，为推进节能减排、加强环境治理、优化产业政策提供了科学依据。三是大数据提升了政府市场监管能力，强化线上线下一体化监管，实现了事中监管和事前预防的有机结合。

⑤ 电力大数据能促进民生服务模式创新，提升民生保障便民、利民和惠民水平。电力大数据促进了民生服务资源优化配置，以人为本发展理念得到更加充分的落实。大众出行大数据的采集、挖掘和利用，促进了电力资源的配置，提升了对电力资源的实时诱导，实现让大众用电方便安全。

⑥ 电力数据的自身优势特性。电力作为一种特殊的商品具有两大特性，即电力的生产、输送与消费同时在瞬间完成及电力不可大规模储存。这两大特征决定了发电和用电必须时刻保持完全平衡，从而客观上保证了电力数据的实时性、可靠性、准确性以及与国民经济的同步性。因此，电力计量数据对把握国民经济的宏观参数具有极高的参考作用。而我们也就不妨将电力数据作为测量经济增长的温度计，来分析我国不同产业链增长的春夏秋冬。随着智能电网的发展，我国已经安装了 4 亿只智能电表。它们广泛应用于一二三产业等各种实体经济的生产活动中（除公路、航运、空运），以及人们的日常生活中。它们可以实时记录着这些经济实体的生产运营过程及运行轨迹，为我们提供了经济活动分析最基础及翔实的实时数据。而电力经济学又为我们提供了挖掘这些电力大数据的理论、方法、模型及工具。

⑦ 电网数据可视化。另外，在智能电网中，通过分析调度、输配电、发电和用户信息等大数据（这些数据大都是实时并且高度信息化集成的），采用软件实现实时可视化运算分析，可以全面完整地展示电网运行状态中每一个细节，为管理层提供辅助决策支持和依据。不仅如此，通过大数据分析电网负载的历史数据和实时数据，展示全网实时负载状态，可以预测电网负载变化趋势。并通过综合性的管理，提高设备的使用率，降低电能损耗，使得电网运行更加经济和高效。

第 5 章 河南省产业链现代化提升方向与路径

明确河南省产业链现代化提升方向，才能精准识别影响因素，进而提出提升路径。产业链规模化是现代化的前提，本章通过识别新兴产业规模化的影响因素，确定产业链完整度、是否处于中心城市、是否处于科技园区等六个条件变量，将产业产量作为结果变量。并使用 fsQCA 方法，得出七条河南省新兴产业高成功路径组态，在此基础上提出促进新兴产业链现代化发展的建议。

5.1 河南省产业链的宏观环境

产业是支撑经济发展的关键基础。打造一流的产业形态是塑造区域发展品牌、提升经济质量效益和核心竞争力的有效举措。新兴产业是引领未来发展的重要力量。目前，国内外形势持续发生深刻变化，河南省产业链发展同样面临着复杂的发展环境。

党的十八大以来，政府通过持续推进供给侧结构性改革，不断完善了我国产业链供应链体系。党的十九届五中全会对战略性新兴产业的发展提出了明确要求，在新阶段、新征程、新起点上发展战略性新兴产业，是构建现代产业体系、推进建设社会主义现代化强国的重要内容。新兴产业链供应链现代化水平的提升，将进一步推进产业结构升级，为我国创造新的经济社会发展竞争优势、加快构建新发展格局创建良好支撑。“十四五”规划中，更是明确提出要“加快发展现代产业体系，推动经济体系优化升级”。在政府宏观政策的引导之下，我国的产业链体系得到不断完善，在国际市场中的竞争地位不断提升。

但随着全球产业分工持续深化，产业链竞争日益加剧。一方面，以美国为首的西方国家，长期以来以政治手段干预我国产业发展，并试图阻断我国高新产业参与国际市场竞争，从国际高端产业链中将我国“剔除出局”，对我国高科技企业发展和产业链整体供给产生严重威胁，特别是通过一系列手段打压和限制了我国中兴、华为等高科技企业的发展。这就迫使我国建立和完善高科技和新兴产业链条，走独立自主的发展道路。另一方面，自 2019 年底爆发 COVID-19

新冠肺炎疫情以来，国内外需求迅速下降，部分产业供应链中断，产业链断链和卡链问题凸出，如何加快构筑安全稳定的现代产业体系、实现产业链现代化成为政府和国内外学者关注的重点。

5.2　河南省产业链现代化提升重点方向、原则与边界

① 河南省产业链现代化提升，要以产业链规模化为重点方向。首先，从实践层面来看，产业链规模化是我国产业发展的宝贵经验。新中国成立之后，我国通过实施重工业优先发展战略，形成了完整的工业门类。特别是改革开放以后，我国劳动力素质显著提升，基础设施建设逐渐完善，为外商投资创建了良好条件，各类外资产业迅速落地，产业聚集效应逐渐凸显，从而形成了产业链的规模化。随着规模效应的显现，完备产业链基础，进而形成了高效率的制造链和相对完备的本土产业链优势，为打造现代化产业体系夯实了基础。而与此形成鲜明对比的，则是印度等国家，因缺乏对国家产业结构的整体布局和调整，规模效应受到制约，产业发展进程缓慢，至今尚无法形成完整产业链，对本国整体发展形成制约。因此产业现代化是以产业链规模化为基础的，规模化是产业链现代化的重要过程。

其次，新兴产业链规模化是产业链现代化的必由之路。产业的规模化，代表着这一地区具备一定的生产能力，也就意味着该地区具有一定的产业发展实力和地位，从而能够吸引更多的相关产业、资源要素聚集于此。同时也将会对地区基础设施、人力资源等提出更高的要求，以规模化推进地区产业发展环境的完善，从而保障产业链的安全可控，提升抵御市场风险的能力，增强复杂发展环境下的韧性。目前我国的传统行业产业发展相对健全，但是新型产业链因处于发展初期，产业基础相对薄弱，尚未形成规模经济。而规模化的缺乏，通常也意味着产业对环境及所需要素的依赖程度较高。在激烈的市场竞争中，其生存能力也显著低于已形成经济规模的企业。因此，新兴产业的发展，必须先壮大规模，形成规模经济，再逐步走向现代化。

最后，从理论层面来看，新兴产业规模化，意味着在给定投入情景下，将会带来更多的产出，是产业改善效率的重要源泉。产业规模经济是在某一区位，产业内相关企业聚集，相互分工协作而形成整个产业发展的规模经济。在产业发展初期，规模较小，随着生产规模的不断扩大，企业长期的平均成本随着产量的增加而减少。规模经济一方面来源于企业本身扩大生产规模而直接获取的效益的增加，另一方面来自于企业外部产业聚集引起的行业整体规模发展带来的收益。

近些年来，越来越多的学者逐渐关注新兴产业规模化，从不同角度、不同行业对产业规模化进行了研究。勒宾森从产出角度进行分析，认为实际产出规模对新兴产业技术创新产生影响，实际产出提升，技术创新效率也提高。李树人（2007）认为，新兴产业规模化具有两个层面上的含义：微观层面上，新兴产业中已经形成了较为成熟的产品和市场，市场消费和供给相对稳定；宏观层面上，各类新兴产业产生的规模总体，已成为城市财政收入的主要来源，且具有较强的竞争力和抗风险能力，本身能够实现健康可持续发展。张阳（2012）通过总结发达国家和发展中国家高新技术产业发展现状，认为产业集群内，无论是专业分工与协同程度、技术人才的利用，还是商业环境氛围、区域内信任度等，都相对较高，规模化是高新技术产业成功发展的关键特征之一。Xinpu Wang（2019）等运用 DEA 模型对大数据企业的技术效率进行测算，发现部分企业需要扩大规模，从而提高技术效率和规模效率。陈抗、战炤磊（2019）根据

2009—2016 年 31 个省（区、市）高新技术产业数据，验证了企业规模、产业集聚等对于高新技术产业全要素生产率的影响，认为产业聚集能够产生规模优势和技术创新优势，从而进一步促进产业发展。

② 河南省产业链现代化提升，要把握多路径发展原则。产业链现代化水平的提升，受到诸多因素的影响，对于不同的产业类型存在着不同的发展路径，即使同一类型的新兴产业也同样具有多条不同的发展路径。早期的研究认为区域产业发展具有一定的路径依赖性，大多数理论和实证分析主要集中在一条新路径或仅在一个新兴行业的路径发展活动上，基于此探讨区域新产业发展的类型和模式。但显而易见的是，不论是现有的传统产业，还是其他部门发生的早期路径发展活动都会对路径的选择产生影响。因此区域产业发展不仅要关注单个路径的产生和发展，而且要考虑多个路径如何出现在区域内，它们是如何相关的，以及哪些相互作用和相互依赖性决定它们的发展。Alexandra Frangenheim 等（2019）认为在一个区域内促进产业发展的多条路径相互依存、共同演化，并通过拓宽区域结构变化的传统视角，开发了一个框架来分析多条新区域增长路径之间的动态相互依赖关系，表明路径间的关系是区域结构变化中需要考虑的重要方面。Freeman（2019）等认为，新兴产业的发展路径并不是单一的，涉及多个子过程，这些子过程相互独立、相互影响且共同发展，因此需要不同经济主体在不同阶段相互合作和协调。李伟（2020）等引入了演化经济地理学的相关理论，分析新兴产业发展路径的形成机理，认为新兴产业在区域层面来源于区域已有产业的分化，这些新产业与传统产业具有高度的技术关联，导致区域产业发展产生路径依赖，但外部力量同样会对新兴产业的发展产生影响。区域内外的相互联系有助于推动本地新兴产业的发展，突破区域路径依赖，产生路径植入、路径衍生或路径升级等，形成路径的多样性。因此，河南省产业链现代化的提升，要综合各种资源要素、发展子过程等众多因素的影响，把握多路径发展原则。

③ 河南省产业链现代化要注重电力保障的基本边界。能源电力是河南省不断加快现代化建设进程的坚实保障。随着经济快速发展，不同创新性市场主体更新速度也在不断加快，进一步推进了产业转型升级，新一代人工智能、5G 等新兴产业得到了迅猛发展，新能源及网联汽车、智能传感器等领域，各种类型的中小微企业快速涌入产业链，市场主体的用电量需求也在不断增加，对能源电力的供应提出了更高要求。能源电力的稳定安全关系到人民群众基本生活的有序平稳，关系到各类重点项目的顺利落地，关系到新兴产业链的稳步发展。因此必须要将电力保障作为基本边界，以电网产业转型升级，助力河南省经济社会高质量发展。

5.3 河南省产业链现代化提升路径与思路

5.3.1 研究方法的选择

选择 QCA 方法，即定性比较分析方法，探究影响河南省产业链现代化发展的主要因素。1987 年，查尔斯 · 拉金首次提出定性比较分析方法（QCA）。目前，这种方法已得到普遍应用。

定性比较分析主要对中小数量样本进行跨案例分析比较，探讨蕴含在案例中的多个原因与特定结果之间的逻辑关系。新兴产业规模化这一特定结果的产生，受多种前因条件或多种前因条件组合的影响。在传统的研究方法中，探讨自变量数据对因变量数值的影响时，通常假定各个变量之间是相互独立的，或者假定在某些因素不变的情况下，探讨多种固定组合的影响。例如目前学术界多采用的回归分析方法，通常要求较多相同类型的数据样本，并且需要关注选取的变量之间存在的相互影响。而在新兴产业的发展实际中，新兴产业处于发展的初期，规模较小，可收集样本数量非常有限，并且新兴产业发展影响因素的条件变量之间存在着非常复杂的交互效应，不适合回归分析。

QCA 研究方法中，每个案例样本即为一系列条件和结果的组合，需要进行解释的结果称为“结果变量”，前因条件称为“条件变量”，通过对样本之间进行比较和分析，发现“结果变量”与“条件变量”之间的逻辑关系，得到对结果产生影响的条件组合。而在选取变量时，不用考虑变量之间的交互效应，且能够帮助我们合理分析影响新兴产业规模发展的核心因素和非核心因素，找出促进这一结果形成的必要条件和充分条件，进而得出条件组合和发展路径。

影响新兴产业规模化的变量范围定义不同，有些指标可具体归类和量化为 0、1 的隶属集合，而其中某些指标尚不能完全量化，因此本书采用具有上下兼容特点的模糊集 QCA 方法。其中不仅包含着基本的量化运算，也使定性分析和定量研究相结合，使结果更具代表性。

5.3.2　样本选择与数据来源

本节以河南省产业链为研究对象。河南省具有相对完整的一二三产业基础，产业结构相对平衡，且目前正全面推进新兴产业链的发展。根据河南省发改委公开信息，河南省正在完善“6+10”的产业链体系构建，其中包括装备制造、绿色食品、电子制造、先进金属材料、新型建材、现代轻纺等 6 个传统产业链，以及新型显示和智能终端、尼龙新材料、生物医药、网络安全、节能环保、新能源及网联汽车、智能传感器、新一代人工智能、智能装备、5G 等 10 个新兴产业链。选取产业链体系中的 144 家企业作为案例样本进行数据分析。

样本的选择上，数据来源遵循客观透明、可获取的原则，可从统计局等网站公开信息得知，结合研究方法，在不同地方、不同领域的新兴产业规模化路径选择中均可复制。

对此 16 条产业链中的 144 家企业数据进行描述性统计分析，频率分析结果如表 5-1 所示，无缺失值，数据有效。

表 5-1　144 家企业频率分析

项目		频率	百分比/%	有效百分比/%	累计百分比/%
有效	1	12	8.3	8.3	8.3
	2	16	11.1	11.1	19.4
	3	9	6.3	6.3	25.7
	4	11	7.6	7.6	33.3
	5	8	5.6	5.6	38.9
	6	8	5.6	5.6	44.4
	7	6	4.2	4.2	48.6
	8	18	12.5	12.5	61.1
	9	13	9.0	9.0	70.1
	10	13	9.0	9.0	79.2
	11	8	5.6	5.6	84.7
	12	1	0.7	0.7	85.4

续表

项目		频率	百分比/%	有效百分比/%	累计百分比/%
有效	13	4	2.8	2.8	88.2
	14	8	5.6	5.6	93.8
	15	5	3.5	3.5	97.2
	16	4	2.8	2.8	100.0
	总计	144	100.0	100.0	

5.3.3 结果变量的选择与度量

产值是在一定时期内，工业企业生产的最终工业产品及提供工业服务活动的总价值，是工业企业总成果的量化，反映了生产总规模和生产水平。彭星间、肖春阳等关于产业化的研究中，将产业产值规模作为一项重要的衡量指数。参照此研究，本书将产值作为新兴产业规模化的结果变量。

根据抽选的 144 家企业 2020 年产值数据，进行描述性分析，结果如表 5-2。

表 5-2 产值描述性分析

项目	N	最小值	最大值	合计	均值
企业产值/亿元	144	0.12	1807.43	9570.46	66.4615
企业用电量/kW · h	144	2.28	569058.27	2427051.27	16854.5227
申请专利数/个	142	0	3500	34047	239.77
高科技人员比例/%	143	0	75.00	2336.49	16.3391
有效个案数（成列）	141				

企业间的产值数据相差较大，最大值为 1807.43 亿元，均值是 66.4615 亿元。产业的规模以产值数据反映，数值越大，规模越大。因此选取的样本产业规模大小存在明显差异。

5.3.4 条件变量及度量

在已有产业规模化和新兴产业发展相关研究的基础上，考虑新兴产业的实际发展情况，本书最终选取六个影响新兴产业规模化的因素，即产业链完整度、所在城市、是否处于科技园区、专利、技术人员比例和用电量，将其作为定性比较分析的条件变量。变量计算及解释如下：

（1）产业链完整度

从纵向上看，新兴产业的发展包含从技术开发到应用的过程，也是从原材料开采、生产到消费的过程。完整的上中下游产业，有助于构建各环节的互联互通，实现协同运营。通过对所选样本进行上中下游产业调研，得到处于完整上中下游产业链的企业占比为 51.95%，其他的企业类型占比 48.05%。

本书对于产业链完整度的度量，主要从是否具有完整上下游产业出发，设置具备完整上中下游产业链集合和不具备完整上中下游产业链集合，归属前者即为完全隶属，原始数值转化为 1，归属后者即为不隶属，原始数值转化为 0。

（2）所在城市

目前，由于科技产业是科技创新产业化的结果，在一定地理空间聚集着其他地方难以模仿的创新创业资源，由此培育出的新兴产业，使我国的战略性新兴产业分布具有明显的地域差别。事实也证明，我国的新兴产业和创新集群一般生成于中心城市、副中心城市、大中城市都市圈内，如北京、上海、深圳、成都等城市，创新创业要素均衡配置，新兴产业集群活跃。本书以地理位置上是否处于中心城市，作为衡量所在城市是否能够影响新兴产业顺利实现规模化的因素的条件变量。

根据《全国城镇体系规划（2010—2020 年）》、2016 年 5 月至 2018 年 2 月间国家发展和改革委员会及住房和城乡建设部函件及河南省发改委信息，郑州市为国家中心城市，洛阳市为国家副中心城市，其他 15 个地级市为非中心城市。本书对于所处城市的度量，主要以是否为中心城市为准，设置中心城市和非中心城市两个集合，归属前者即为完全隶属，原始数值转化为 1，归属后者即为不隶属，原始数值转化为 0。

（3）是否处于科技园区

科技园区通常具备完善产业扶持政策和发展配套基础设施建设等，能够引导上下产业链企业入驻，到规划区域内集中，一方面有利于产业聚集、配套协作，充分利用政策、基础设施、人才等聚集优势，打造高新技术特色产品产业集群，推进新兴产业规模化发展。另一方面，有利于以产业链为纽带，强化优势领域，发展成长性好的核心产品群和龙头项目，以带动整体产业链的发展，实现新兴产业在市场竞争中的优势互补，打造具有竞争力的地方特色新兴产业集群。因此本书将是否处于科技园区设置为条件变量。

通过收集 144 家企业位置信息，并根据实际调研，得出 55.08%的企业处于科技园区，44.92%的企业处于非科技园区。本书对于是否处于科技园区的度量，设置处于和非处于两个集合，归属前者即为完全隶属，原始数值转化为 1，归属后者即为不隶属，原始数值转化为 0。

（4）专利

专利授权是整个区域性的科技和创新资源配置的基础和核心，与其他指标相比，一个企业、一个行业的专利持有数量更加能够准确地反映出该市场主体的科研成果、创新能力及其在全球范围内的市场发展潜力。因此，本书选择了大多数在实践中所采取的专利统计数据作为衡量新兴产业链规模化发展的测度指标。本书主要从国家知识产权局中国专利公布公告网站，收集专利数据。

（5）技术人员比例

丰富的专业技术人员数量对实现新兴产业的规模化起着至关重要的作用，我国专业技术人员主要集中在传统产业领域，高新技术领域人才相对稀缺，影响新兴产业发展的活力。目前，我国很多地方已加快推进新兴产业技术人员完善的步伐，把优化人才结构和建立完善与新兴产业发展相适应的人才链放在突出的位置，加强人力资源的开发和培育。本书以新兴产业企业技术人员所占企业总员工的比例为条件变量，衡量技术人员对新兴产业规模化路径的影响。技术人员比例数据主要来源于企业公布信息及具体调研。

（6）用电量

近些年来新产业、新业态、新消费加快发展，带动数字化、信息化相关行业持续优化，特别是随着新型显示和智能终端、新能源及网联汽车、智能装备、5G 等的发展，新兴产业链中企业用电量数据迅速增加，新兴产业和消费增长带动企业用电量的增加成为地区电量大幅变化

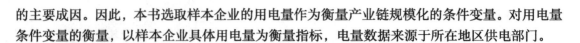

的主要成因。因此，本书选取样本企业的用电量作为衡量产业链规模化的条件变量。对用电量条件变量的衡量，以样本企业具体用电量为衡量指标，电量数据来源于所在地区供电部门。

5.3.5 数据处理及分析

（1）数据校准

根据 QCA 模糊集分析方法，对条件变量进行原始数据校准，转化为集合概念。依据条件变量的衡量性质，对产业链完整度、是否处于中心城市、是否处于科技园区三个变量，设置完全隶属和完全不隶属两个模糊集，将原始数据转化为 1 和 0 两个数值；专利数量、技术人员比例、用电量属连续型数值，本书对连续型数值的衡量，选取变量的 95%分位数、50%分位数、5%分位数，为其完全隶属、交叉点和完全不隶属。以此为标准，划分为高专利数量和低专利数量、高技术人员比例和低技术人员比例、高用电量使用增长和低用电量使用增长。变量校准后出现了最大模糊值“0.5”，为避免系统删除，将数据增加微小值“0.001”，增加为“0.501”。

（2）必要条件分析

首先，对单个条件是否为结果变量的必要条件进行检测，一般认为，条件变量的一致性得分大于 0.9，说明该单个条件变量为必要条件。通过 QCA 软件运行分析，六项条件变量的一致性得分如表 5-3 所示。表中一致性检测结果均小于 0.9，说明产业链完整度、是否处于中心城市等六项前因条件中，单个条件均不为影响新兴产业产值的必要条件。

表 5-3　必要条件分析

条件变量	高水平发展路径		低水平发展路径	
	一致性	覆盖度	一致性	覆盖度
高产业链完整	0.610836	0.450701	0.502411	0.549299
低产业链完整	0.389165	0.345469	0.497589	0.654531
中心城市	0.409811	0.408474	0.400506	0.591526
非中心城市	0.590189	0.399179	0.599494	0.600822
科技园区	0.453128	0.357556	0.549450	0.642445
非科技园区	0.389165	0.345469	0.450550	0.549710
高专利数量	0.687437	0.674147	0.496496	0.721476
低专利数量	0.715986	0.489707	0.775759	0.786219
高技术人员比例	0.574383	0.533036	0.601858	0.827625
低技术人员比例	0.814254	0.579865	0.660419	0.696901
高用电量	0.774562	0.770588	0.430950	0.635299
低用电量	0.633418	0.428963	0.844380	0.847330

六项前因条件中，高水平发展路径中，高用电量在一致性和覆盖度上处于较高或最高水平，分别为 0.774562 和 0.770588；低水平发展路径中，低用电量在一致性和覆盖度上全部处于最高水平，分别为 0.844380 和 0.847330。此四项数据虽均未达到 0.9，但低水平发展路径两个数值已接近这一标准。综合高水平发展路径和低水平发展路径，用电量指标的一致性和覆盖度均处于较高或最高水平，可推断用电量是河南省新兴产业规模化高成功发展路径的必要条件。

（3）结果分析

通过 QCA 分析，输出结果中包含三种结果，即复杂解、中间解和简约解。由于中间解既做了容易的反事实假设，又做了困难的反事实假设，采用了符合理论和实际的“逻辑余项”，因此一般选择中间解为 QCA 分析结果。QCA 分析结果如表 5-4 所示。

表 5-4　河南省新兴产业链规模化发展高成功路径分析

项目	瞪羚企业		头雁企业			独角兽企业	传统企业
条件组态	H1a 独立型	H1b 复合型	H2a 技术型	H2b 规模型	H2c 人才型	H3	H4
产业链完整度	⊗	•	●	●	●	•	•
城市区位	⊗	⊗	⊗	●	⊗	●	•
科技园区	⊗	•	⨂	⨂	●	⊗	•
专利	●	●	●	⨂	⊗	●	•
技术人员	⊗	⊗	•	⨂	●	•	•
用电量	●	●	•	●	•	●	•
一致性	0.8930	0.8888	0.8782	0.9328	0.8600	0.8769	0.8524
覆盖度	0.1824	0.1491	0.1155	0.0440	0.0454	0.0401	0.1139
唯一覆盖度	0.0836	0.0180	0.0167	0.0440	0.0130	0.0401	0.1139
解的一致性	0.8711						
解的覆盖度	0.4605						

注：●或•表示该条件存在，⨂或⊗表示该条件不存在，“空白”表示构型中该条件同时有存在和不存在两种情况，●或⨂表示核心条件，•或⊗表示辅助条件（Ragin & Fiss，2008）。

通过 QCA 模糊集分析，得出了 7 条河南省新兴产业链规模化的高水平发展路径，根据发展路径特征，归纳为瞪羚企业型发展路径（以 H1 表示）、头雁企业型发展路径（以 H2 表示）、独角兽企业型发展路径（以 H3 表示）和传统企业型发展路径（以 H4 表示）。

瞪羚企业型发展路径（H1）主要依赖于高专利水平和高用电量，对所在城市、是否处于科技园区、技术人员占比等条件要求较低。其中，根据所在产业链情况，又分为对完整产业链无要求的 H1a 路径和辅以完整产业链的 H1b 发展路径。相对于其他三种模式，瞪羚企业型发展路径的主要特征即是拥有高专利水平，具有很强的技术创新或商业模式创新能力，能够在市场中保持强劲竞争力。且不依赖于所处城市、科技园区等条件，发展方式较为灵活。

头雁企业型发展路径（H2）是依赖于完整产业链和高用电量、对是否处于科技园区不存在要求的发展路径。因其处于完整产业链中，是典型的产业链局部领先企业。根据拥有高专利量、所处城市情况、拥有高技术人员比例，该路径又具体划分为三种不同亚路径，即拥有高专利量、对所处城市和技术人员条件不存在要求的子路径 H2a，处于中心城市、对专利量和科技人员条件不过多要求的子路径 H2b，及对是否处于中心城市和专利量无要求但需辅以高技术人员的子路径 H2c。

独角兽型发展路径（H3）是处于中心城市、拥有一定高专利数量、高用电量且辅以高技术人员的发展路径，具有强劲的创新创业能力和市场竞争力。在此路径中，除专利外，处于非中心城市、电量使用增长也是核心条件之一，高技术人员占比为辅助条件，且对是否处于完整产业链和非科技园区无条件限制。即具有高专利量、高技术人员比例、高电量使用增长的产业链，产业规模较大。如先进金属材料产业中，专利、专业技术人员和用电增长相较其他新型产业均具有明显优势，产业链产值达4253.66亿元，产业规模化处于较高水平。

传统企业型发展路径（H4）是六项前因条件均为核心条件的产业链规模化发展路径。此发展路径对所有前因条件均要求较高，是144家案例企业中最为突出的一种发展模式，即在所有前因条件均具有发展优势的情况下，会形成产业链规模化和现代化这一应然结果。从当前发展实际来看，处于全产业链条、位于中心城市、处于科技园区等六项前因条件均具备相对较强的企业，如国家电网集团、中国移动、中国石油等传统大型企业，其规模化和现代化水平均位于我国先进行列。

七条原因路径的一致性分别为0.8930、0.8888、0.8782、0.9328、0.8600、0.8769、0.8524，均大于0.8，其中数据结果符合案例实际，说明七条路径是促进河南省新兴产业规模化发展的充分条件。

本节通过为四分位（75%，50%，25%）进行校准，发现分析结果仍然成立，说明分析结果稳健。

5.3.6 河南产业化提升路径

通过QCA模糊集分析及数据匹配，得出了河南省产业链规模化的高水平发展路径，根据发展路径特征进行以下归类。

适合瞪羚企业型发展路径：根据表5-4中瞪羚企业H1a独立型和H2a复合型的一致性判别系数0.8930和0.8888，并考虑四分位75%、50%、25%变换交叉点，基于该条件可以判定新一代人工智能产业链、网络安全产业链、智能传感器产业链、绿色食品产业链适合瞪羚企业型发展路径。其中，走独立型瞪羚路径的有网络安全产业链和智能传感器产业链，适合走复合型瞪羚路径的有新一代人工智能产业链和绿色食品产业链。

适合头雁企业型发展路径：根据表5-4中头雁企业H2a技术型、H2b规模型和H2c人才型的一致性判别系数0.8782、0.9328和0.8600，并考虑四分位75%、50%、25%变换交叉点，基于该条件可以判定新型显示和智能终端产业链、尼龙新材料产业链、智能装备产业链、电子制造产业链、5G产业链和现代轻纺产业链适合头雁企业型发展路径。其中，走技术型头雁企业路径的有新型显示和智能终端产业链和5G产业链，适合走规模型头雁企业路径的有尼龙新材料产业链和现代轻纺产业链，适合走人才型头雁企业路径的有智能装备产业链和电子制造产业链。

适合独角兽企业型发展路径：根据表5-4中独角兽企业的一致性判别系数0.8769，并考虑四分位75%、50%、25%变换交叉点，基于该条件可以判定生物医药产业链、节能环保产业链和新能源及网联汽车产业链适合独角兽企业型发展路径。

适合传统企业型发展路径：根据表5-4中传统企业的一致性判别系数0.8524，并考虑四分位75%、50%、25%变换交叉点，基于该条件可以判定装备制造产业链、先进金属产业链和新型建材产业链适合传统企业型发展路径。

5.4 河南省产业链现代化提升的动力与关键举措

通过分析上述七种路径，发现高专利数量、全产业链发展模式及高电量增长三个前因要素为河南省产业链现代化提升的重要动力。在当前发展形势下，提高专利数量、健全产业链条、保证电量供给，成为提升河南省产业链现代化的关键举措。

5.4.1　提高专利数量，增强创新能力

高专利数量为新兴产业链规模化的重要内在动力，是增强企业内在创新能力、促进产业链现代化的重要方面。上述七条路径中，高专利数量均为瞪羚企业型、独角兽企业型、传统企业型及头雁企业 H2b 型发展路径的核心条件，是河南省新兴产业链规模化发展高成功路径的关键要素。专利水平是新兴产业技术创新能力最为直接的体现。新兴产业是专利的密集所在地，其技术密集性、创新性的基本特征，决定了专利数量和质量对于新兴产业发展的重要地位。近些年来，我国新兴产业的发明专利申请量正逐年递增。例如，华为以其世界第一的专利申请量，创造了庞大的产业规模，特别是 5G 专利数量，位居全球第一，使其在通信设备行业逐步取得领导地位。

要提升企业专利数量，增强新兴产业创新能力，一是要提升新兴企业自主创新能力，完善企业内科技创新激励体制机制，支持和引导创新要素向企业自主创新聚集，激发创新活力；二是加强产学研相结合，整合科研力量，通过承接国家或省重大专项科技项目，锚定新兴产业中的关键技术，寻求突破，实现企业专利质量的提升；三是要加强知识产权保护，促进专利技术顺利转化应用，实现新技术的商业化和市场化，推动新兴领域规模化。

5.4.2　健全产业链条，提升发展潜力

全产业链发展模式是新兴产业规模化的重要外在动力，也是河南省产业链现代化提升的重要路径。新兴产业发展模式可分为全产业链发展模式和非全产业链发展模式。头雁企业、传统企业型发展路径中，产业链完整度均为核心条件，瞪羚企业型 H1b 发展路径中，产业链完整度为辅助条件，即七条路径中，其中五条需在产业链完整情况下才能实现组合的结果。完整产业链能够增强抵御各类外部风险的强劲韧性，也能够为工业互联网、智能制造新模式提供不断成熟的应用场景以及多样化的市场需求。因此，在产业发展技术创新和所处城市等条件相对处于短板时，要积极实施全产业链发展模式。

因此要围绕主导产业，进一步健全产业链条，提升产业链现代化发展的潜力。一是聚焦河南 6+10 重点产业，梳理产业链、创新链、供应链的薄弱环节和关键环节，寻找缺失点，对产业链上下游进行总体规划，进行针对性招商引资，从而助力产业链扩张、产业链互补、产业链强发展。二是要促进新兴产业链与传统产业要素的融合，完善新兴产业之间或新兴产业与传统产业之间的要素流通联系，包括供需关系、价值联系、技术联系等，促使各个环节、各种类型主体之间的有机融合和协调发展。三是在消费侧，要加强新兴产业相关新型基础设施建设投资力度，增强消费者对于新兴产品的认知，积极引导消费，挖掘消费者对新兴产品的消费潜力，在最终消费环节中提升新兴产业发展的潜力。

5.4.3　保证电量供给，充分发挥电网产业链带动作用

电量是新兴产业链发展的基本要素。必要条件分析结果如表 5-3 所示，六项前因条件中，高用电量在高水平发展路径的一致性和覆盖度上均处于较高或最高水平，低用电量在低水平发展路径的一致性和覆盖度上均处于最高水平。即高电量增长是新兴产业链规模化高水平发展路

径的必然要素，同时低电量水平则意味着产业链规模化的低水平发展。因此，高用电量是河南省新兴产业链规模化的必要条件。此外，表5-4的七条高成功发展路径中，电量为所有新兴产业规模化的核心条件。只有在高电量供给得到保证的前提下，才能实现瞪羚企业型、头雁企业型、独角兽企业型和传统企业型规模化高成功路径。如新兴产业中的新能源、新型建材等行业，用电一直处于较快增长状态，为提升其产业发展水平，必须要保证电力的配套供给，同时，这也为电网产业发展提出了更高要求。

因此，要充分发挥电网产业链带动作用。一方面，要使电网产业在河南省主导产业、新兴产业等产业链中的核心作用更加凸显，从规划建设、运营等各个方面着手，推动重要项目实施，助力新兴产业和传统产业融合升级。特别是要巩固国家电网于整个电网产业的核心企业地位，使众多上游供应商和下游用电主体得以充分连接，汇集更多业务量、资金流和信息流。另一方面，要充分激发电网产业链中各类型市场主体活力，积极运用现代信息技术，加快形成能源互联网产业集群，深化河南电网基础设施建设和互联互通，围绕河南“6+10”产业链协同发展，积极带动投资、建设、运营和技术、标准、装备高质量提升，把电网产业链优势与河南传统产业改造升级、新兴产业重点培育、未来产业谋篇布局贯通起来，推动产业向高端化、绿色化、智能化、融合化发展。

第 6 章
基于电力视角的河南省产业链发展指数体系设计

6.1 产业链电力指数体系

产业链电力指数（Industrial Chain Electricity Index，ICEI），是通过“电眼看经济”衡量产业发展的一项重要指标体系，相当于产业动态的“体检表”。产业链电力指数体系可以具体细分为全产业链景气指数、产业链结构协调指数和产业链优化发展指数。产业链电力指数由“1+2+3”的产业链电力指数体系构成，如图 6-1 所示。

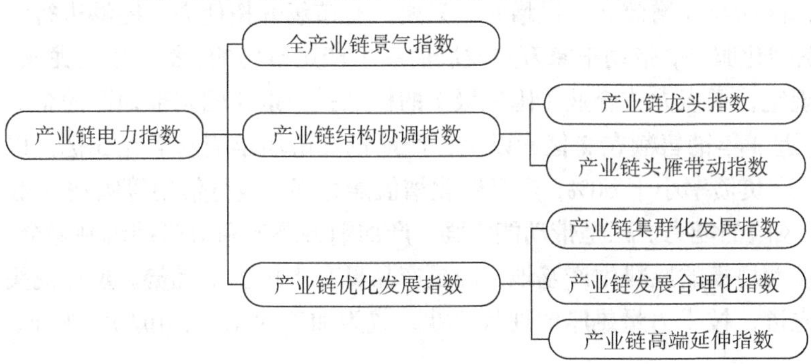

图 6-1 “1+2+3”的产业链电力指数体系

6.1.1 全产业链景气指数

全产业链景气指数（Industrial Chain Prosperity Index，ICPI），从全产业链维度描述产业发展趋势状况，是一项反映产业总体景气度的时效性指标。在“十三五”时期，产业政策的主要取向是以结构调整为重点，推进产业升级，推动经济平稳发展；政策主要服务于缓解产业结构矛盾、减弱经济下行压力。经过“十三五”时期的政策实施后，社会发展阶段有了一定变化，产业体系建设有了一定成果，这就要求“十四五”时期的产业政策转向以促进产业升级为重点，带动结构调整优化，为经济高质量发展提供产业支撑；聚焦产业链水平的提升，实现经济高质量发展。

6.1.2 产业链结构协调指数

产业链的优化不仅要保证各个环节的价值得以实现，而且要使整链的价值得以实现，并且最大限度地增值，合理和有效地利用资源。产业链作为资源转换器，其功能就是对输入的各种生产要素，按市场的需求转换为不同的产出。资源是产业链转换的对象和产出的根本来源，因此，产业链优化既要保证资源利用的合理性，也要注重资源利用的有效性，符合地方经济资源和社会环境条件。这主要是对于区域产业链的优化来说。区域产业链的构建、延伸和升级，应以地方资源条件为基础，既要考虑原料的供给保障，又要考虑加工过程中资本和技术的供给保障，还要有相应的地方社会环境支撑。产业链结构协调指数（Industrial Chain Structure Coordination Index， ICSCI），分为产业链龙头指数和产业链头雁带动指数。产业链龙头指数（Industrial Chain Leader Index，ICLI），用来反映该产业中龙头企业带动产业链发展的影响程度。产业链头雁带动指数（Industrial Chain Leading Geese Index，ICLGI），用来反映该产业中头雁企业带动其他企业发展的程度。

（1）产业链龙头指数

龙头企业以其在区域经济内的特有地位，对区域经济内各种资源的占有和使用具有独特性。龙头企业在行业中对其他企业具有很深的影响，起到号召、示范、引导的作用。

龙头企业是指在某个行业中，对同行业的其他企业具有很深的影响、号召力和一定的示范、引导作用，并对该地区、该行业或者国家做出突出贡献的企业。龙头企业涵盖三个产业，可以是生产加工企业，可以是中介组织和专业批发市场等流通企业。它不同于一般的工商企业，它肩负开拓市场、创新科技、带动农户和促进区域经济发展的重任，能够带动农业和农村经济结构调整，带动商品生产发展，推动农业增效和农民增收。只要具有市场开拓能力，能够进行农产品深精加工，为农民提供系列化服务，带动千家万户发展商品生产走市场的，都可以当龙头。国家有关部委联合发的文件规定，重点龙头企业（国家级）的标准：一是我国东部地区的企业固定资产达 5000 万元以上；近 3 年销售额在 2 亿元以上；产地批发市场年交易额在 5 亿元以上。二是经济效益好，企业资产负债率小于 60%；产品转化增值能力强，银行信用等级在 A 级以上（含 A 级），有抵御市场风险的能力。三是带动能力强，产加销各环节利益联结机制健全，能带动较多农户；有稳定的较大规模的原料生产基地。四是产品具有市场竞争优势。重点龙头企业应建成管理科学、设备先进、技术力量雄厚的现代企业，成为加工的龙头、市场的中介、服务的中心。

（2）产业链头雁带动指数

产业链头雁企业，顾名思义，就是指在制造产业升级发展过程中起到引导发展方向作用，带领整个行业加速优化的企业。正是依靠这些头雁企业带动全行业企业共同发展，从而产生雁阵效应，各企业共同实现高质量发展。产业链电力指数体系中选取头雁企业作为观察对象结合了河南省制造业企业培育规划，目的在于重点分析河南省的头雁企业的发展现状和未来产业升级规划。

河南省人民政府办公厅印发《河南省制造业头雁企业培育行动方案（2021—2025 年）》（以

下简称《方案》),《方案》明确了培育目标，到 2025 年，力争在“556”制造业体系每个重点领域认定 3～5 家头雁企业，形成十百千亿级优质企业雁阵。头雁企业规模能级显著提升，力争新增千亿级企业 2～3 家、百亿级企业 20 家左右、10 亿级新兴企业 100 家以上，带动 5000 家以上“专精特新”中小企业融通发展，形成一批万千亿级产业集群、现代化产业链，群链的主导力显著提升。头雁企业培育对象主要围绕装备制造、食品制造、电子信息、汽车制造和新材料 5 大优势产业，钢铁、有色、化工、建材、轻纺 5 大传统产业，新一代信息技术、高端装备、智能网联及新能源汽车、新能源、生物医药及高性能医疗器械、节能环保 6 大新兴产业和 10 个新兴产业链领域。每年将对全省上年度产值规模 10 亿元以上的优势产业和传统产业企业及 1 亿元以上的新兴产业企业进行分类评价、综合遴选。各地、各有关部门要保障入库企业充分享受现有各类惠企政策。河南省有关部门要统筹利用省制造业高质量发展专项资金支持头雁企业做优做强。

产业集群中不同企业的地位、角色和作用是有差异的。龙头企业作为其他企业发展的动力和榜样，通过具有外部性的投资以及与其他企业之间的协作促进了集群内部资源的共享，通过与集群其他企业的交流合作实现知识在不同企业间的转移和扩散，通过不断创新形成“新鲜产业空气”，从而带动其他企业的创新，通过品牌扩展并主导树立地区声誉为集群中其他企业提供了营销的依据。因此，支持龙头企业发展并鼓励其在集群中发挥领导角色，是提升产业集群整体竞争优势、促进产业集群不断演进的重要手段。提升企业创新引领力，推动具有一定基础的创新型龙头企业晋级为“独角兽”企业和成为行业创新领导者；提升企业市场主导力，支持入库企业创建制造业单项冠军企业（产品），研发推广填补国内空白、替代国外进口的产品；提升企业群链带动力，塑造产业链竞争新优势，带动中小企业融通发展，带动生产性服务业发展；提升企业成长支撑力，将投资 5 亿元以上的先进制造业项目、1 亿元以上的新兴产业项目、3000 万元以上的新技改项目纳入项目库管理。本书产业链电力指数体系中选取龙头企业作为观察对象，目的在于通过分析具有坚实的产业基础的龙头企业在产业发展方面的现状和带动程度，为提出推动河南省产业发展的建议提供依据。

6.1.3　产业链优化发展指数

产业链优化发展指数英文为 Industrial Chain Optimization Index，简称 ICOI。产业链优化指产业改革中努力使既有的产业战略联盟关系链的结构更加合理有效、产业环节之间联系更加紧密协调，进而使得产业链的运行效率和价值事项不断提高的转变过程。对任意一条产业链进行调整和优化，需要遵循一定的原则和标准，主要在以下方面:适应市场需求的变化，市场需求总是在不断变化的，产业链优化的核心就是要使得它更适应这种变化；满足市场需要，符合市场需求，产业链的价值才能实现，实现价值的增值。

（1）产业链集群化发展指数

产业链集群化发展指数英文为 Industrial Chain Cluster Development Index，简称 ICCDI。所谓产业集群是指在特定产业领域里，同时具有竞争与合作关系的若干企业及其相关法人机构，由于相互具有某种共同性和互补性而联结在一起，并且集聚于一个约定的地理空间的经济社会发展现象。产业集群是一种经济概念，其在不同的时代背景、经济条件之下有着不同的内涵。在知识经济时代之后，产业集群被定义为一种由相互依赖型较强的企业、知识生产机构、中介机构和客户之间通过增值链相互联系形成的产业网络。通过产业集群化可以使企业与企业之间形成技术互补、资产互补、加快学习过程、降低双方贸易的成本，有效克服了市场壁垒的制约，通过多方协作取得更大的效益，同时有效降低企业的创新风险。

产业集群的概念提供了一个思考和分析国家和区域经济发展并制定相应政策的新视角。产业集群对经济增长，企业、政府和其他机构的角色定位，乃至构建企业与政府、企业与其他机构的关系方面，都提供了一种新的思考方法。产业集群从整体出发挖掘特定区域的竞争优势。产业集群突破了企业和单一产业的边界，着眼于一个特定区域中，具有竞争和合作关系的企业、相关机构、政府、民间组织等的互动。这样使他们能够从一个区域整体来系统思考经济、社会的协调发展，来考察可能构成特定区域竞争优势的产业集群，考虑临近地区间的竞争与合作，而不仅仅局限于考虑一些个别产业和狭小地理空间的利益。产业集群要求政府重新思考自己的角色定位。产业集群观点更贴近竞争的本质，要求政府专注于消除妨碍生产力成长的障碍，强调通过竞争来促进集群产业的效率和创新，从而推动市场的不断拓展，繁荣区域和地方经济。同一产业相关的企业群居在一起，相互竞争和协作，对提高产业的竞争力有很强的促进作用。现代组织理论认为，产业集群是创新因素的集群和竞争能力的放大。产业集群加强了集群内企业间的有效合作，增加了企业的创新能力和促进了企业增长，发挥了资源共享效应，有利于形成区位品牌。

产业集群主要有创新型产业集群和资源型产业集群两种类型。创新型产业集群可以理解为：以创新型企业和人才为主体，以知识或技术密集型产业和品牌产品为主要内容，以创新组织网络和商业模式等为依托，以有利于创新的制度和文化为环境的产业集群。与模仿型产业集群相比，其创新程度较高；与劳动密集型产业集群相比，它属于知识或技术密集型产业集群；与传统产业集群相比，它属于现代产业集群。创新型产业集群按照不同标准还可进一步进行分类，如按照产业类型可分为传统产业创新型产业集群、高新技术产业创新型产业集群，也就是说，创新型产业集群不仅存在于高新技术产业，也存在于传统产业。按照创新类型可分为产品或技术主导创新型产业集群和商业模式主导创新型产业集群，也就是说，创新型产业集群中的创新是多种含义的，不仅包括产品创新、技术创新等，还包括商业模式创新、渠道创新、品牌创新等。资源型产业集群立足于资源型产业，是以资源型产业发展为前提的。资源型产业是以资源开发利用为基础和依托的产业。在资源型产业发展的生产要素构成中，自然资源占据主体核心地位。资源型产业体系和贸易体系甚至城镇发展都以资源开发利用为中心，由资源优势所决定的资源型经济循环体系成为其显著特征。根据相关产业对资源的依赖程度，可把资源型产业分为资源依赖型产业、资源依附型产业、资源依从型产业。

（2）产业链发展合理化指数

产业链发展合理化指数（Industrial Chain Rationalization Index，ICRI），根据产业链优化的内涵与目的，其优化内容主要体现在三个方面，即产业链延伸、产业链提升和产业链整合，这也是实现产业链优化的主要途径。产业链的延伸，是指产业迂回程度的提高，它是产业结构调整的高度化中所要求的高加工度化的体现。包括三种情形：向前延伸、向后延伸和增加中间环节，但通常所说的延伸是产业链的后续产业环节（产品加工）得以增加，或是得以增生扩张以获取追加收益的过程。加工环节的增加，由于追加了劳动、资本和技术，往往可以获得更多的附加价值。产业链的提升是指产业链整体素质的提高，即产业链的各环节向高技术化、高知识化、高资本密集化和高附加价值化的演进。它也是产业结构高度化在产业链中的体现。这是产业链优化中的一个重要方面，对于提高产业链的竞争力至为关键，但在产业链优化中较少提及。实际上，这一优化内容既不同于产业链的延伸（环节多少或路线长短），也不同于产业链整合（环节之间的连接合作、协调合理），而是各个链环的知识含量、技术层次、资本密集程度和附加价值水平不断提高，其中尤以技术素质至为重要。产业链整合是产业链环之间的连接、合作与协调，它根据社会资源状况和市场需求状况的变化，在产业链环之间合理配置生产要素，协调各产业链环之间的比例关系，产生出协同效应和聚合质量。产业链的整合有许多内容：从产业链形态要素来看，有物流的整合、信息流整合和价值流整合，以及经营主体的整合等。从产业链的时空分布来看，有宏观视域内的产业链整合、区域内的产业链整合和跨区域的产业链整合等。

（3）产业链高端延伸指数

产业链高端延伸指数英文为 Industrial Chain Upscale Extension Index，简称 ICUEI。高端产业的概念应该从行业和产业链环节两个角度来进行界定。从行业的角度讲，高端产业是指产业中新出现的具有高技术含量、高附加值强竞争力的行业；从所处产业链的环节上讲，高端制造业处于某个产业链的高端环节。如果对产业部门进行进一步细分，这些高端环节也可以看成是产业部门的细分行业。与高端行业相对应的就是低端产业，低端产业指技术含量低的产业，例如劳动密集型产业，主要包括七大类：纺织品、服装、箱包、鞋类、玩具、家具、塑料制品。高端产业包括光电子产业、人工智能产业、数字产业、量子技术产业、超级计算产业、电磁能产业、氢能产业、高端装备产业、新材料产业、大健康产业等。产业的高端环节，具有技术密集、附加值高、成长空间大、带动作用强等突出特点，是衡量一个国家制造业发展水平和整体经济综合竞争实力的重要标志，也承担了“替代进口”的使命。对中国而言，加快装备制造化的高端化、现代化是推动工业现代化的关键，也是实现由“制造大国”向“制造强国”战略转变的重要途径。传统产业也有高端环节，高技术产业也有低端环节；要改变观念，向价值链和产业链的高端走，而不仅仅是发展战略性新兴产业，战略性新兴产业一样会出现过剩。作为中部地区的河南省，应充分利用生产优势，实施吸引人才和借用人才并举战略，通过协同创新快速融入创新体系，在产业链和价值链上进行升级，向高端环节延伸，实现产业高质量发展。产业链高端环节作为决定着整个产业链综合竞争力的战略性新兴产业，是我国抢占未来经济和科技发展制高点的战略选择。针对我国高端产业链存在的问题，应坚持创新驱动，把创新摆在制造业发展全局的核心位置，促进市场开拓，同时建立并完善支持产业链高端环节延伸发展的配套财政税收政策。

价值链的高端环节主要包括产业研发阶段，而高端环节的发展、变化对于相关产业的发展具有直接的引领和提升功能。当研发环节专业化后，新产品、新技术的出现将会加速，关联性创新将更加普遍；研发新业态的发展会使高技术园区丰富的研发资源得以充分利用，将大幅降低产业的总体创新成本；独立的专业研发机构往往带有明显的平台性质，它们并不是服务于某个企业，而是面向全行业提供研发服务，这些都会促进产业的整体提升。高端产业与传统产业的最大区别在于：传统产业依靠的是传统工艺，技术水平不高，劳动效率不高，劳动强度大，大多属于劳动力密集和资金密集型产业；而高端产业依靠的是高新技术和高端装备的竞争优势，最容易取代传统产业。而传统产业与高端产业的最大差距在于科技实力，高端产业对传统产业予以改造和提升，是产业发展的必然过程。

6.2 产业链电力指数设计原则

6.2.1 科学性和准确性原则

产业链电力指数的设计需要结合河南省产业链的电力使用现状和遵循产业发展规律，指数内容及权重的设计应当以产业链的电力数据为基础，并进行量化和分解，每一项具体指标的内容以及权重都必须科学、准确、客观、有效地反映出当前河南省产业链的发展现状和水平。产业链电力体系指数的设计必须进行准确性分析，贯彻科学性原则，进而才能提升体系的科学性和实效性。科学性原则是指研究活动必须在科学理论的指导下，遵循科学决策的程序，运用科学思维方法来进行决策的行为准则。科学研究是相对于经验研究而言的，经验研究是基于过往大量且丰富的事实和实验对当下的研究内容进行类推从而得出可能的结论，这样显然缺乏与时俱进的研究精神和结论的客观性，而相对应的科学研究的主要标志是：信息全面、迅速、准确；预测科学、及时、正确；方向对头、目标明确；方案齐全，相互独立；论证充分，分析恰当；实施步骤清晰、有度，要求具体。科学研究的特点是准确、严谨、客观、可靠，适用于解决多变量、大系统的各种新问题。现代社会发展规模越来越大，变化越来越快，影响越来越广，以前没有遇到过的新情况、新问题层出不穷，经济、科技发展的一体化，要求研究过程中必须遵循科学性原则。

所谓产业链电力指数体系设计的准确性原则是指在构建和运行产业链电力指数体系的过程中，应本着实事求是的精神和科学的态度，客观、全面、真实、准确地反映河南省不同产业链的发展基本情况和运行现实态势，不能掺杂人为的主观认识成分，更不能为了达到非正当目的，弄虚作假，任意扩大或者缩小指数数据的各项事实，从而为之后的指数测算和结论推导提供正确的科学依据，确保评估体系健康、有序、良性、准确运作而形成的各项基本准则综合。它大致包括三个方面：体系导向上的准确性、体系指标设置上的准确性、指数体系运行上的准确性。首先，体系导向上的准确性原则是指明确指标的价值取向和建立目标，例如本书中的产业链电力指数针对不同产业区域分为集群化发展指数、龙头企业发展指数、头雁带动指数、高端环节发展指数，重点分区域进行产业的电力指数研究，更具明确的导向性。体系指标设置上的准确性主要是对各产业链效率的一种量化模型，各项指标实际上就是对研究对象的一种数据化，通过量化指数，找到评估的统一标准，实现对产业链发展进行整体评价与判断。指数体系运行上的准确性主要是要有效发挥产业链电力指数体系的评估作用，归根结底是要通过指标体系有效运行才能实现。而实现指标体系有效运行离不开产业区域的各项指标、信息数据的真实准确和及时地录入、统计汇总、整理通报、分析运用。在评估体系运行过程中，必须坚持准确性原则，不得以任何理由自行变通指标数据，更不得为追求指标排名故意弄虚作假。河南省产业链电力指数体系的准确性原则是评估体系的灵魂，它的运行正确与否，直接关系到整个指数体系质量效率运行和对河南省产业链发展的前景预测。因此，必须在整个评估体系中，必须始终坚持准确性原则。

6.2.2 时效性原则

产业链电力指数体系的设计需与时俱进，选取最有价值的报告期得出对当下以及未来产业链升级有意义的决策建议。因此通过考察各产业、各区域的最新电力数据，逐层对比分解，建立时效性和可比性兼具的产业链的发展指数体系。时效性的意思是指信息仅在一定时间段内对决策具有价值的属性，也就是说同一件事物在不同的时间具有很大的性质上的差异，我们将这个差异性叫作时效性，时效性影响着决策的生效时间，可以说是时效性决定了决策在哪些时间内有效。时效性的基本原理是应紧紧把握时效性特点，充分发挥时效性的功能，研究数据的时效性很大程度上制约着研究分析的客观效果。为了使时效性更具体些，不仅要在数据的时间选择上尽可能地避免年代久远的年份，更多地聚焦在近年来的数据上，而且还要专注于国家的政策方针走向。一个地区的产业发展离不开地方政策的扶持，地区产业链的形成和优化升级也会根据地方的发展规划来制定，所以为了更贴合政策特点，在指数体系设计上也是紧跟国家的政策指导，例如本书中产业集群化发展指数中的集群选择是根据《河南省先进制造业集群培育行动方案 2021—2025》提出的十大集群；还有产业链头雁的选取也是从头雁培育名单中得来。这也是按照国家的经济发展需要，能更大地发挥产业对于经济发展的贡献，发挥重点培育产业企业的生产率和贡献率。

时效性是由数据信息的及时性决定的。任何信息的价值都有其时间性，且在某种程序上信息越及时其价值越高。过时的信息只能作为历史资料，对决策毫无用处。所以，及时性原则是相关性的重要保证，没有及时性也就谈不上相关性。相关的信息如不及时，也就不相关；及时的信息如不相关，亦然无用。另外需要指出的一点是在实践中，要在时效性和可靠性之间做出权衡。为得到时效性极强的数据信息，可能要放弃一些精确性和可靠性。前者将大大增强实验信息的有用性；后者则又会降低实验信息的有用性，只要前者有用性的增加幅度大于后者有用性的减少幅度，那么这种及时性就是必要的，即关键是如何最佳满足研究的决策需要。时效性原则主要有两重含义：处理及时和报送及时。处理及时是指要对各产业区域和重点观测企业最近发生的经济活动及时在本报告期内进行分析，进而筛选出合适于本实验研究的产业区域近况，从而使得本期的发展情况真实反映而不延至下期。报送及时是指数据资料搜集整理及时，应在研究期间按规定日期及时搜集出来，同时也做到按照时效性将不同产业领域对象进行分类整理，以更好地体现在不同时效期内产业发展近况。

6.2.3　可比性原则

产业链电力指数体系的可比性原则是指标体系中统一层次的指标，即具有相同的计量范围、计量口径和计量方法，指标取值宜采用相对值，尽可能不采用绝对值，这样指标既能反映真实情况，又便于比较优劣。在遵循可比性原则建立指数指标时应该定性与定量相结合，即在定性分析的基础上还要进行量化处理，只有通过量化，才能较为准确地揭示研究对象的真实情况。可比性原则必须以一致性原则为前提，以客观性原则为基础。只有同一研究对象的前后报告期的控制变量一致，才能使不同主体之间的比较相关有用；只有各个研究主体的信息数据真实可靠并且具有可比性，它们之间的比较才会相关有用。

评价指标应该在时间或空间上具有可比性。那些在较长时期内变化不大的指标，或者在不同地区之间差别不大的指标，不应列入评价指标体系，如果因其地位重要而必须列入，也应赋予较小的权重。除此之外，指数指标还应在时间或空间上具有可测性。考评指标之所以需要测量和可以测量，最基本的特征就是该测算指标指向的变量具有变异性，即能够产生不同的考评结果。另外，在确定测算指标时还要考虑到测算中可能遇到的种种现实问题，确定获取所需信息的渠道和是否有相应的测算者能够对该指标做出准确的估测。

从整体体系来看，产业链电力指数体系的五个指数的测算过程相似，只是采取了不同的观测对象，指数计算过程都是用电量比率、全产业比率和与基期比率，相同的测算过程决定了这五个指数可以在同一程度上进行比较，可比较出产业集群、龙头企业、头雁、高端行业和高质量产业链的产业发展指数，从而为本书的研究增加了多个角度。从具体指数的建立来看，比率的形式都体现了指标的可比性，这里主要以产业集群化发展指数为例说明指数的可比性。首先，某一产业集群区内的企业用电量与所有企业的用电量的比率直接体现了企业的电力指数，但这个指标在全产业和时间上不具有可比性。因此，为了解决全产业上的可比性，测算某一产业用电量指数占所有产业的比重；为了解决指标时间上的可比性，测算某一期指数与基期的比值，从而得出产业集群化发展指数。正是指标可比性的存在，可以使研究更具有准确性。

6.2.4 实用性原则

产业链电力指数体系的实用性主要是指各个指数能够真正反映产业链的用电真实情况，进而通过一些指数设定由电力使用情况推演出产业发展趋势。具体来说就是产业链电力指数体系的设计要始终围绕如何更好地实现对产业链的发展情况的分析，如何准确定位产能水平，如何直观地发现产业链的发展中的薄弱环节，实现方法体系的模块化，判断产业链的发展的智能化，以体现指数体系设计的实用性。产业链电力指数涉及的内容比较广泛，面临的问题也比较复杂，因此可以考虑建立多层次评价指标体系来增强研究的可靠性和实用性。产业链电力指数评价体系中指标的重要性系数体现了各要素对综合评价的影响程度，对评价结论起着举足轻重的作用。为了增强实用性同时也要注重可操作性原则。可操作性原则主要是指标必须科学明确，要尽可能使用现行的统计指标；要考虑指标值的测量和数据搜集工作的可行性，要注意搭配好主观指标和客观指标的比例关系；能够量化的应尽量进行定量分析，不能量化的要进行定性分析。

产业链电力指数体系的指标选取原则是构建一个评价体系，不仅要考虑其评价的准确性、全面性和指导性，而且还要考虑其实用价值性。影响产业链电力指数评价体系实用价值性的一个关键问题，是评价指标数据收集和统计工作的可行性。目前，许多评价体系之所以只能进行理论探讨，而无法得到实践运用和推广，主要原因就是评价指标数据收集统计工作耗时费力、成本极高，有的评价指标甚至无法获取数据。为了提高产业链电力指数评价体系的可行性，降低评价工作的成本，使评价工作能够正常开展，在评价指标的设计中，除极个别非常重要的指标需进行新的设计外，绝大多数评价指标应从相关部门现行的具有经常性统计基础的指标中遴选，然后再按照评价体系的要求进行适当的技术处理。除此之外，产业链电力指数体系中的统计指标的优化必须符合国家对于产业发展的具体测定标准，在此基础之上创新性地增添能够反映河南省产业发展水平的科学指数。优化后的指标要考虑到指标数据的取得与处理的难易程度和可靠性，体系中设计的指标既要满足研究的测定、计量、分析和评估的需要，又要有易于获取的现实可行性，必须是可以用数据表达的指标，不能是抽象的概念，以便于具体操作，即使有些指标能很好地反映研究内容，但由于无法测量，也不能作为入选的指标，在选取指标过程中，还要弄清指标的主次关系，选择那些有代表性的总和指标和主要指标以满足指标的实用性。

6.2.5 完备性原则

产业链电力指数体系设计的调查指标要全面、正确地反映产业链的整体发展，具有整体分析的价值以体现设计的完备性。这就要求所要设计的指数指标，既具有完整性，又具有互斥性；既不能残缺不全，也不能繁多重复。为达到以上效果，产业链电力指数体系中的指标设定有两点要求：完整性和相对独立性兼具。首先，完整性就要求在设计指标时能够完整地反映考评对象系统运行总目标的各个方面，从多个角度对考评对象的效率进行考评，全面衡量产业链效率，如果指标过于单一，则有可能产生“晕轮效应”的效率考评偏误，影响研究结果的准确性。其次，相对独立性原则指的是考评指标之间的界限应清楚明晰，不会发生含义上的重复。各个测算指标之间的内容可以比较，能明确分清它们的不同之处及在内涵上明显的差异。测算指标名称的措辞要讲究，使每一个指标的内容界限清楚，避免产生歧义。在必要的时候通过具体明确的定义给出操作性的定义，避免指标之间出现重复。在所要建立的电力指数体系中，每个测算要素指标都要有明确的内容、定义或解释说明，必要时还要列出计算公式，使测算要素和指标的概念内涵明确、外延清晰。同时测算要素指标的文字表述应力求精练、直观、通俗，所选择的要素指标要少而精，体系的设计达到规范化和标准化的要求。

指标体系作为一个有机整体，应该从不同角度反映被评价系统的主要特征和状况，建立一个完备的指标群，在确定每一个指标时，不能孤立地就指标本身来考虑问题，而要把这个指标放在研究对象的总体中去，从整体的角度考虑这个指标与其他指标的关系，既要各有侧重、相互分工，又要相互配合、相互补充，且具有较强的代表性和系统性。指标的优化要符合经济规律、产业发展规律和技术规律的要求，最终结果旨在使指标涵义明确，测算方法标准，统计计算方法规范，并能反映河南省的产业链发展状况，以体现统计结果的真实性和准确性。这就要求优化后建立的指标体系在一定程度上能全面反映产业链的运行和发展的基本态势，能全面准确地反映河南省各大产业区域的主要发展过程和重点电力使用方面的真实情况，以便开展全面的分析和综合评价。本书中的产业链电力指数体系主要包括产业集群化发展指数、产业龙头带动发展指数、产业链优化发展指数、产业链头雁带动指数、产业链高端环节延伸发展指数五个方面。从这五个方面进行指标设定既满足了不同类别划分产业区域指标的多样性，能从多方位来分析河南省产业链发展状况；同时也是对整体产业行业的发展概况的分析。

6.3　产业链电力指数测算方法

6.3.1　全产业链景气指数

全产业链景气指数为定基指数，可以表示为式（6-1）:

$$\mathrm{ICPI}_{t/\mathrm{b}}=\sum_i\left(\frac{E_{it}}{E_{i\mathrm{b}}}\times\frac{E_{it}}{\sum_j E_{jt}}\right)\times 100 \tag{6-1}$$

其中，$\mathrm{ICPI}_{t/\mathrm{b}}$ 代表第 t 期的产业链宏观景气定基指数，E_{it} 代表第 i 家企业第 t 期的生产用电量；$E_{i\mathrm{b}}$ 代表第 i 家企业基期（Base Time Period）的生产用电量；$E_{it}/E_{i\mathrm{b}}$ 反映了第 i 家企业第 t 期的生产用电量相对于基期的变动率；$E_{it}\Big/\sum_j E_{jt}$ 代表了第 i 家企业第 t 期的生产用电量占所有企业第 t 期用电量的比重，以该比重作为权重对各企业的生产用电指数进行加权平均，可以得到 $\mathrm{ICPI}_{t/\mathrm{b}}$，即产业链宏观景气定基指数。

6.3.2 产业链龙头指数

产业链龙头指数用来反映该产业中龙头企业带动产业链发展的影响程度。根据以上对产业龙头的阐释，可以用在产业区内的龙头企业用电总量占该产业所有企业用电量的比重来表示产业龙头带动指数。产业链龙头指数，可以表示为以下公式：

$$\mathrm{ICLI}_t = \left(\frac{E_{lt}}{\sum_{q \in I} E_{qt}} \right) \times 100 \qquad (6\text{-}2)$$

其中，E_{lt} 代表该行业的龙头企业 l 在第 t 期的生产用电量；E_{qt} 代表第 i 家企业第 t 期的生产用电量；I 代表整个该产业的企业集合。ICLI_t 指数越大，说明龙头企业带动程度越高。同样考虑到上述产业集群化指标在全产业和时间上并不具有可比性，无法准确衡量带动产业 I 的龙头企业发展状况。

6.3.3 产业链头雁带动指数

产业链头雁带动指数，用来反映该产业中头雁企业带动其他企业发展的程度。用该产业所有企业用电量增速与该产业内在头雁培育名单上的企业用电量增速的比重来表示头雁企业相对于整个行业的发展程度。

$$\mathrm{ICLGI}_t = \left(\frac{\sum_{q \in I} E_{qt}}{\sum_{q \in I} E_{qb}} \bigg/ \frac{\sum_{p \in h} E_{pt}}{\sum_{p \in h} E_{pb}} \right) \times 100 \qquad (6\text{-}3)$$

其中，ICLGI_t 代表第 t 期产业链头雁带动指数；E_{pt} 代表第 p 家企业第 t 期的生产用电量；E_{pb} 代表第 p 家企业在基期的生产用电量；h 代表产业内属于头雁培育计划名单的企业集合；E_{qt} 代表第 i 家企业第 t 期的生产用电量；E_{qb} 代表第 i 家企业在基期的生产用电量；I 代表整个产业的企业集合。指数越大，说明产业链头雁带动其他企业的发展度越高。

6.3.4 产业链集群化发展指数

产业链集群化发展指数是用来反映某一产业集群效应影响的变动程度。基于某一产业集群视角，使用某一地区中所有产业集群区内某一产业的企业用电总量占该地区这一产业所有企业用电量的比重表征产业集群化指数。产业链集群化发展指数，可以表示为以下公式：

$$\mathrm{ICCDI}_t = \left(\frac{\sum_{p \in C} E_{pt}}{\sum_{q \in I} E_{qt}} \right) \times 100 \qquad (6\text{-}4)$$

其中，ICCDI_t 代表河南省 I 产业第 t 期产业集群化指数，这一指数数值越大，说明河南省第 t 期 I 产业的产业集群化程度越高；E_{qt} 代表第 i 家企业第 t 期的生产用电量，C 代表处于河南省所有产业集群区内的企业集合，I 表示河南省该产业所有企业集合。目前《河南省先进制造业集群培育行动方案 2021—2025》提出十大集群，包括装备制造集群、绿色食品集群、新型材料集群、电子信息集群、节能环保集群、现代轻纺集群、绿色建材集群、汽车制造集群、生物医药集群、现代化工集群。

6.3.5　产业链发展合理化指数

产业链发展合理化指数，可以表示为以下公式：

$$\mathrm{ICRI}_t=\left(\frac{g_{ut}}{g_{mt}}\times\frac{\sum\limits_{p\in u}E_{pt}}{\sum\limits_{q\in(u\cup d)}E_{qt}}+\frac{g_{dt}}{g_{mt}}\times\frac{\sum\limits_{p\in d}E_{pt}}{\sum\limits_{q\in(u\cup d)}E_{qt}}\right)\times 100 \tag{6-5}$$

其中，ICRI_t 代表第 t 期的产业链发展合理化指数；g_{ut}、g_{mt} 和 g_{dt} 分别代表产业链上中下游的产业发展指数。该指数越趋近 100，产业链协调度越高，低于 100 说明中游超前于上下游，高于 100 说明上下游超前于中游。

$\sum\limits_{p\in u}E_{pt}\Big/\sum\limits_{q\in(u\cup m)}E_{qt}$ 和 $\sum\limits_{p\in d}E_{pt}\Big/\sum\limits_{q\in(d\cup m)}E_{qt}$ 分别代表产业链上游和下游的用电量占产业链中上游和中下游的比重。基于该比重作为权重对上中游和下中游的产业发展指数比进行加权平均，可以得到产业链发展合理化指数。

产业发展指数的计算公式可以表达为：

$$g_s=\sum_{i\in s}\left(\frac{E_{it}}{E_{ib}}\times\frac{E_{it}}{\sum\limits_{j\in s}E_{jt}}\right),s=u,m,d \tag{6-6}$$

其中，E_{it} 代表处于产业链 s 游的企业 i 第 t 期的生产用电量，E_{ib} 代表处于产业链 s 游的企业 i 基期的生产用电量。

6.3.6　产业链高端延伸指数

产业链高端延伸指数用来反映该产业链向高端环节延伸的程度。产业链高端延伸指数可以用在产业内向产业链高端环节延伸的企业用电总量占该产业所有企业用电量的比重来衡量。产业链高端延伸指数，可以表示为以下公式：

$$\mathrm{ICUEI}_t=\left(\frac{\sum\limits_{p\in E}E_{pt}}{\sum\limits_{q\in I}E_{qt}}\right)\times 100 \tag{6-7}$$

其中，ICUEI_t 代表第 t 期 I 产业的产业链高端延伸指数，该指数越大，说明该产业链向高端环节延伸的程度越高；E_{it} 代表第 i 家企业第 t 期的生产用电量，E 代表 I 产业内向产业链高端环节延伸的企业集合，I 代表整个产业的企业集合。

第 7 章 河南省产业链电力指数实证研究

7.1 新型显示和智能终端产业链

河南省把握新型显示和智能终端产业发展趋势，重点发展高世代 TFT-LCD、柔性 AMOLED、可穿戴设备、自主可控终端等关键产品，突破整机设计、核心元器件、关键材料等产业链核心环节，加快实现产业链由以终端生产为主向屏端并重链式发展为主转变，形成下游智能终端整机和软件应用、中游液晶面板及上游关键材料核心元器件配套的产业集群。以下从全产业链景气指数、产业链结构协调指数和产业链优化发展指数三个方面对新型显示和智能终端产业链进行分析。

（1）新型显示和智能终端全产业链景气指数

新型显示和智能终端全产业链景气指数如图 7-1 所示。从 2020 年 3 月份最低点 36.9 开始呈快速增长态势，至 9 月份到达最高点 247.3，随后呈快速下降态势。2021 年以来，新型显示和智能终端产业呈现稳步复苏态势，9 月份下降。建议河南应引导社会资本成立投资基金，支持重点项目享受财税金融优惠政策。

（2）新型显示和智能终端产业链结构协调指数

新型显示和智能终端产业链龙头指数如图 7-2 所示。龙头企业的用电规模在整个产业中的占比较高，龙头指数在 2020 年 3 月份处于低谷 38.0，之后呈上升趋势，2021 年 8 月份到达最高点 82.3。建议河南支持龙头企业发展，鼓励龙头企业联合产业链上下游企业，投入智能手机技术孵化、芯片分析、安全评测、产品检测认证、用户体验等。

新型显示和智能终端产业链头雁带动指数如图 7-3 所示。大部分时间指数都在 100 左右平稳波动，2020 年 3 月份为最高点 107.8，2020 年 6 月份为最低点 94.3，说明头雁带动效应并不明显。建议河南以构建头雁企业雁群为抓手，发挥郑州大都市区的区位、人才和产业基础优势，进一步提升郑州航空港区全球重要的智能终端生产制造基地影响力。

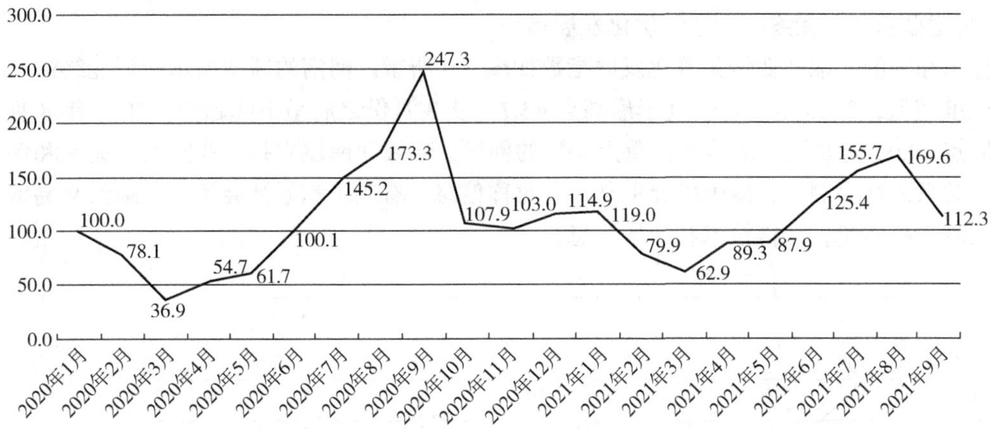

图 7-1　新型显示和智能终端全产业链景气指数

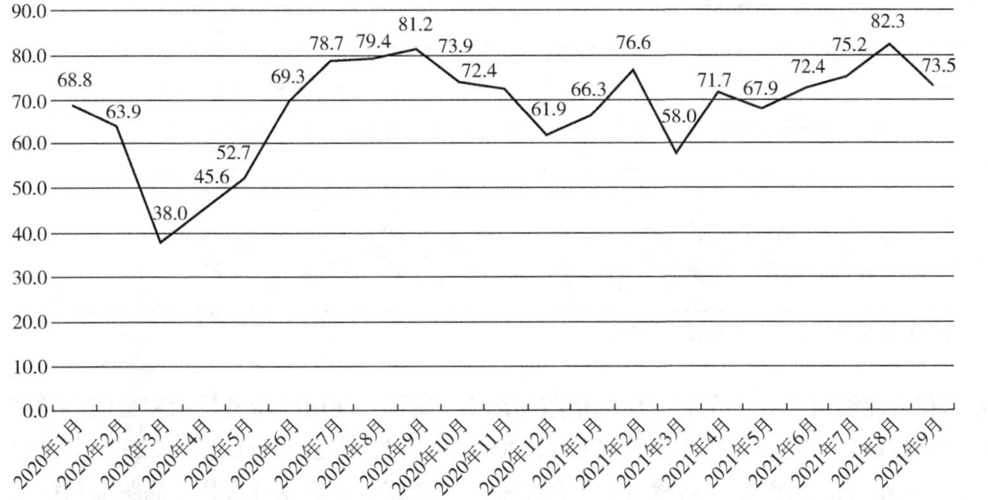

图 7-2　新型显示和智能终端产业链龙头指数

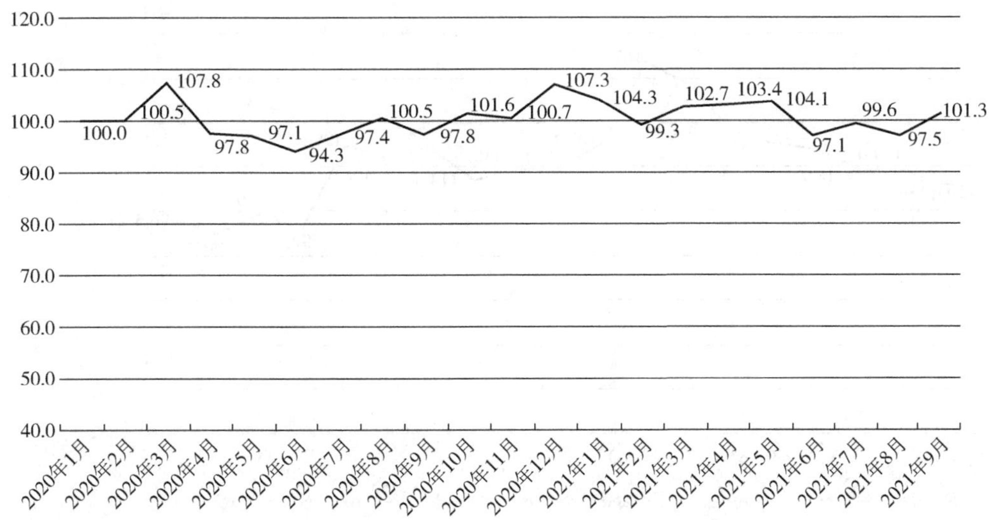

图 7-3　新型显示和智能终端产业链头雁带动指数

（3）新型显示和智能终端产业链优化发展指数

新型显示和智能终端产业链集群化发展指数如图 7-4 所示。河南的新型显示和智能终端产业集群化程度较低，2020 年 3 月份处于最高点 43.7，从 3 月份之后呈下降趋势，2021 年 8 月份到达最低点 29.0，这是河南应该值得重点关注的问题。建议河南建立起企业间信任关系和保障这种信任关系的社会制度，减少机会主义、非对称信息，有利于积累社会资本，降低交易费用，便于控制产品质量，获得技术和市场信息。

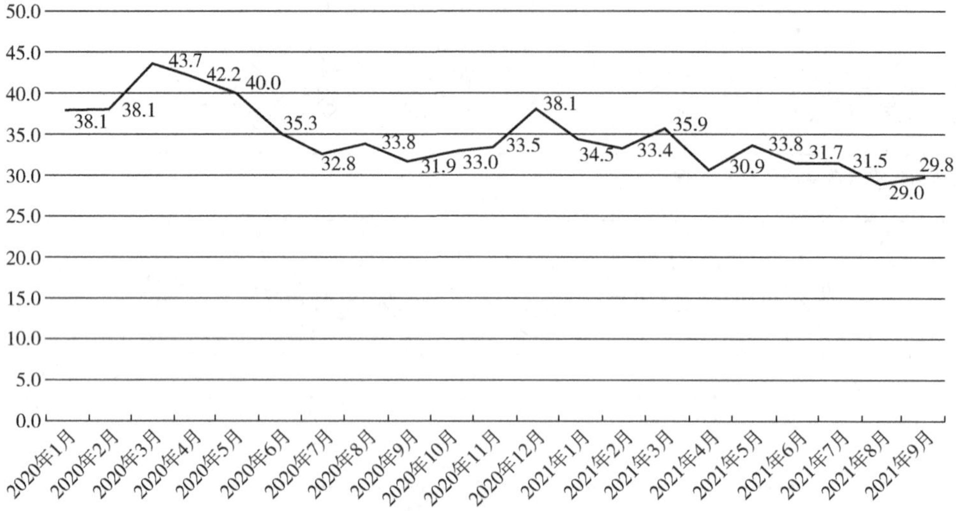

图 7-4　新型显示和智能终端产业链集群化发展指数

新型显示和智能终端产业链发展合理化指数如图 7-5 所示。河南的新型显示和智能终端产业链发展合理化指数呈现先上升后下降的趋势，2020 年 10 月份到达最高点 167.1，2021 年 8 月份到达最低点 90.9。建议河南推动新型显示面板企业与智能终端整机企业合作、品牌商与配套商协调联动发展。

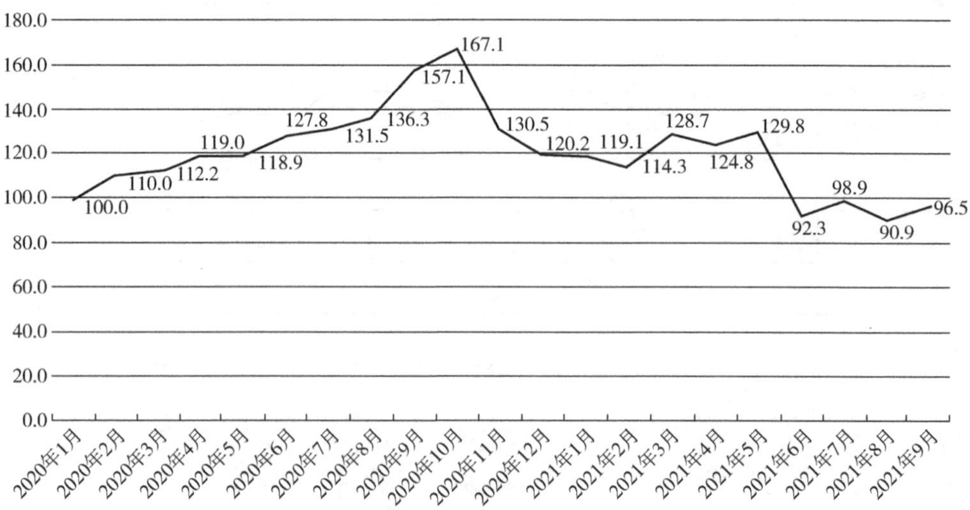

图 7-5　新型显示和智能终端产业链发展合理化指数

新型显示和智能终端产业链高端延伸指数如图 7-6 所示。河南的新型显示和智能终端产业链高端延伸指数因疫情原因呈现下降趋势，2020 年 3 月份到达最低点 51.1，之后呈现上升趋势，在 2020 年 7 月之后平稳波动，2020 年 9 月份处于最高点 84.2，说明河南的新型显示和智能终端产业整体呈现向高端产业延伸的趋势，但受疫情等突发情况的影响也较为显著。建议河南加快以骨干企业为主体，联合高校、科研院所，共建一批企业技术中心、重点实验室、技术创新中心等技术创新平台和新型研发机构。

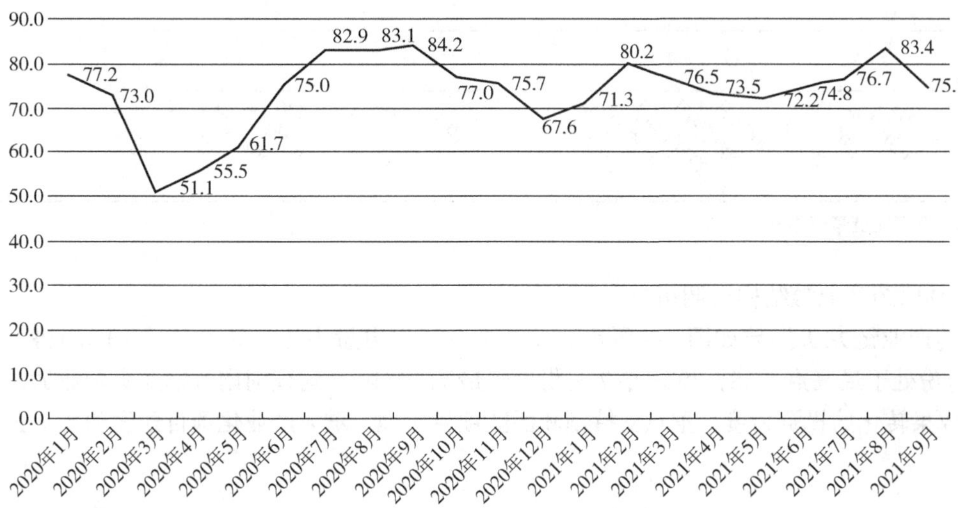

图 7-6 新型显示和智能终端产业链高端延伸指数

7.2 生物医药产业链

河南省聚焦创新药、中药、医疗器械、健康服务等生物医药产业链重点领域，着力提升产业创新能力，加快突破创新产品研发、转化、制造等关键环节，以重大项目引进、重点平台建设和骨干企业培育为抓手，进一步深化开放合作，推动产业集聚发展，建设一批特色鲜明、配套完备、绿色生态的生物医药产业园区，打造全国重要的生物医药中高端创新研发基地、产业转化应用集聚地和健康服务发展新高地。以下从全产业链景气指数、产业链结构协调指数和产业链优化发展指数三个方面对生物医药产业链进行分析。

（1）生物医药全产业链景气指数

生物医药全产业链景气指数如图 7-7 所示。从 2020 年 1 月开始呈先下降后上升趋势，2020 年 1 月份处于最高点 100.0，2021 年 1 月份处于最低点 55.1。建议河南支持符合条件、具有自主知识产权的创新药以及适宜中医医疗服务的中药产品和创新医疗器械等企业的发展。

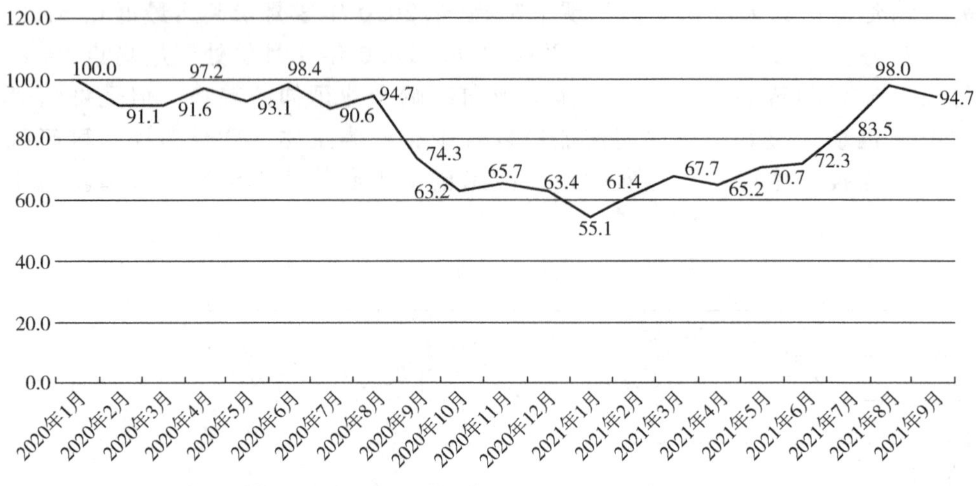

图 7-7 生物医药全产业链景气指数

（2）生物医药产业链结构协调指数

生物医药产业链龙头指数如图 7-8 所示。龙头企业所用电量占比呈先上升后下降趋势，2020 年 11 月份处于最高点 57.8，2021 年 7 月份处于最低点 41.8。建议河南鼓励龙头企业加大对生物医药成果转化的投资力度，重点支持创新团队项目落地、重大产业化项目建设和龙头企业并购重组。

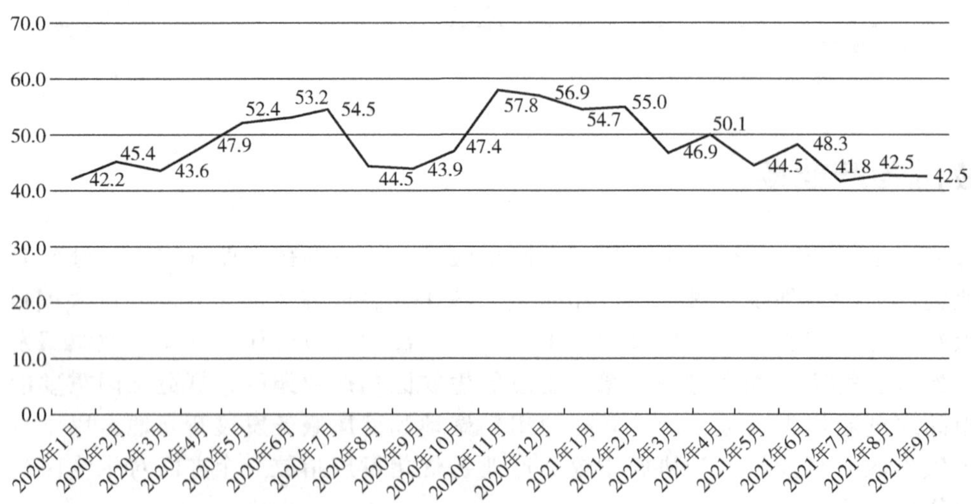

图 7-8 生物医药产业链龙头指数

生物医药产业链头雁带动指数如图 7-9 所示。该指数基本在 100 左右波动，2020 年 1 月份和 3 月份处于最低点 100.0，2020 年 10 月份处于最高点 104.3，说明头雁带动效应并不明显。建议河南以头雁骨干企业培育带动为抓手，进一步深化开放合作，推动产业集聚发展，打造全国重要的生物医药中高端创新研发基地。

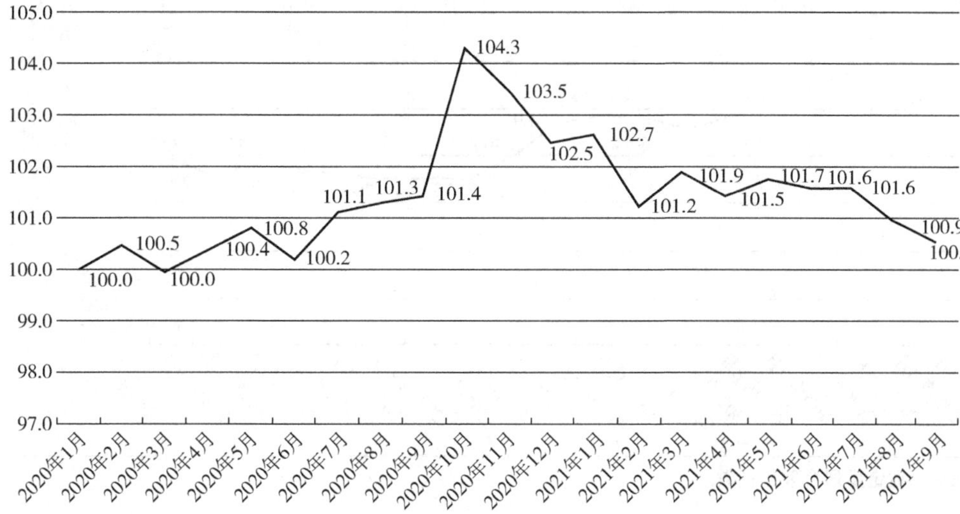

图 7-9　生物医药产业链头雁带动指数

（3）生物医药产业链优化发展指数

生物医药产业链集群化发展指数如图 7-10 所示。河南的生物医药产业集群化程度较高，2020 年呈下降趋势，2021 年呈上升趋势，2020 年 2 月份处于最高点 91.0，2020 年 10 月份处于最低点 57.4。建议河南支持郑州、许昌、新乡、南阳、周口、信阳等市建立特色生物医药产业园区。

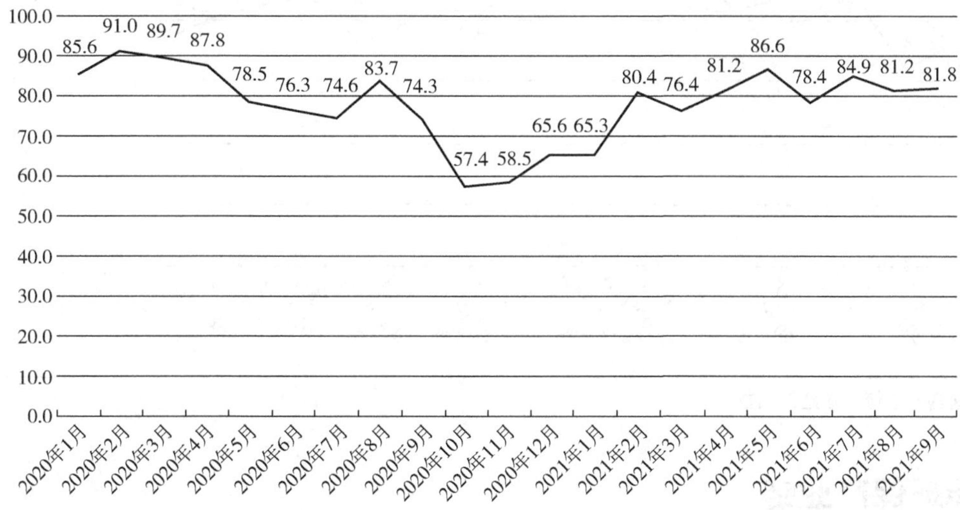

图 7-10　生物医药产业链集群化发展指数

生物医药产业链发展合理化指数如图 7-11 所示。河南的生物医药产业呈现下降趋势，2020 年 2 月份处于最高点 118.4，2021 年 2 月份处于最低点 70.3。建议河南积极引进国内外医药龙头企业设立区域总部和研发机构，加大具有核心技术的创新团队引进力度，培育一批细分领域隐形冠军企业。

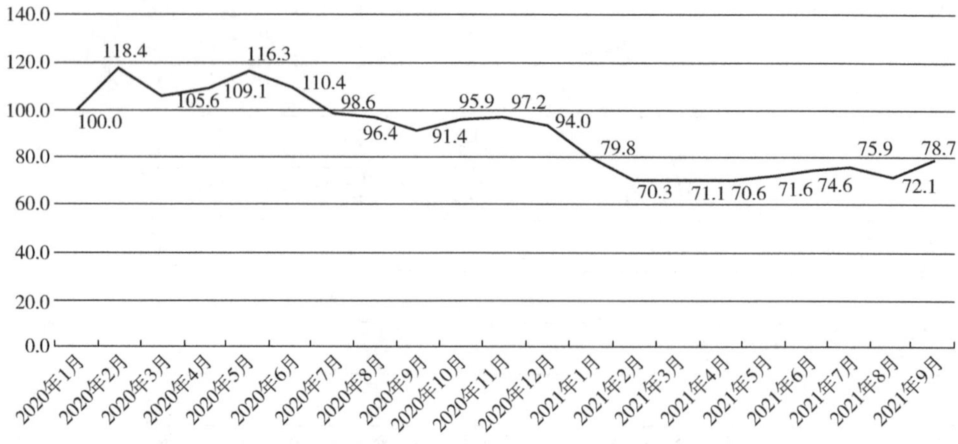

图 7-11　生物医药产业链发展合理化指数

生物医药产业链高端延伸指数如图 7-12 所示。河南的生物医药产业因疫情原因呈现下降趋势，2020 年 4 月份处于最低点 32.2，之后呈现上升趋势，至 12 月到达最高点 52.3，然后呈下降趋势，2021 年以来波动较为平缓。建议河南加快推进郑州大学药物安全性评价研究平台和中药标准化技术国家工程实验室（河南）分室等重点平台建设。

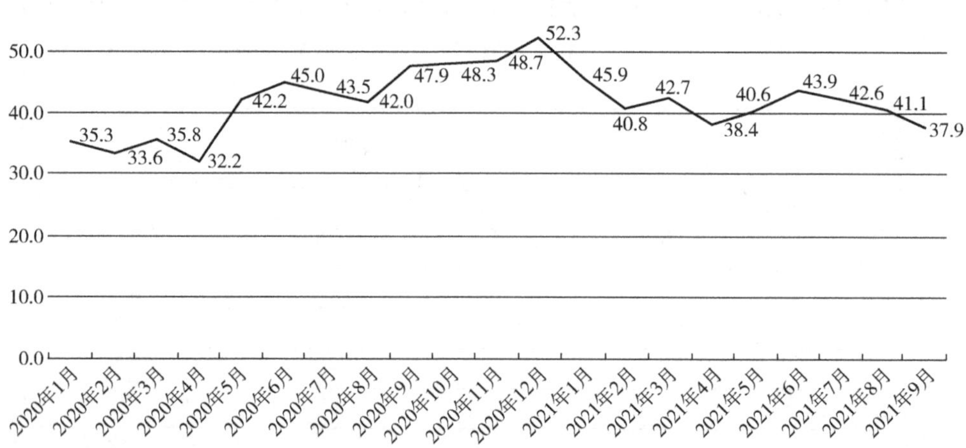

图 7-12　生物医药产业链高端延伸指数

7.3　节能环保产业链

河南省以建设黄河流域生态保护示范区为引领，以绿色循环发展工程为抓手，提升产业链上游装备产品发展水平，扩大中游工程项目规模，做强下游服务产业，构建产业间耦合、上下游衔接、技术先进的节能环保产业链。以下从全产业链景气指数、产业链结构协调指数和产业链优化发展指数三个方面对节能环保产业链进行分析。

（1）节能环保全产业链景气指数

节能环保全产业链景气指数如图 7-13 所示。2020 年 3 月份处于最低点 92.1，从 2020 年 3 月开始呈快速增长态势，至 7 月份到达最高 147.1，随后呈平稳下降态势，2021 年以来，节能环保产业呈现稳步复苏态势。建议河南发挥市场的决定性作用，加强规范引导，拓展市场空间，建立统一开放、竞争充分、规范有序的市场体系，营造有利于产业提质增效的市场环境。

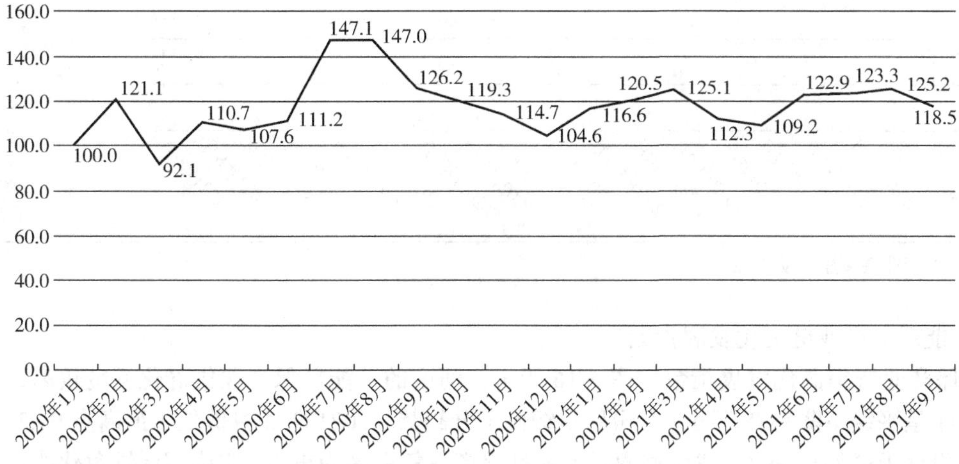

图 7-13　节能环保全产业链景气指数

（2）节能环保产业链结构协调指数

节能环保产业链龙头指数如图 7-14 所示。2020 年 1 月份处于最高点 34.2，龙头企业所用电量占比在 2020 年 3 月时处于低谷 26.7，之后呈平稳上升趋势。建议河南节能环保龙头骨干企业推进节能环保领域产业技术创新战略建设，推动节能环保技术研发、转化、应用。

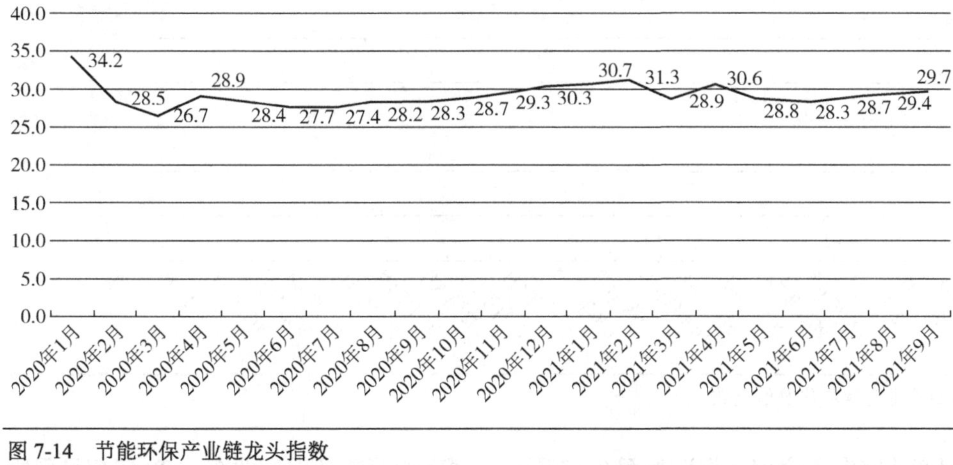

图 7-14　节能环保产业链龙头指数

节能环保产业链头雁带动指数如图 7-15 所示。2020 年 7 月份处于最高点 106.9，2020 年 1 月份处于最低点 100.0，大部分时间头雁带动指数基本都在 100 左右波动，说明头雁带动效应并不明显。建议河南发挥头雁企业技术和管理优势，提高头雁企业的整体功能和效率。

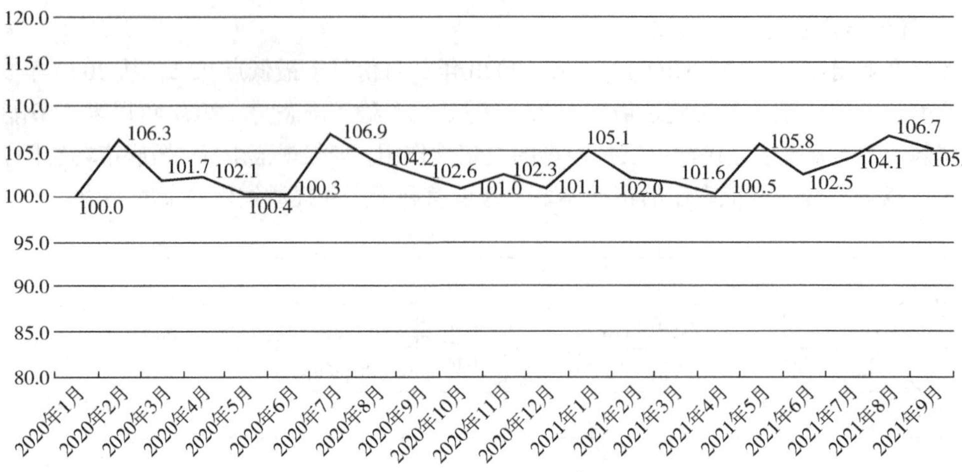

图 7-15 节能环保产业链头雁带动指数

（3）节能环保产业链优化发展指数

节能环保产业链集群化发展指数如图 7-16 所示。河南的节能环保产业集群化程度较高，2020 年上半年呈平缓下降趋势，至 7 月份后呈缓慢上升趋势，2021 年 4 月份处于最高点 91.2，2020 年 7 月份处于最低点 69.5。建议河南以节能环保产业集聚区为重点，实施园区绿色化改造工程，重点建设园区产业补链、延链和补环。

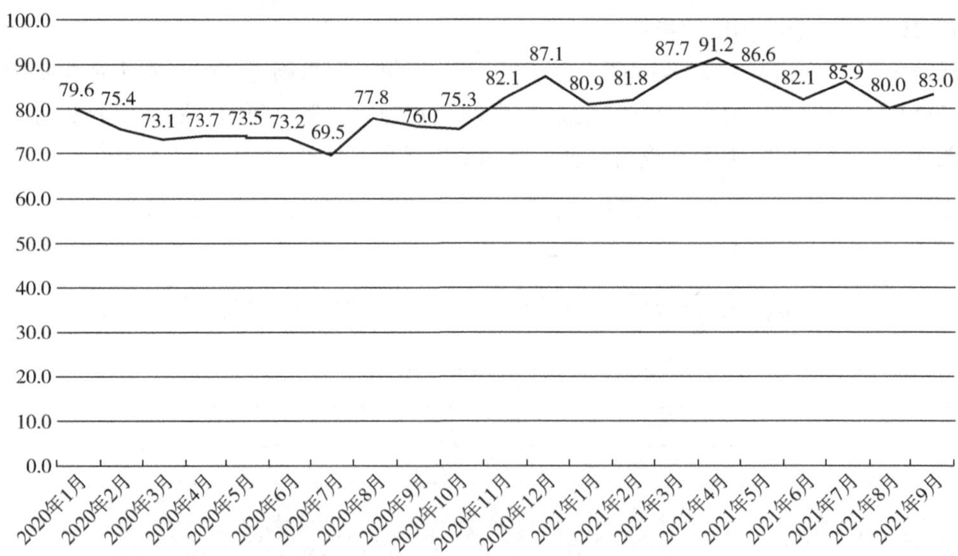

图 7-16 节能环保产业链集群化发展指数

节能环保产业链发展合理化指数如图 7-17 所示。河南的节能环保产业在 2020 年初呈现剧烈波动的趋势，2020 年 4 月后呈现平稳下降趋势，2020 年 2 月份处于最高点 114.0，2021 年 8 月份处于最低点 89.1。建议河南实施节能环保产业合理改造工程，重点建设分布式多能互补供应、能源梯级利用、企业综合能效提升改造等项目，建成综合能源改造示范园区。

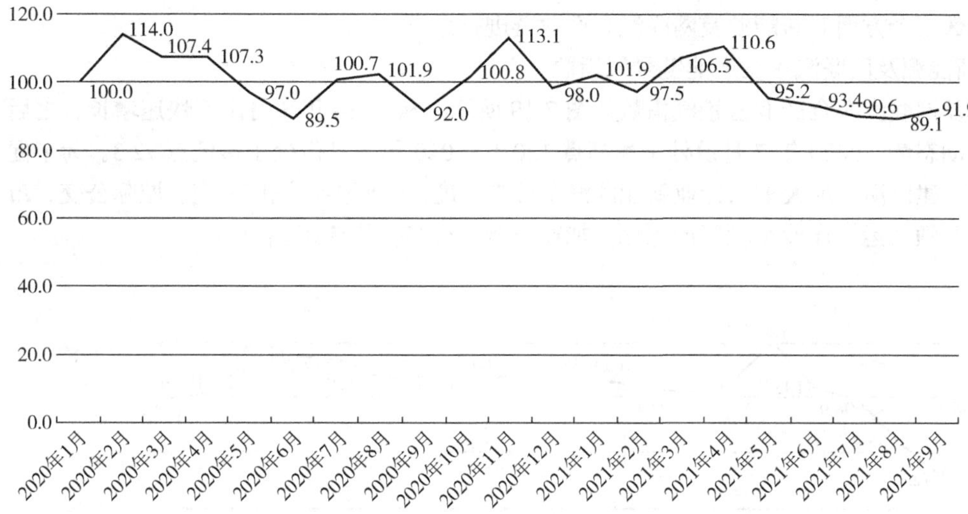

图 7-17 节能环保产业链发展合理化指数

河南节能环保产业链高端延伸指数如图 7-18 所示。指数基本低于 90，2020 年 12 月份处于最高点 83.5，2020 年 7 月份处于最低点 64.2，说明节能环保产业向高端延伸动力不足。建议河南推动省内企业和引进行业向高端节能服务业拓展，开展余热余压利用、电机系统节能、建筑综合节能、供热系统节能、能源站建设运营、储能技术、绿色照明改造等业务，构建全链条节能服务体系。

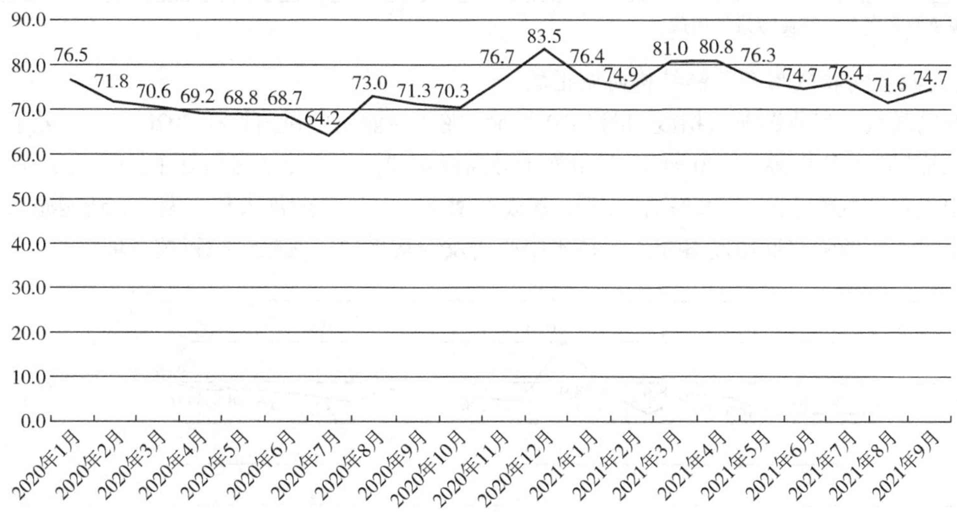

图 7-18 节能环保产业链高端延伸指数

7.4 新能源及网联汽车产业链

河南省把发展新能源及网联汽车作为汽车产业提档升级的优先方向，做大新能源汽车整车规模，完善“三电”系统及汽车电子配套，突破发展智能网联技术产品，强化技术创新、示范应用、政策支持、生态构建，推动新能源及网联汽车产业配套能力和质量规模提升，建设全国重要的新能源及网联汽车产业基地。以下从全产业链景气指数、产业链结构协调指数和产业链优化发展指数三个方面对新能源及网联汽车产业链进行分析。

（1）新能源及网联汽车全产业链景气指数

新能源及网联汽车全产业链景气指数如图 7-19 所示。从 2020 年 3 月出现快速增长，之后呈现平稳波动态势，2020 年 7 月份处于最高点 120.4，2020 年 3 月份处于最低点 72.3。为了促进产业发展，建议河南加大重点行业新能源汽车推广力度，全面推进城市公交、城际公交、市政环卫等公共领域运输作业车辆新能源化，加速新能源汽车替代传统燃油车。

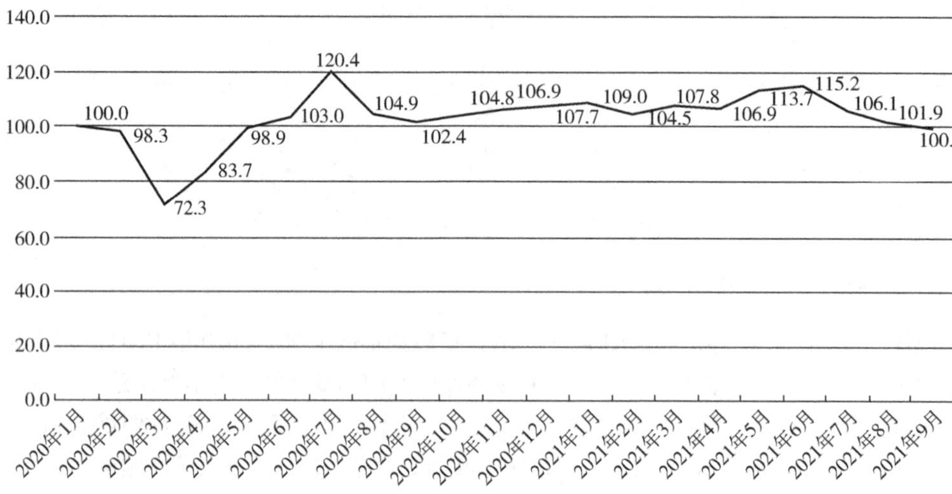

图 7-19　新能源及网联汽车全产业链景气指数

（2）新能源及网联汽车产业链结构协调指数

新能源及网联汽车产业链龙头指数如图 7-20 所示。龙头企业用电量占比在 2020 年 3 月处于低谷，之后呈现平稳上升趋势，2020 年 12 月份处于最高点 45.0，2020 年 3 月份处于最低点 32.7，龙头企业的用电规模在整个产业中的占比较低。建议河南支持龙头企业加大整车设计、新能源动力总成等研发投入，做强宇通电动客车工程技术中心研发创新平台，实施一批科技专项。

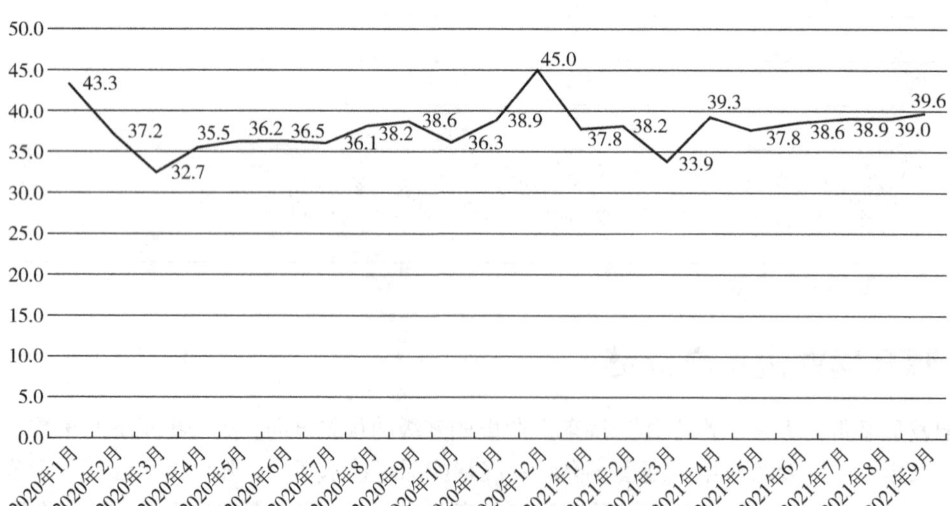

图 7-20　新能源及网联汽车产业链龙头指数

新能源及网联汽车产业链头雁带动指数如图 7-21 所示。2021 年 4 月份处于最高点 113.2，2020 年 4 月份处于最低点 56.7，其余大部分时间头雁带动指数都在 100 左右波动。建议河南推动新能源及网联汽车产业头雁企业整合资源，构建智能研发创新及运营推广体系，开展自动驾驶通勤出行、智能物流配送、智能环卫等多场景下的示范应用。

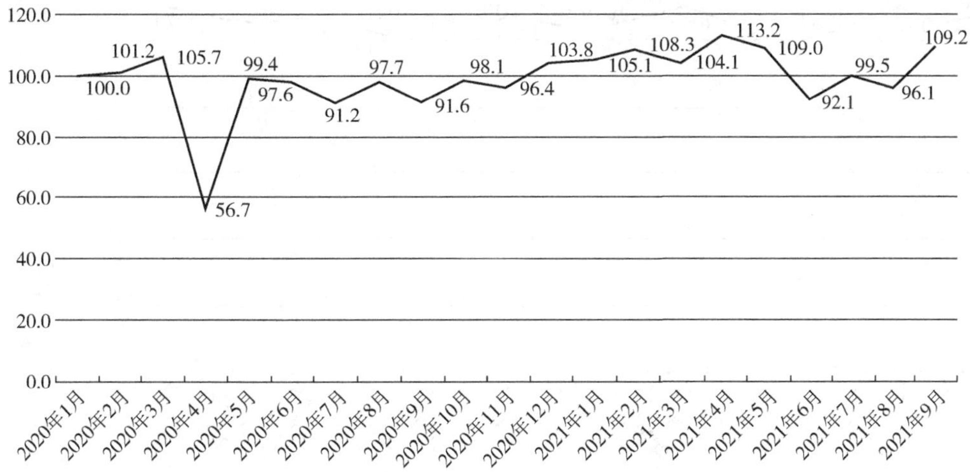

图 7-21 新能源及网联汽车产业链头雁带动指数

（3）新能源及网联汽车产业链优化发展指数

新能源及网联汽车产业链集群化发展指数如图 7-22 所示。河南的新能源及网联汽车产业集群化程度较低，2020 年 3 月下降至最低点 46.0，之后呈平稳上升趋势，2020 年 12 月份处于最高点 52.9，2021 年呈波动趋势。建议河南依托郑州经济技术等产业集聚区，推动整车企业优化新能源整车开发流程，突破新能源动力总成等关键技术发展。

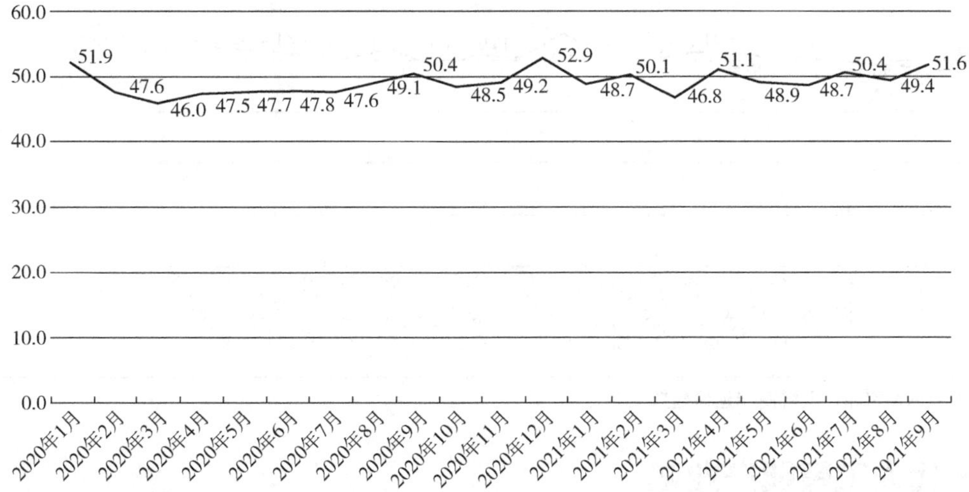

图 7-22 新能源及网联汽车产业链集群化发展指数

新能源及网联汽车产业链发展合理化指数如图 7-23 所示。河南的新能源及网联汽车产业呈现平稳波动的趋势，2021 年 9 月份处于最高点 109.8，2020 年 7 月份处于最低点 100.5。建议河南加强新能源及网联汽车产业朝合理化方向发展，集成应用智能交互、自动巡航、换道避障、车路协同等功能。

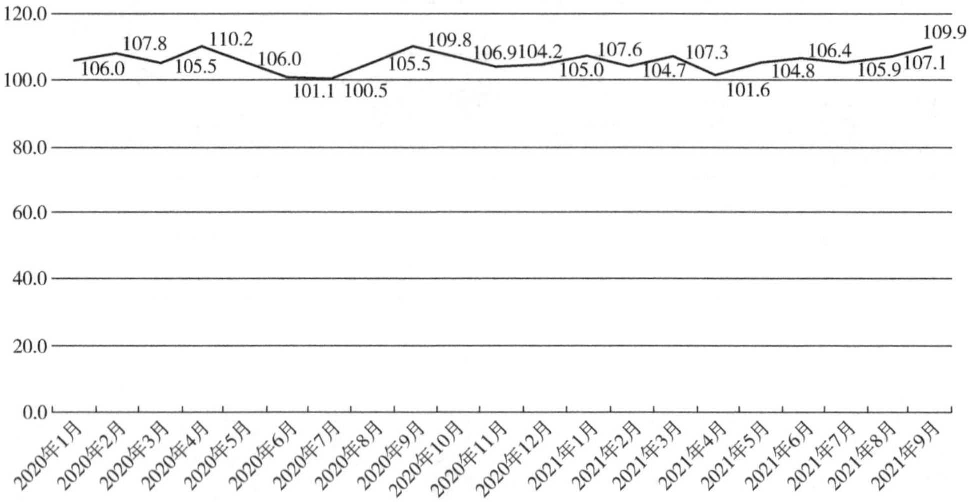

图 7-23　新能源及网联汽车产业链发展合理化指数

新能源及网联汽车产业链高端延伸指数如图 7-24 所示。河南的新能源及网联汽车产业 2020 年 3 月下降至最低点 38.1，之后呈现平稳上升趋势，12 月达到最高点 45.5，之后呈现先下降后上升的趋势。建议河南加快车载视觉系统、激光雷达、多域控制器、惯性导航等高端领域开发，在环境感知、智能决策、智能通信、智能网联安全等关键领域实现突破。

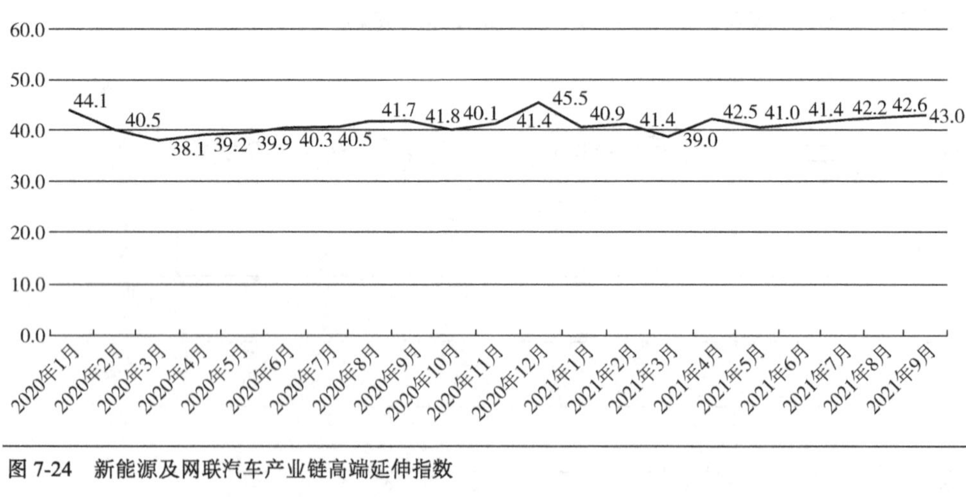

图 7-24　新能源及网联汽车产业链高端延伸指数

7.5　新一代人工智能产业链

河南以国家大数据综合试验区建设为引领，提升产业链上游智能软硬件发展水平，突破中游核心应用技术，做强下游优势智能产品，拓展智能示范应用，构建基础坚实、技术领先、创新活跃、开放协作的人工智能创新生态体系。以下从全产业链景气指数、产业链结构协调指数和产业链优化发展指数三个方面对新一代人工智能产业链进行分析。

（1）新一代人工智能全产业链景气指数

新一代人工智能全产业链景气指数如图 7-25 所示。从 2020 年初开始呈快速增长态势，2020 年 3 月份处于最低点 88.9，之后呈上升趋势，至 2020 年 12 月份到达最高 160.4，随后呈先下降后上升的态势。为了促进产业发展，建议河南支持人工智能重点企业与河南高校、科研院所合作，建设一批人工智能新型研发机构。

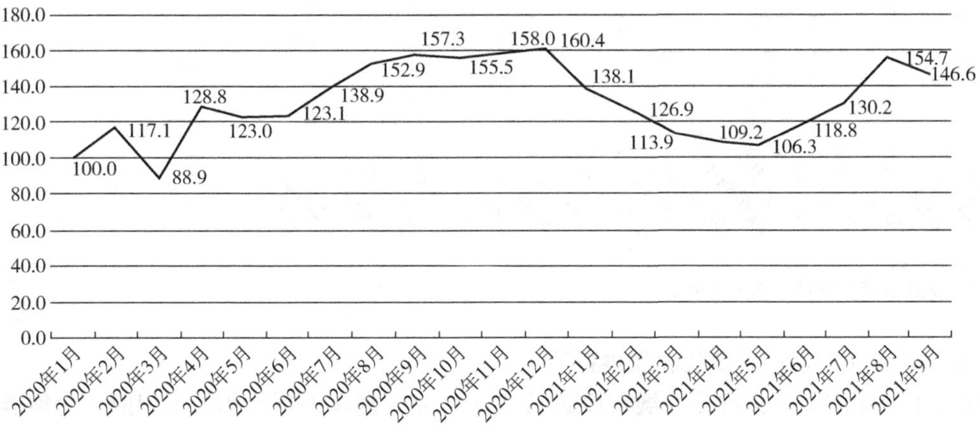

图 7-25　新一代人工智能全产业链景气指数

（2）新一代人工智能产业链结构协调指数

新一代人工智能产业链龙头指数如图 7-26 所示。龙头企业的用电规模在整个产业中的占比较低，2020 年 1 月份处于最高点 42.0，龙头企业用电量占比在 2020 年 3 月时处于低谷 29.1，之后呈现平稳上升趋势。建议河南加强对人工智能龙头企业关键共性技术攻关、成果转移转化、研发平台建设、创新应用示范等支持。

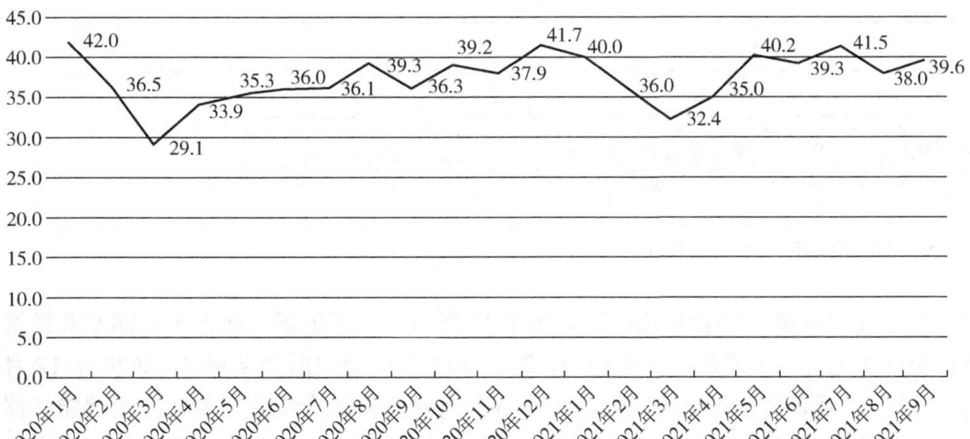

图 7-26　新一代人工智能产业链龙头指数

新一代人工智能产业链头雁带动指数如图 7-27 所示。头雁带动效应较为明显，并呈现先上升后下降，再回升的态势，2020 年 3 月份处于最低点 87.4，2020 年 12 月份处于最高点 154.4。建议河南推动头雁企业的带动作用，实现专业化服务、创新型孵化、多资源聚合、产学研转化。

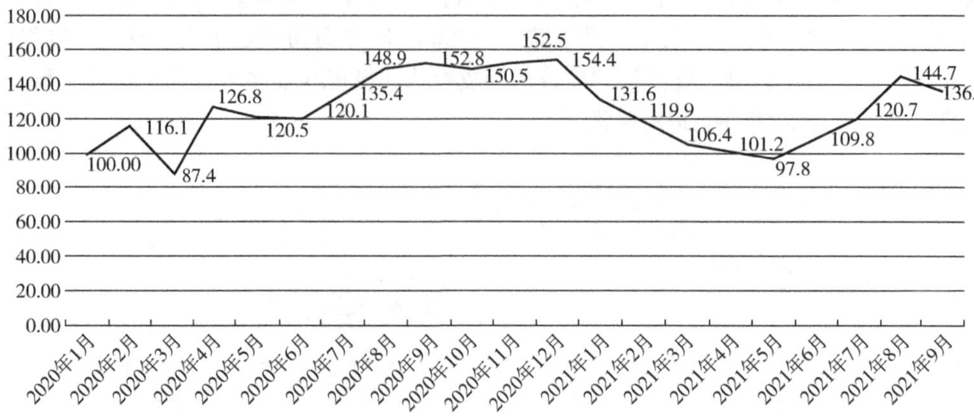

图 7-27 新一代人工智能产业链头雁带动指数

（3）新一代人工智能产业链优化发展指数

新一代人工智能产业链集群化发展指数如图 7-28 所示。河南的新一代人工智能产业集群化程度较高，并呈平稳波动趋势，2020 年 1 月份处于最低点 95.6，2020 年 5 月份和 11 月份处于最高点 98.3。建议河南推动郑州高新技术、新乡市新东、林州市产业集聚区发展，提升集成光电子器件研发、传感器制造等技术研发。

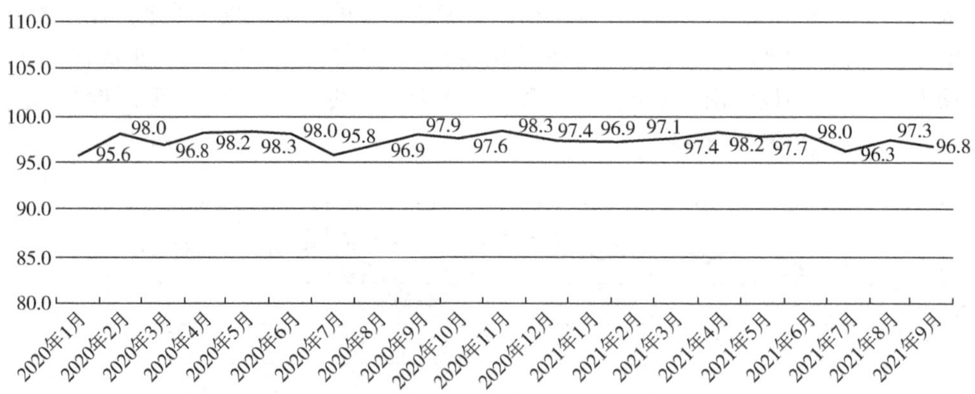

图 7-28 新一代人工智能产业链集群化发展指数

新一代人工智能产业链发展合理化指数如图 7-29 所示。河南的新一代人工智能产业链发展合理化指数呈现先上升后下降再回升的趋势，2020 年 3 月份处于最低点 90.4，2020 年 12 月份处于最高点 166.4。建议河南推进人工智能产业朝合理化方向融合集成，推广应用智能机器人、智能控制、智能仓储等智能制造关键技术和装备。

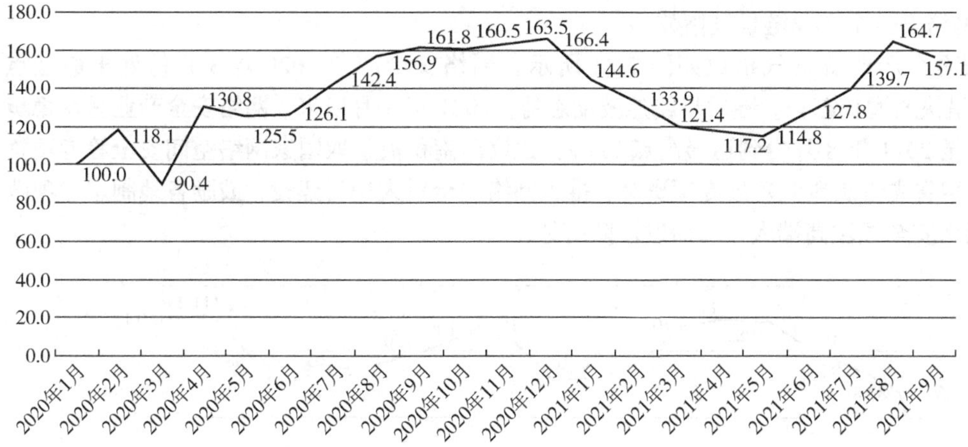

图 7-29　新一代人工智能产业链发展合理化指数

新一代人工智能产业链高端延伸指数如图 7-30 所示。河南的新一代人工智能产业链高端延伸指数整体呈现平稳波动趋势，2020 年 12 月份处于最高点 99.7，2021 年 2 月份处于最低点 97.1。建议河南突破面向云端服务和行业终端应用的人工智能芯片设计、制造、封装、测试高端技术领域，发展边缘计算芯片、车规级智能安全芯片、智能滤波芯片等高端产业。

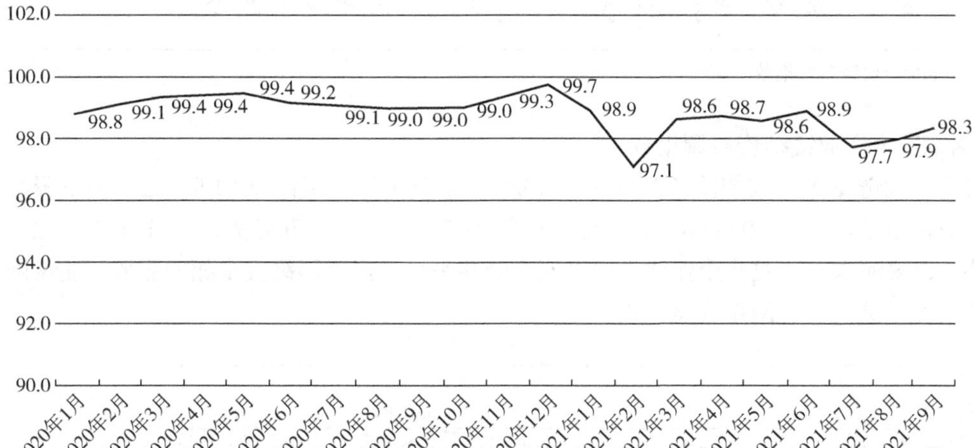

图 7-30　新一代人工智能产业链高端延伸指数

7.6　网络安全产业链

河南发挥国家大数据综合试验区战略平台作用，坚持龙头带动、配套提升、链式延伸，以市场需求为牵引，大力引进、培育优势企业，突破关键核心技术，着力增强安全芯片和软件竞争优势，做大安全终端规模，提高安全服务能力，推动网络安全产业发展与保障水平同步提升，打造全国一流的网络安全技术创新中心和制造基地。以下从全产业链景气指数、产业链结构协调指数和产业链优化发展指数三个方面对网络安全产业链进行分析。

（1）网络安全全产业链景气指数

网络安全全产业链景气指数如图 7-31 所示。网络安全产业 2020 年 3 月份处于最低点 50.2，之后呈快速增长态势，随后呈剧烈波动态势，2021 年 3 月以来，网络安全产业呈现稳步复苏态势，至 2021 年 8 月份到达最高点 111.2。建议河南积极争取国家网络空间安全等专项资金，统筹运用省先进制造业发展专项资金，推进网络安全重大项目建设，鼓励各地制定专项政策，吸引网络安全领域高端人才和研发团队落地。

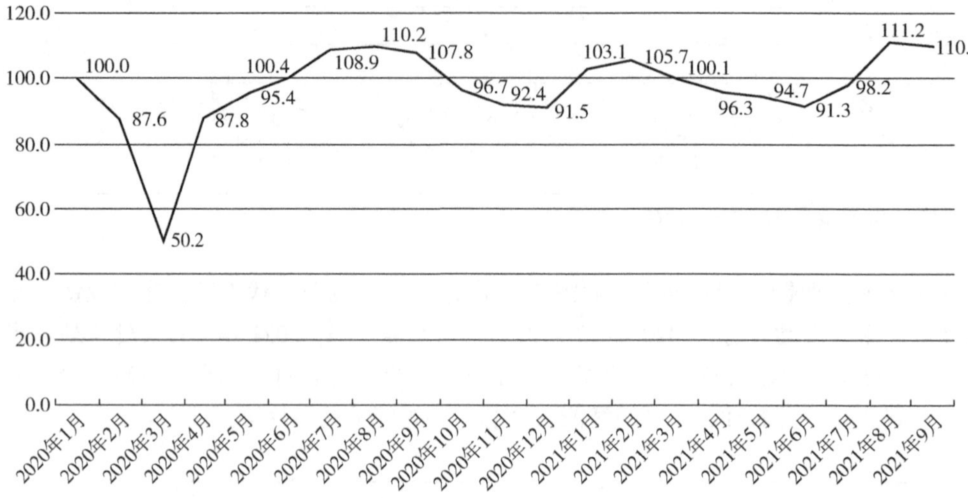

图 7-31　网络安全全产业链景气指数

（2）网络安全产业链结构协调指数

网络安全产业链龙头指数如图 7-32 所示。2020 年 1 月份处于最高点 51.9，之后呈下降趋势，龙头企业用电量占比在 2020 年 7 月时处于低谷 41.7，之后呈上升趋势，2021 年 7 月之后呈下降趋势。建议河南支持龙头企业建设网络安全公共平台，提供网络安全相关服务，建设网络安全教育基地，提高公众网络安全意识。

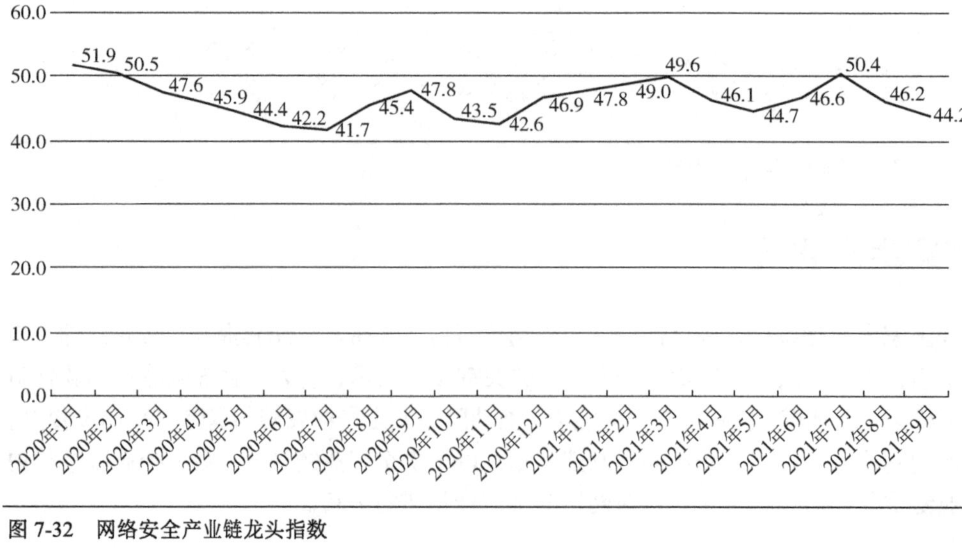

图 7-32　网络安全产业链龙头指数

网络安全产业链头雁带动指数如图 7-33 所示。大部分时间头雁带动指数都在 100 以上，说明头雁带动效应明显，2020 年 1 月份处于最低点 100.0，之后呈上升趋势，2020 年 4 月达到最高的 130.1，之后呈波动趋势。建议河南增强头雁企业带动作用的稳定性，增强政务、金融、工业等领域安全芯片竞争力，促进与整机企业协同发展，支持重点企业建设国密安全芯片设计研发中心，积极引进各类芯片企业，形成系列化、规模化生产格局。

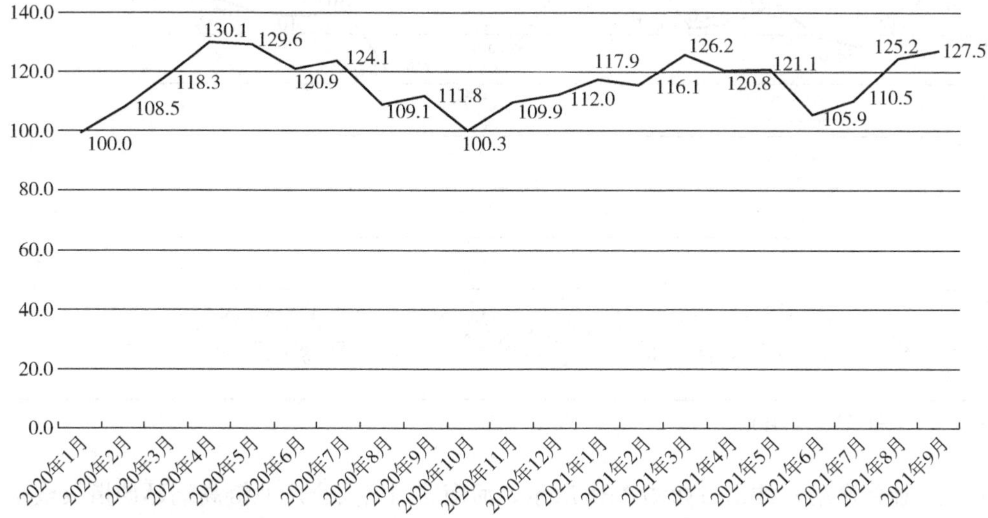

图 7-33 网络安全产业链头雁带动指数

（3）网络安全产业链优化发展指数

网络安全产业链集群化发展指数如图 7-34 所示。河南的网络安全产业集群化程度较高，2020 年 3 月波动至最低值 52.2，之后呈上升趋势，2021 年 8 月份处于最高点 121.7。建议河南推动集聚发展，打造全省网络安全产业核心区，争创国家网络安全产业园。

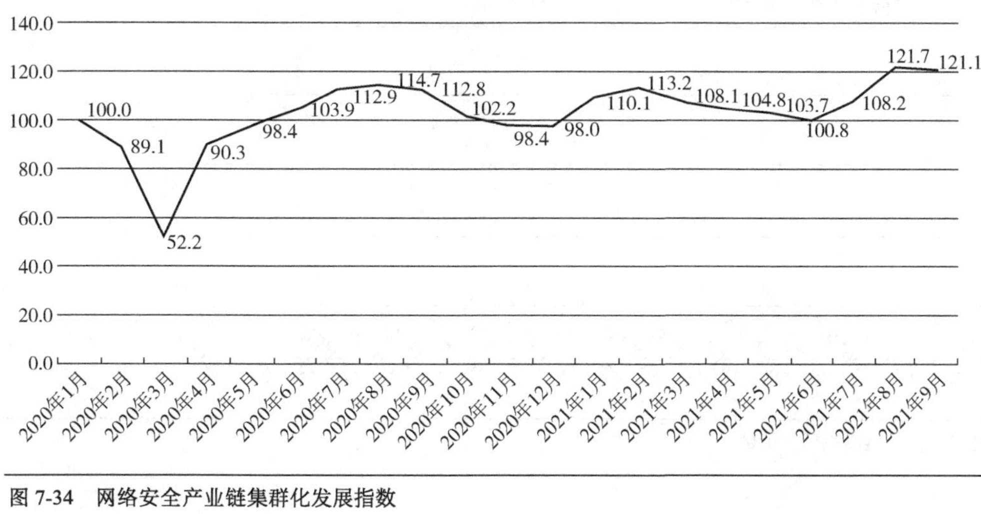

图 7-34 网络安全产业链集群化发展指数

网络安全产业链发展合理化指数如图 7-35 所示。河南的网络安全产业呈现剧烈波动的趋势，2020 年 3 月份处于最高点 131.8，2021 年 2 月出现低谷 75.8，之后迅速反弹。建议河南支持网络安全产业朝合理化方向发展，发挥战略支援部队信息工程大学和重点企业技术优势，积极发展基于商用密码的终端产品。

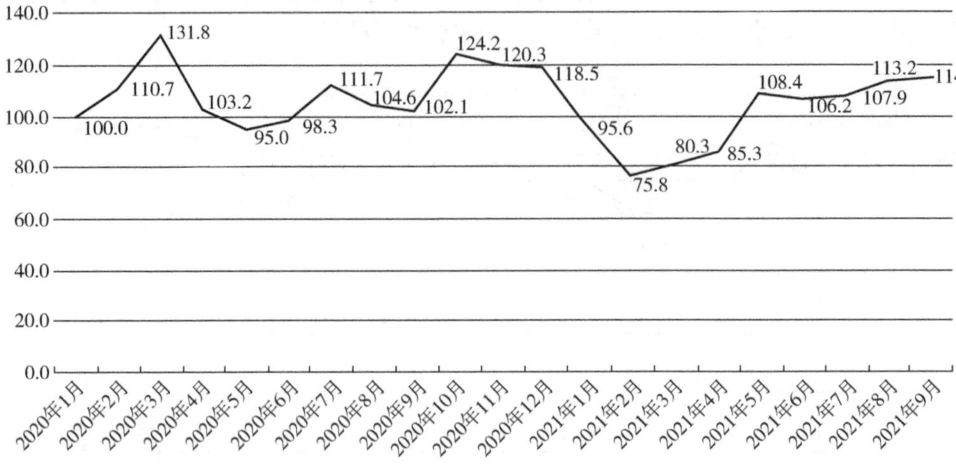

图 7-35　网络安全产业链发展合理化指数

网络安全产业链高端延伸指数如图 7-36 所示。河南的网络安全产业链高端延伸指数整体呈现平稳上升趋势，2020 年 4 月份处于最低点 87.7，指数值在 2021 年 7 月达到峰值 112.4。建议河南在网络安全高端领域布局建设创新平台，发挥研究院所的技术优势，联合骨干企业，引进人才团队，加快关键核心技术产品研发生产。

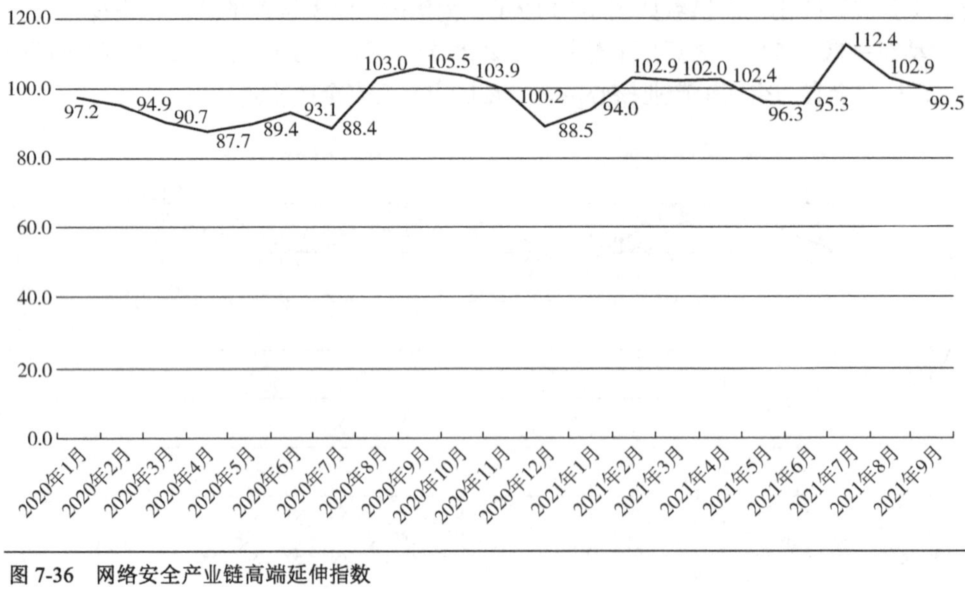

图 7-36　网络安全产业链高端延伸指数

7.7 尼龙新材料产业链

河南以推动制造业高质量发展为主线，巩固河南尼龙产业基础优势，加快核心关键技术攻关，做大做强下游尼龙织造和工程塑料两大产业，协同发展聚氨醋、聚碳酸醋等多种新材料产业，促进尼龙下游相关产业迈向价值链中高端，初步构建产业链条完整、技术优势明显、规模效应突出的现代产业体系，努力打造具有国际影响力的尼龙新材料产业集群。以下从全产业链景气指数、产业链结构协调指数和产业链优化发展指数三个方面对尼龙新材料产业链进行分析。

（1）尼龙新材料全产业链景气指数

尼龙新材料全产业链景气指数如图 7-37 所示。尼龙新材料产业在 2020 年 3 月份处于最低谷 76.2，随后呈平稳上升态势，指数值在 2021 年 9 月达到峰值 156.2。建议河南充分利用现有各级各类资金、基金，深化与各类金融机构的合作，采用多种融资模式，解决投资大、周期长的基础原料项目建设资金问题。

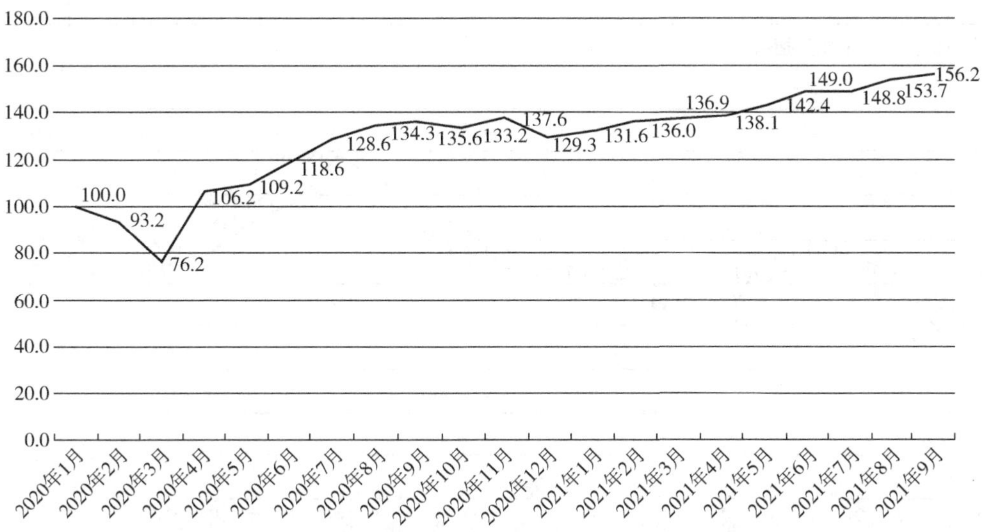

图 7-37　尼龙新材料全产业链景气指数

（2）尼龙新材料产业链结构协调指数

尼龙新材料产业链龙头指数如图 7-38 所示。龙头企业的用电规模在整个产业中的占比较高，龙头企业用电量占比在 2020 年 3 月时处于最高 89.6，之后呈下降趋势，在 2021 年 6 月份处于最低谷 57.0，之后呈反弹态势。建议河南充分发挥中国平煤神马集团在己二酸生产方面的优势，实现本地高效转化，巩固在国内产能及市场占有率的龙头地位，进一步掌握市场话语权。

尼龙新材料产业链头雁带动指数如图 7-39 所示。头雁带动效应较为明显，2020 年 3 月份处于最低谷 76.5，随后头雁带动指数呈现先上升后下降的趋势，指数值在 2021 年 5 月达到峰值 158.9。建议河南围绕劳动强度大、生产环境差、安全风险大、工艺要求高的关键岗位，鼓励以工业机器人、数控机床等智能装备替代人工生产，鼓励有条件的制造业企业向服务型转化，争创服务型制造示范企业。

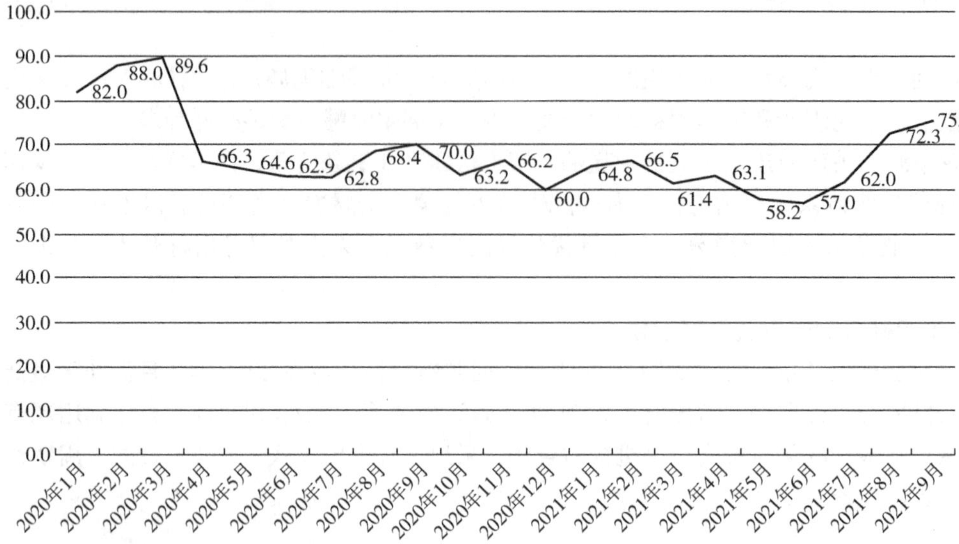

图 7-38　尼龙新材料产业链龙头指数

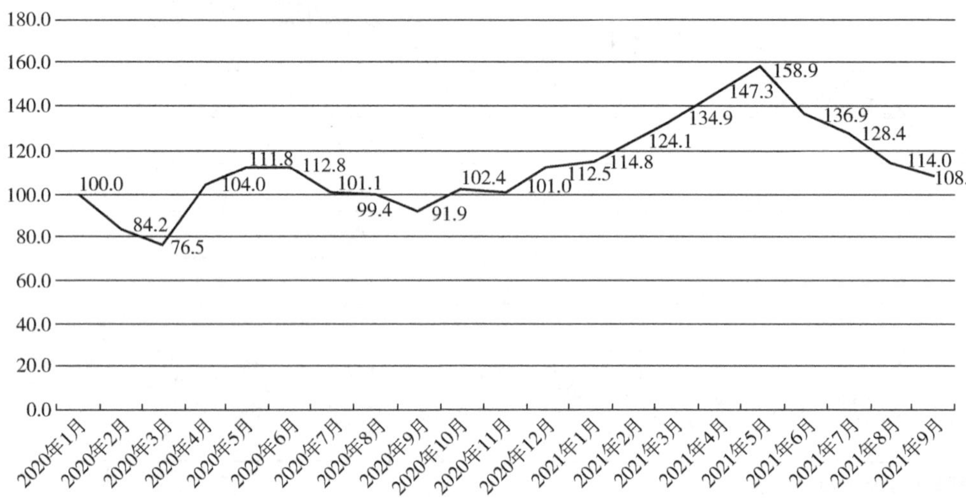

图 7-39　尼龙新材料产业链头雁带动指数

（3）尼龙新材料产业链优化发展指数

尼龙新材料产业链集群化发展指数如图 7-40 所示。河南的尼龙新材料产业集群化程度较高，趋势变动较为平缓，指数在 2020 年 3 月份处于最高值 95.5，之后 2020 年 4 月份快速下降至最低谷 72.0。河南应充分利用煤焦化工和精己二酸领域优势地位，积极引进国内外聚氨醋行业龙头企业，加快发展聚氨醋及下游产品，积极开发高端产品，建成全国新兴的聚氨醋加工生产基地。

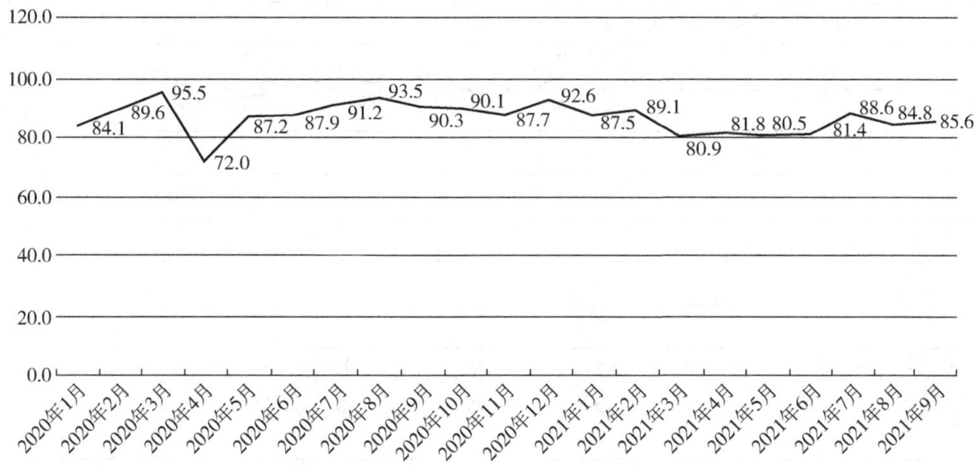

图 7-40　尼龙新材料产业链集群化发展指数

尼龙新材料产业链发展合理化指数如图 7-41 所示。河南的尼龙新材料产业链发展合理化指数，2020 年 3 月份处于最低点 77.7，之后迅速反弹，2020 年 6 月份至最高点 117.7，并整体呈上升趋势。建议河南提高危险工艺的自动化控制水平和企业安全管理水平，实施全球化学品统一分类和标签制度，建立全产业链的危险化学品安全监管综合信息平台，降低安全管控风险，实现化工园区内原料、能源和中间体安全、快捷送达。

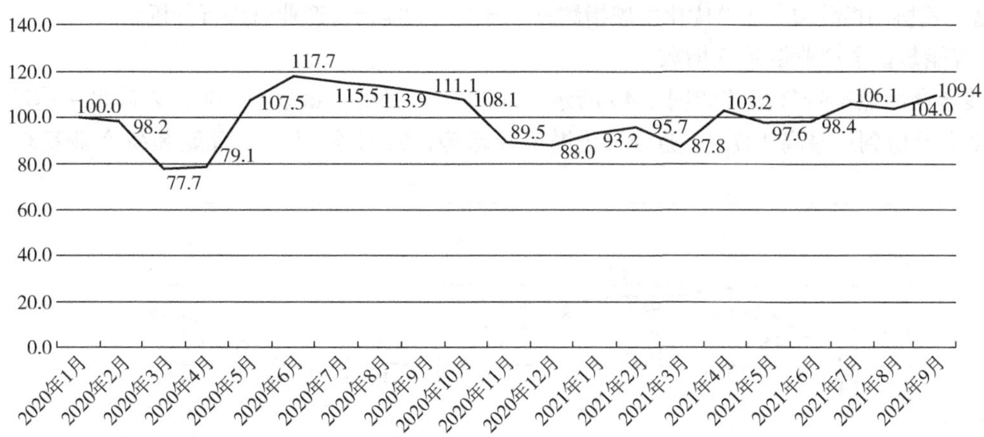

图 7-41　尼龙新材料产业链发展合理化指数

尼龙新材料产业链高端延伸指数如图 7-42 所示。河南的尼龙新材料产业链高端延伸指数因疫情原因呈现下降趋势，指数在 2020 年 4 月份处于最高值 81.9，2021 年 8 月份下降至最低值 57.2。建议河南加强对“三废”的集中治理，规范处理生产环节中产生的废弃物，鼓励规模以上企业开展自愿性清洁生产审核，稳步推进相关设施建设，加快发展新业态，积极推行节能环保服务整体解决方案，不断降低能耗和水耗。

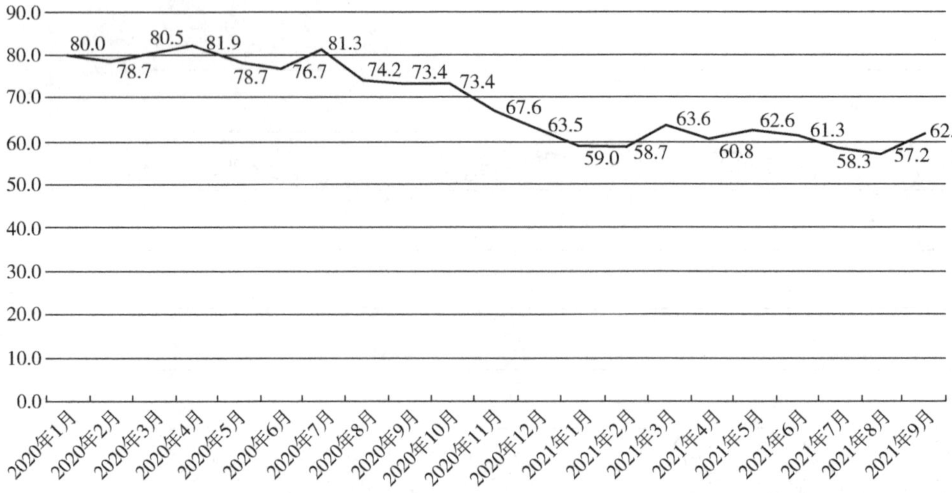

图 7-42　尼龙新材料产业链高端延伸指数

7.8　智能装备产业链

河南聚焦智能关键基础零部件、数控机床、机器人、智能物流仓储装备、新兴智能装备、智能制造成套装备等重点领域，强化基础配套能力，积极发展以集成化、信息化、绿色化、成套化为核心的智能制造装备。强化骨干企业培育、示范应用、创新引领、合作交流、人才培养、财税金融支持，完善智能装备产业发展生态，打造成为国内先进的智能装备产业基地。以下从全产业链景气指数、产业链结构协调指数和产业链优化发展指数三个方面对智能装备产业链进行分析。

（1）智能装备全产业链景气指数

智能装备全产业链景气指数如图 7-43 所示。2020 年 1 月处于最低点 100，之后呈快速增长态势，至 8 月份到达最高 197.9，随后呈缓慢下降态势，2021 年以来，智能装备产业呈现

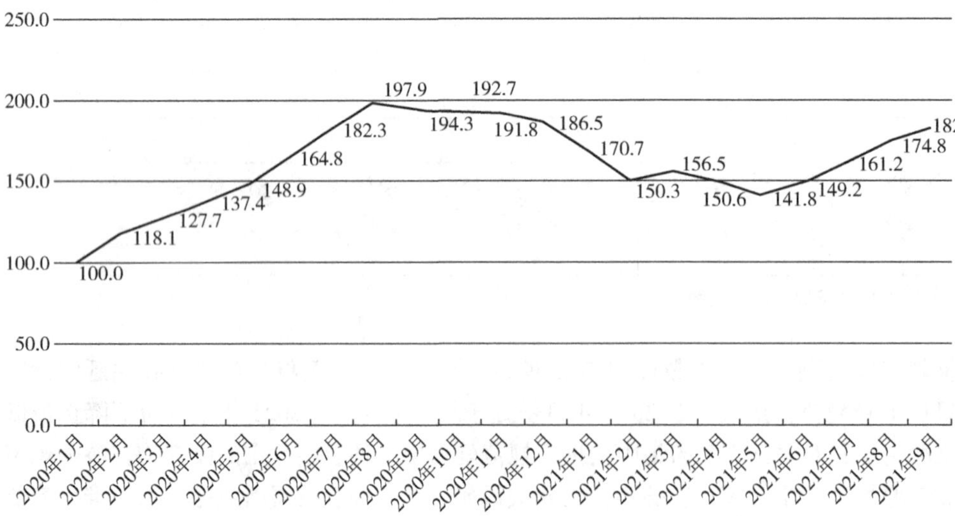

图 7-43　智能装备全产业链景气指数

稳步上升态势。建议河南支持智能装备产业技术创新、智能园区、重大项目建设，鼓励金融机构开展供应链金融服务，加大项目信贷支持力度。

（2）智能装备产业链结构协调指数

智能装备产业链龙头指数如图 7-44 所示。龙头企业的用电规模在整个产业中的占比较低，龙头指数在 2020 年 1 月处于最大值 34.2，在 2020 年 3 月处于最低谷 26.7，之后波动态势较为平缓。建议河南深化与科研机构、龙头企业合作，依托产业集聚区，积极培育新兴智能传感器、3D 打印设备、激光加工装备产业。

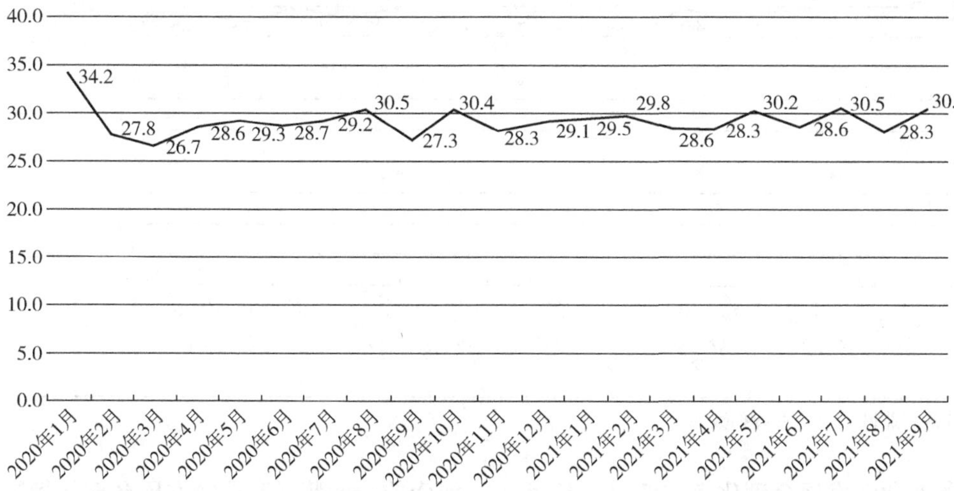

图 7-44　智能装备产业链龙头指数

智能装备产业链头雁带动指数如图 7-45 所示。头雁带动效应较为明显，在 2020 年 1 月处于最低谷 100，之后呈现上升、下降、复苏的态势，在 2020 年 8 月处于最大值 190.9。建议河南定期举办智能装备重点领域产销对接活动，支持有条件的智能装备优势企业“走出去”，以“一带一路”沿线国家和地区为重点，大力拓展海外市场。

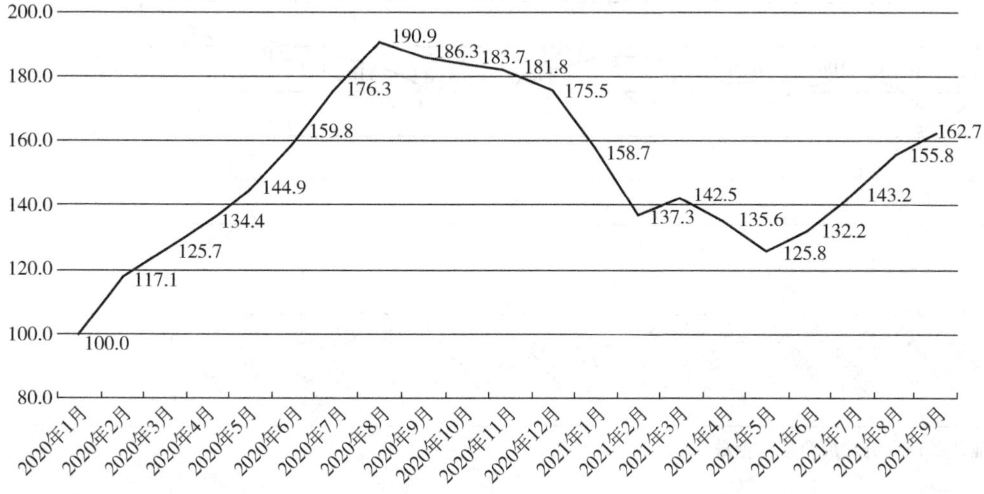

图 7-45　智能装备产业链头雁带动指数

（3）智能装备产业链优化发展指数

智能装备产业链集群化发展指数如图 7-46 所示。河南的智能装备产业集群化程度较高，且呈平稳波动趋势，在 2020 年 1 月份处于最低谷 97.6，在 2020 年 3 月份和 12 月份处于最大值 99.4。建议河南加快建设创新引领型平台，在智能装备领域争创一批国家重点实验室、技术创新中心、工业设计中心、质量检测中心等创新平台，支持洛阳高新区建设智能装备产业共性关键技术创新与转化平台，全面提升创新能力。

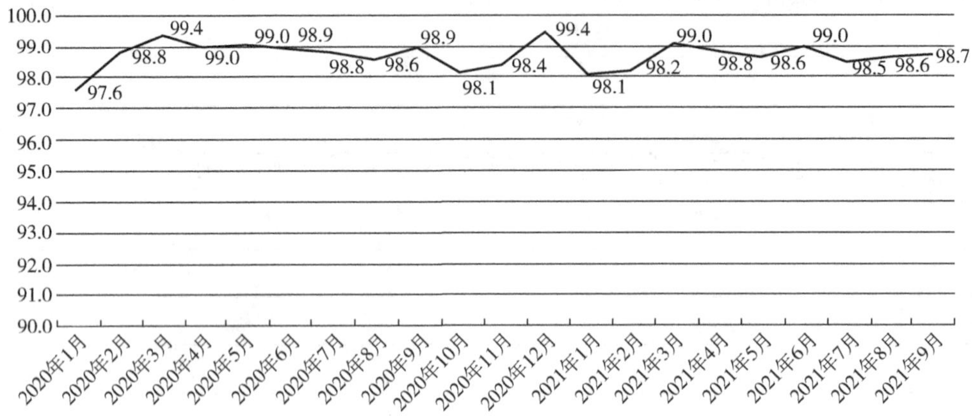

图 7-46　智能装备产业链集群化发展指数

智能装备产业链发展合理化指数如图 7-47 所示。河南的智能装备产业链发展合理化指数呈平稳上升趋势，在 2020 年 3 月份处于最低谷 85.0，在 2021 年 9 月份处于最大值 134.7。建议河南针对产业应用及市场急需，以机器人系统集成为核心构建河南工业机器人和特种机器人产业体系，优化机器人应用场景，深化人工智能和物联网技术融合应用，提升服务机器人产品品质。

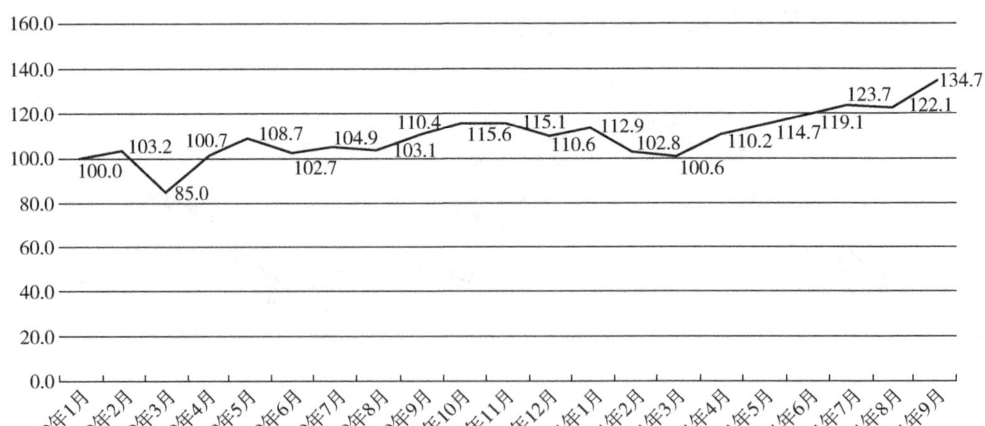

图 7-47　智能装备产业链发展合理化指数

智能装备产业链高端延伸指数如图 7-48 所示。河南的智能装备产业链高端延伸指数呈现平稳波动趋势，在 2020 年 10 月份处于最低谷 94.7，在 2020 年 1 月份处于最大值 98.1。建议河南探索制定个性化引智政策，加快引进一批国内外高层次人才团队，推动省内有条件的职业院校和企业共建实训基地，加快智能装备技能型人才培养。

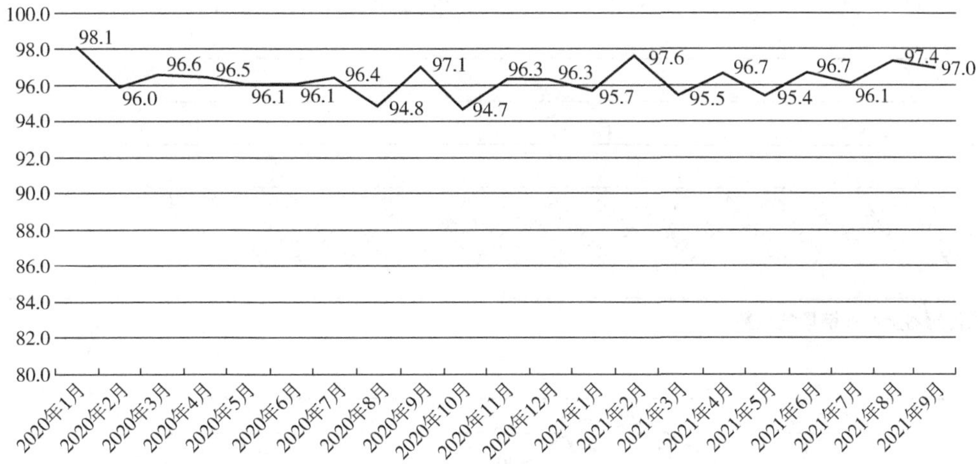

图 7-48　智能装备产业链高端延伸指数

7.9　智能传感器产业链

河南发挥环境监测、智能制造、智慧农业等重点应用优势，以中国（郑州）智能传感谷建设为引领，搭建核心共性技术协同创新平台，补齐以特色半导体工艺为代表的技术短板，推动形成智能传感器材料、设备、设计、制造、封装、测试、系统集成和重点应用“一条龙”产业链，努力构建具备“政、产、学、研、用、服”六位一体的协同化、专业化和精准化生态体系。以下从全产业链景气指数、产业链结构协调指数和产业链优化发展指数三个方面对智能传感器产业链进行分析。

（1）智能传感器全产业链景气指数

智能传感器全产业链景气指数如图 7-49 所示。从 2020 年 3 月最低值 46.5 开始呈快速增长态势，至 9 月份到达最高 143.2，随后呈快速下降态势，2021 年以来，智能传感器产业呈现稳步复苏态势，9 月份下降。建议河南加快“一谷两基地”——智能传感谷，洛阳、新乡智能传感器产业基地建设，加强产业链招商，有一定产业基础的省辖市统筹用好政府投资基金，加快培育和引进创新型龙头企业、“隐形冠军”企业。

（2）智能传感器产业链结构协调指数

智能传感器产业链龙头指数如图 7-50 所示。龙头指数在 2020 年 5 月时处于最低谷 33.5，之后呈现先上升后下降再回升的态势，在 2020 年 10 月份处于最大值 46.5。建议河南发挥省战略性新兴产业投资基金、省先进制造业集群培育基金等基金作用，推动产业发展，鼓励、支持重点园区加大引入智能传感器设计制造龙头企业、重大项目力度，鼓励有条件的骨干企业兼并重组省外、境外相关企业。

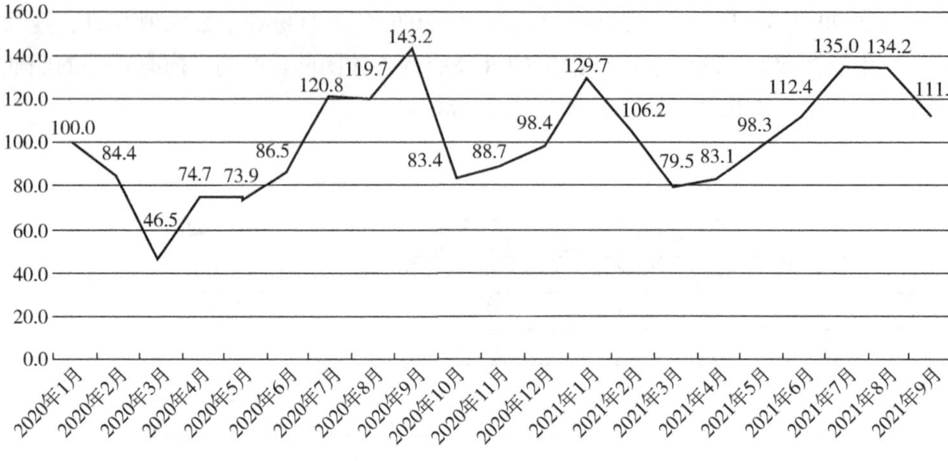

图 7-49　智能传感器全产业链景气指数

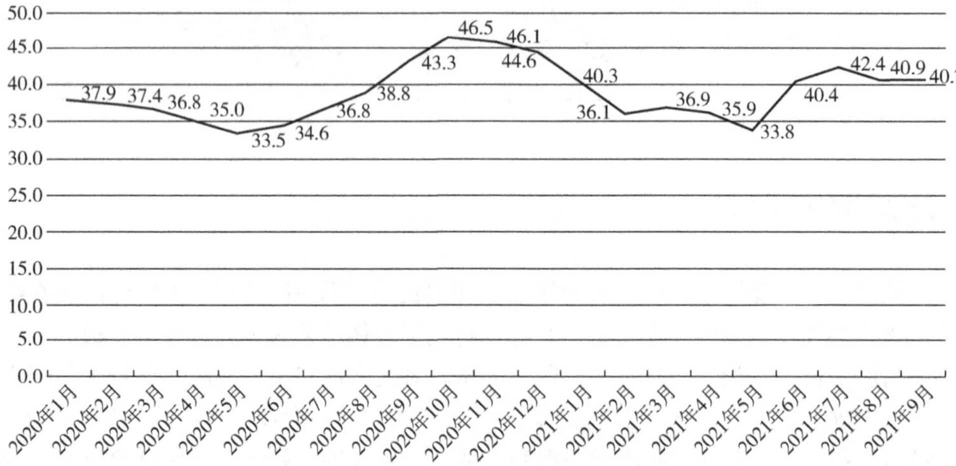

图 7-50　智能传感器产业链龙头指数

智能传感器产业链头雁带动指数如图 7-51 所示。头雁带动效应并不明显，并呈现平稳下降、回升的波动态势，在 2021 年 6 月时处于最低谷 74.3，在 2021 年 9 月份处于最大值 115.0。建议河南依托郑州高新区、金水科教园着力攻关重点产品领域智能传感器配套软件算法，推动研发智能传感器。围绕多传感器数据融合、神经网络、边缘计算等关键领域，发展嵌入式系统、中间件、数据库软件、应用软件及平台服务。

（3）智能传感器产业链优化发展指数

智能传感器产业链集群化发展指数如图 7-52 所示。河南的智能传感器产业集群化程度较低，并呈现先上升后下降的态势，在 2020 年 9 月份处于最大值 58.3，在 2021 年 5 月时处于最低谷 34.2。建议河南加快智能传感器产业共性关键技术创新与转化平台建设，优先安排创新平台用地，研究建立风险分担机制，加快培育建设省智能传感器创新中心，形成一批关键技术成果。

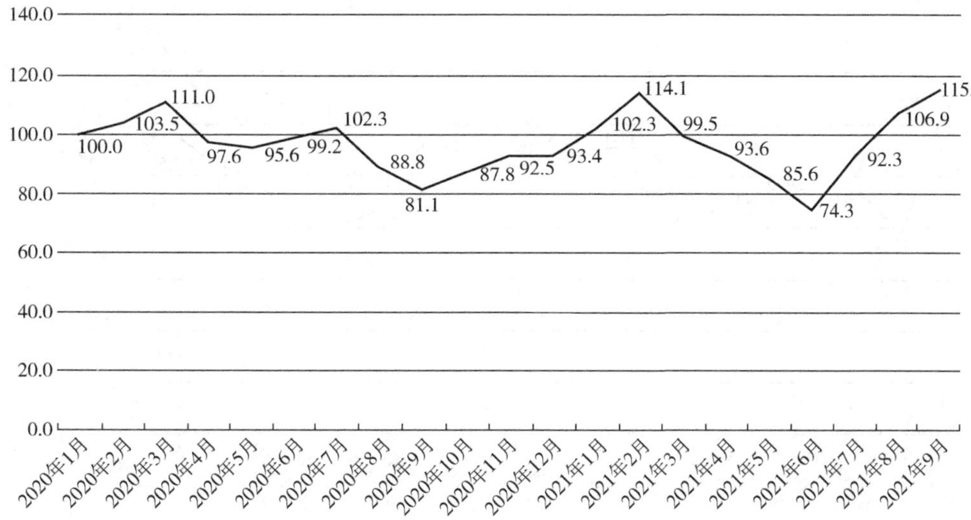

图 7-51 智能传感器产业链头雁带动指数

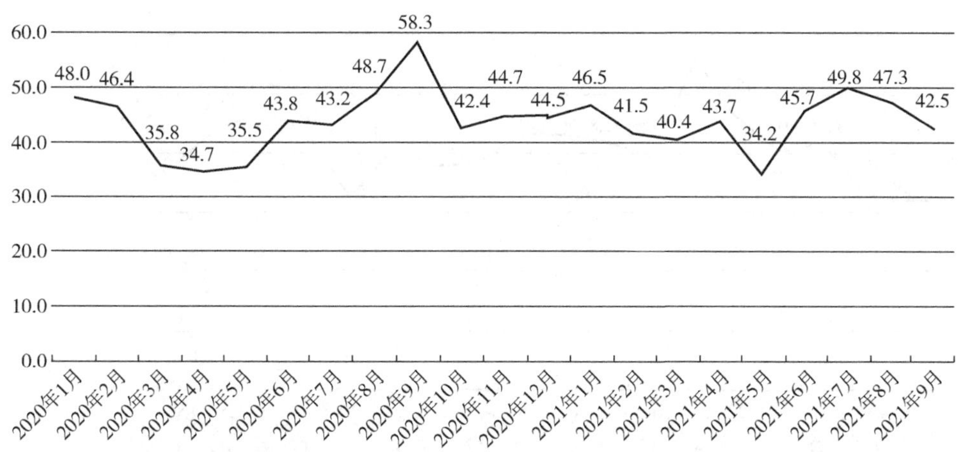

图 7-52 智能传感器产业链集群化发展指数

智能传感器产业链发展合理化指数如图 7-53 所示。河南的智能传感器产业链发展合理化指数波动趋势较为显著，在 2020 年 3 月份处于最大值 128.1，在 2020 年 4 月时处于最低谷 77.4。建议河南推动企业为客户决策分析提供数据服务和一站式行业解决方案，发展智能传感器数据融合、数据预处理等专用集成电路，平面集成、三维集成智能传感器产品研发及产业化。

智能传感器产业链高端延伸指数如图 7-54 所示。河南的智能传感器产业链高端延伸指数在 2020 年 4 月时处于最低谷 31.9，之后呈现上升趋势，2020 年 9 月到达最高点 55.9，之后呈现下降趋势。建议河南加强智能制造、智慧农机、智慧农业等重点应用示范，培育、引进环境传感、工业传感、农业农机传感等传感器技术与产品，以优势应用倒逼智能传感器产业发展。

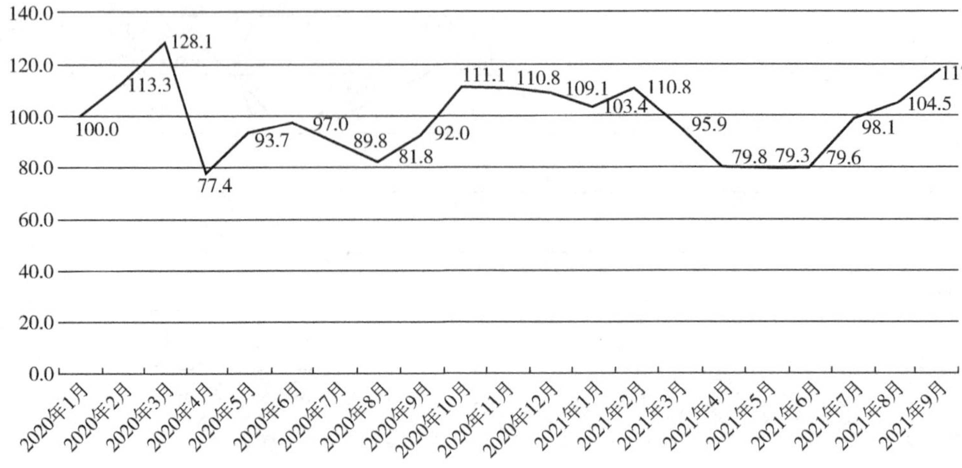

图 7-53 智能传感器产业链发展合理化指数

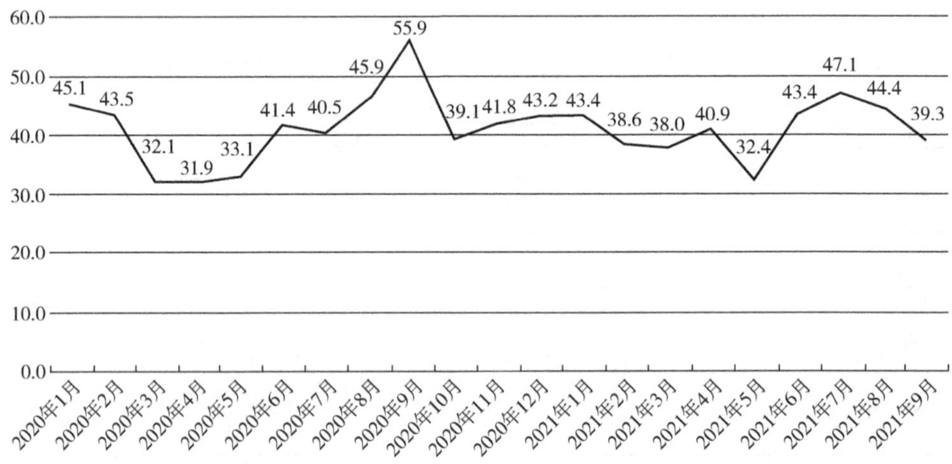

图 7-54 智能传感器产业链高端延伸指数

7.10 第五代移动通信产业链

河南以建设 5G 网络为基础、以深化应用为突破口、以发展产业为主攻方向，加快构建具有河南特色的产业与应用融合生态体系，充分发挥 5G 行业赋能作用，为推动河南经济实现跨越式发展注入新动能。以下从全产业链景气指数、产业链结构协调指数和产业链优化发展指数三个方面对第五代移动通信产业链进行分析。

（1）第五代移动通信全产业链景气指数

第五代移动通信全产业链景气指数如图 7-55 所示。从 2020 年 3 月最低点 81.5 开始呈快速增长态势，至 8 月份到达最高 208.5，随后呈快速下降态势，2021 年以来，第五代移动通信产业呈现稳步增长态势。建议河南继续推进 5G 产业深层次技术交流和联合攻关，营造发展良好环境，完善产业链。

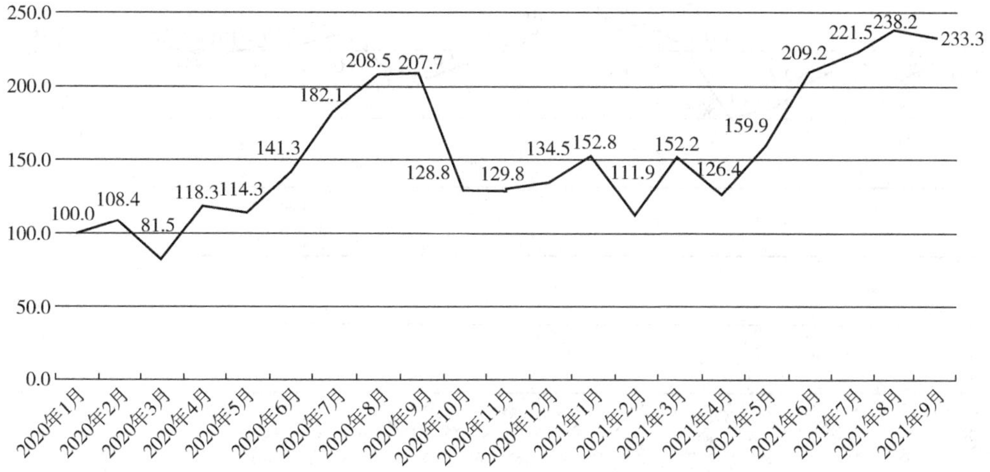

图 7-55　第五代移动通信全产业链景气指数

（2）第五代移动通信产业链结构协调指数

第五代移动通信产业链龙头指数如图 7-56 所示。龙头企业的用电规模在整个产业中的占比较高，指数先上升后下降，而后趋于平稳，在 2020 年 1 月份处于最小值 51.6，在 2021 年 4 月时处于最大值 76.0。建议河南为龙头企业吸引更多资源，基于龙头企业打造 5G 技术研发平台、成果转化平台和融合应用技术创新平台，通过龙头企业带动其他企业发展。

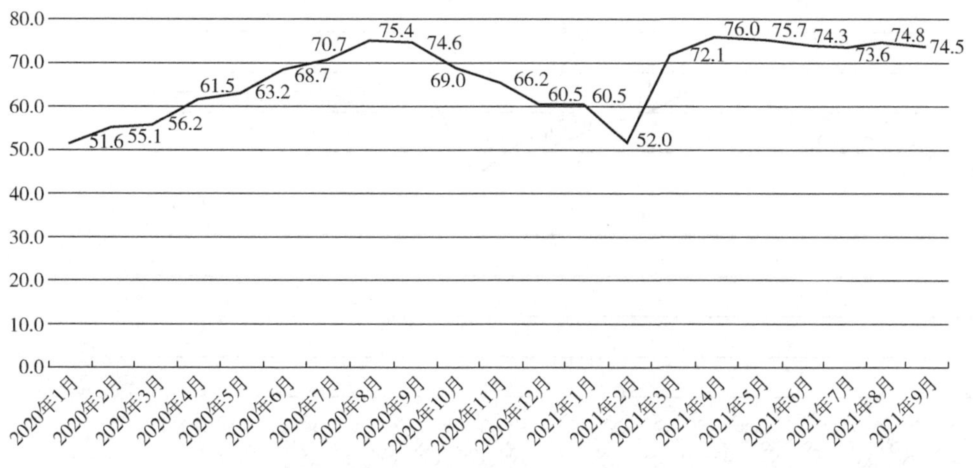

图 7-56　第五代移动通信产业链龙头指数

第五代移动通信产业链头雁带动指数如图 7-57 所示。头雁带动效应并不稳定，呈现先下降后上升的波动态势，在 2020 年 8 月份处于最小值 80.5，在 2020 年 12 月时处于最大值 109.3。建议河南以头雁企业为核心，坚持产教融合、校企联合、军民融合，建立协同创新机制，提升 5G 技术创新能力。

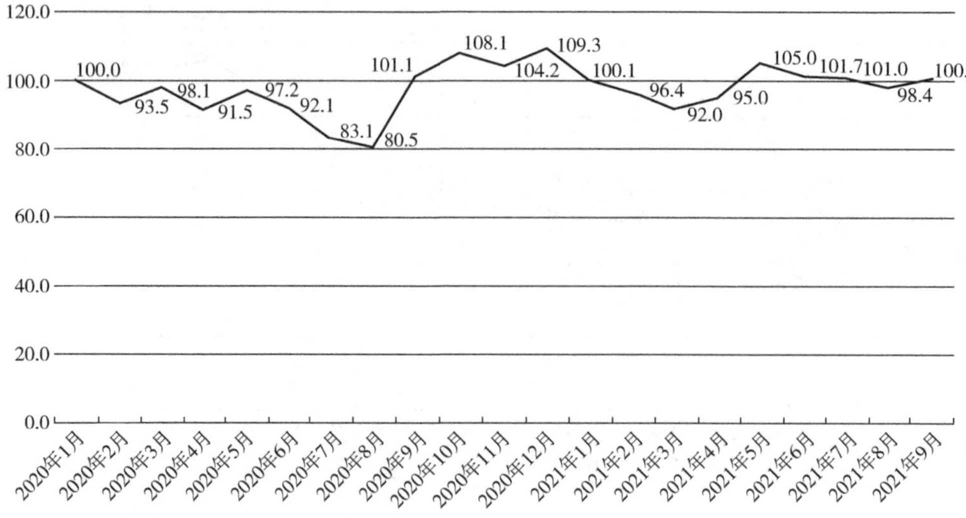

图 7-57　第五代移动通信产业链头雁带动指数

（3）第五代移动通信产业链优化发展指数

第五代移动通信产业链集群化发展指数如图 7-58 所示。河南的第五代移动通信产业集群化程度较高，指数值整体呈上升趋势，在 2020 年 1 月份处于最小值 53.6，在 2021 年 4 月时处于最大值 77.2。建议河南加强产业集群带动效应，加大招商引资力度，打造世界级 5G 智能终端制造产业集群。

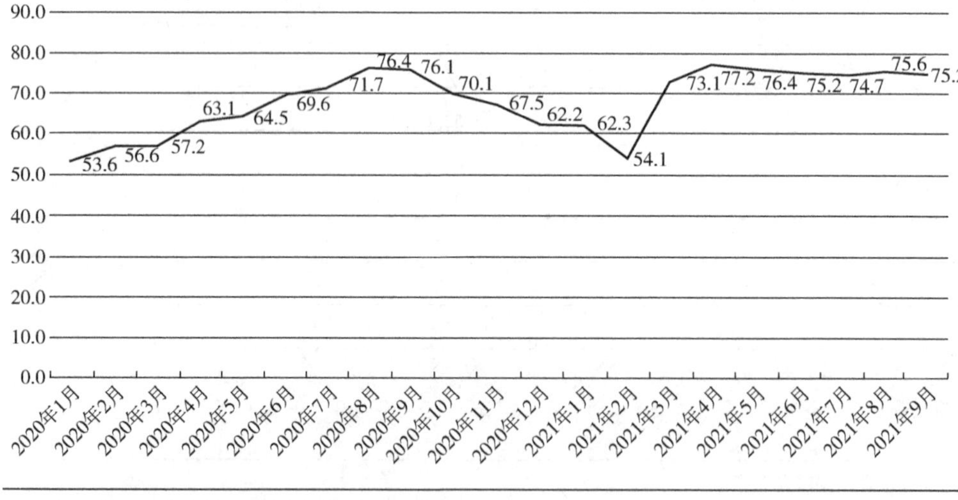

图 7-58　第五代移动通信产业链集群化发展指数

第五代移动通信产业链发展合理化指数如图 7-59 所示。河南的第五代移动通信产业链发展合理化指数呈现先上升后下降再回升的趋势，在 2020 年 3 月份处于最小值 78.5，在 2021 年 8 月时处于最大值 218.2。建议河南统筹 5G 产业合理化发展，优化 5G 网络建设环境，建立 5G 网络建设绿色通道。

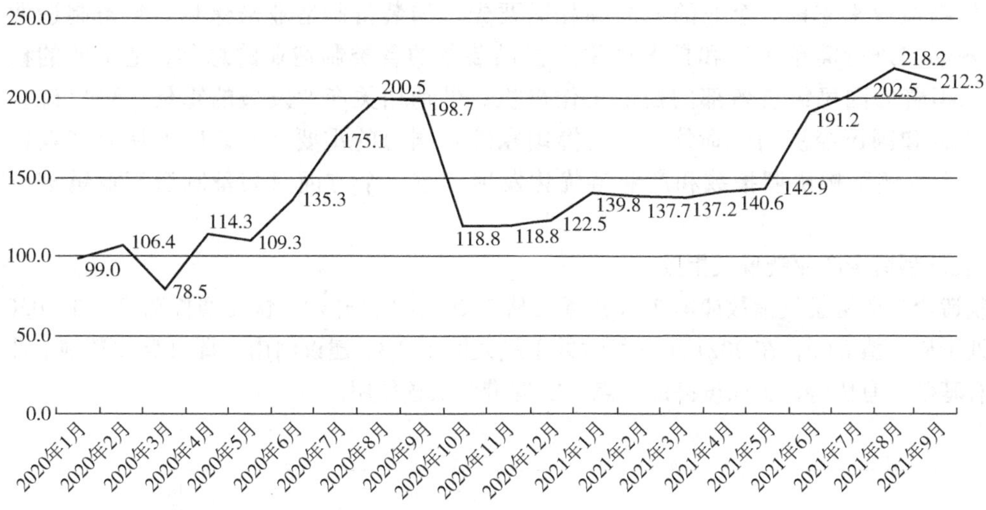

图 7-59　第五代移动通信产业链发展合理化指数

第五代移动通信产业链高端延伸指数如图 7-60 所示。河南的第五代移动通信产业链高端延伸指数整体呈现平稳上升趋势，但是低于 80，延伸力度不够，在 2020 年 1 月份处于最小值 51.7，在 2021 年 4 月时处于最大值 76.4。建议河南引进一批 5G 领域的高端人才和创新团队，朝第五代移动通信产业高端领域延伸。

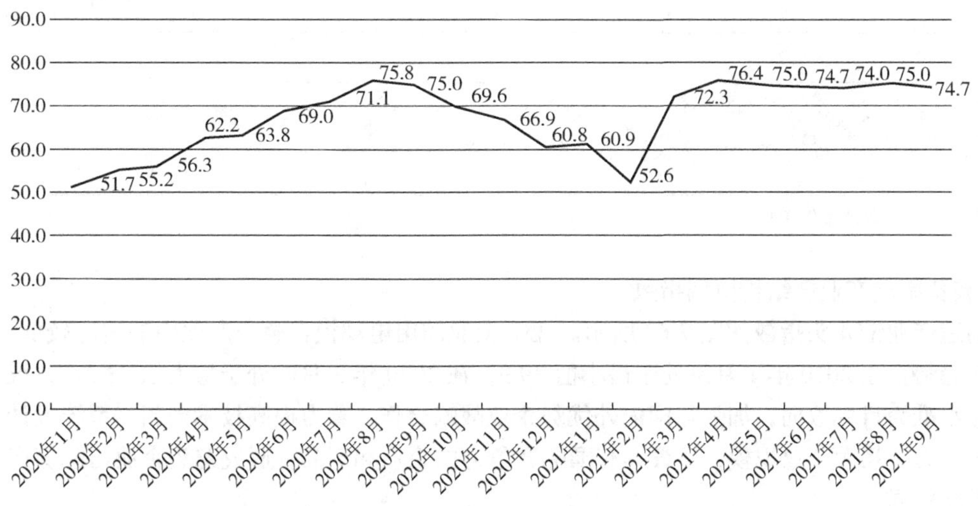

图 7-60　第五代移动通信产业链高端延伸指数

7.11　装备制造产业链

河南正处于工业化的关键时期，加速推进装备制造业的发展，是河南推进产业结构战略性调整、加快构建现代产业体系、实现工业化的必然选择。从发展要求看，实现产业升级转型需要先进的装备制造业来引领，传统产业升级改造、新兴产业培育壮大需要先进的装备制造业来支撑，企业的节能降耗需要先进的装备制造业来保障。装备制造业是为经济各部门进行简单生产和扩大再生产提供装备的各类制造业的总称，是工业的核心部分，承担着为国民经济各部门提供工作母机、带动相关产业发展的重任，可以说它是工业的心脏和国民经济的生命线，是支撑国家综合国力的重要基石。以下从全产业链景气指数、产业链结构协调指数和产业链优化发展指数三个方面对装备制造产业链进行分析。

（1）装备制造全产业链景气指数

装备制造全产业链景气指数如图 7-61 所示。从 2020 年 3 月开始呈快速增长态势，在 2020 年 3 月份处于最小值 84.2，在 2021 年 9 月时处于最大值 147.3。建议河南发挥自身装备制造业有潜力、有基础、有优势、关联度高的特点，实现带头引领作用。

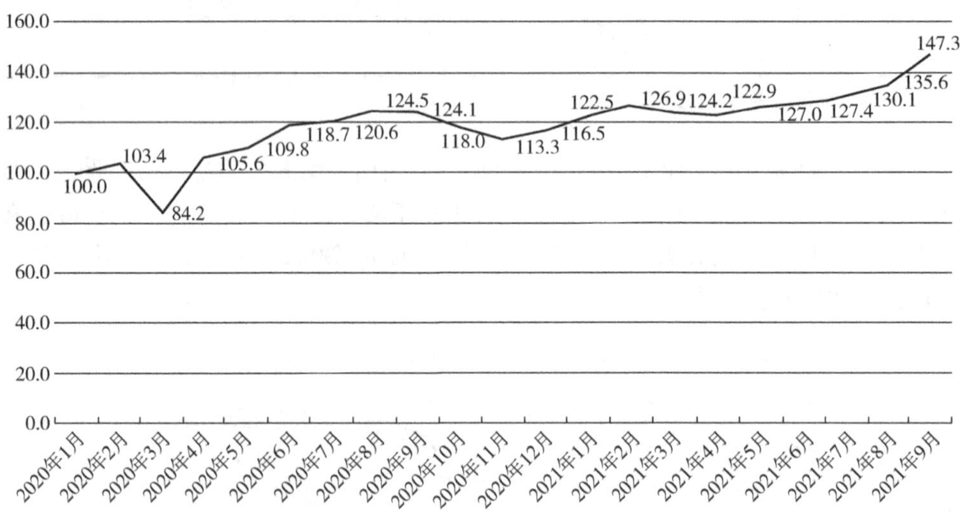

图 7-61　装备制造全产业链景气指数

（2）装备制造产业链结构协调指数

装备制造产业链龙头指数如图 7-62 所示。龙头企业的用电规模在整个产业中的占比较低，呈平稳波动趋势，在 2020 年 1 月份处于最小值 39.9，在 2020 年 3 月时处于最大值 43.2。建议河南以国际水准为目标取向，加强与国内外优势企业战略合作，着力提高技术创新、系统设计和系统集成能力，壮大产业规模，培育具有国际竞争力的企业和产品，形成龙头企业与配套产业互动发展新格局。

装备制造产业链头雁带动指数如图 7-63 所示。说明头雁带动效应并不明显，并呈平稳波动趋势，在 2020 年 9 月份处于最小值 99.2，在 2021 年 2 月时处于最大值 101.4。建议河南依托洛阳新区，以技术创新、节能环保、集群发展、开放带动为基本途径，形成国内技术优势突出、配套能力强、具有国际竞争力的现代动力机械产业基地。

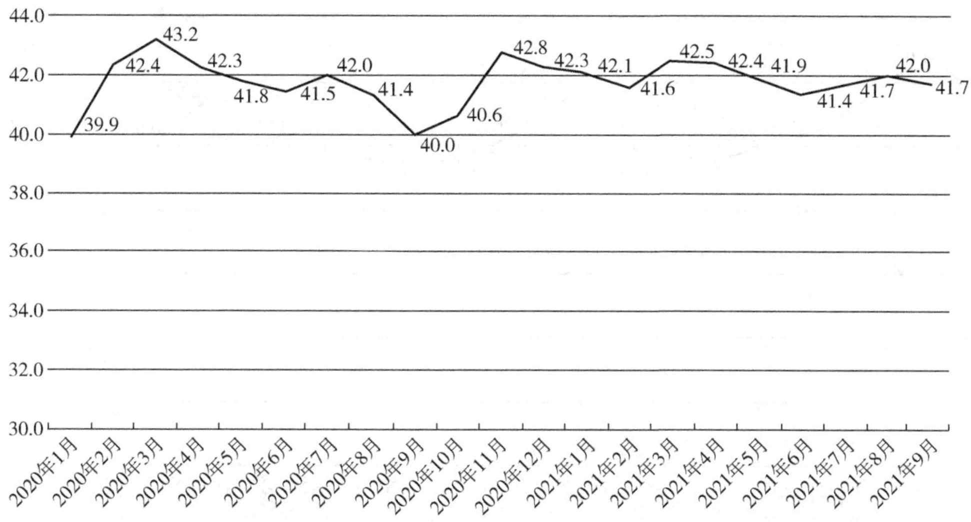

图 7-62　装备制造产业链龙头指数

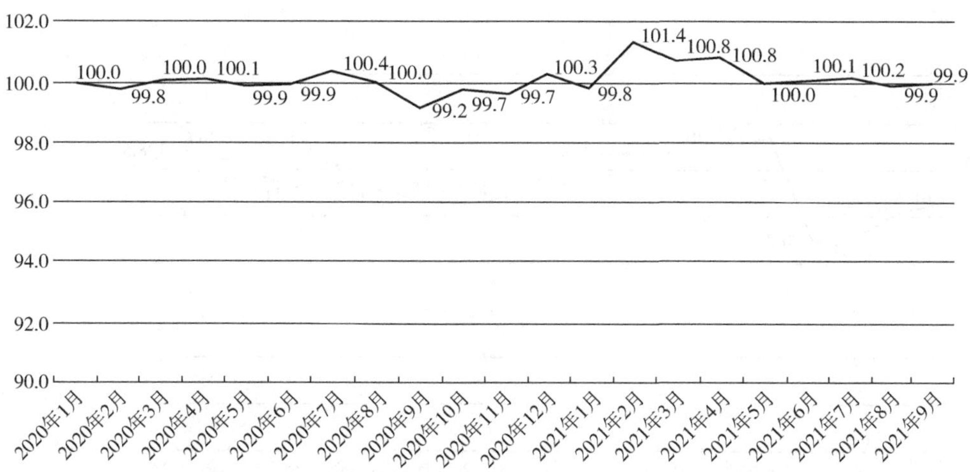

图 7-63　装备制造产业链头雁带动指数

（3）装备制造产业链优化发展指数

装备制造产业链集群化发展指数如图 7-64 所示。河南的装备制造产业集群化程度较高，呈先上升后下降的平稳波动趋势，在 2020 年 1 月份处于最小值 18.9，在 2020 年 4 月时处于最大值 31.1。建议河南鼓励其他地区按照集聚发展、创新发展和高起点发展的要求，优化结构，突出特色，壮大规模，为全省装备制造业加快发展提供有力支撑。

装备制造产业链发展合理化指数如图 7-65 所示。河南的装备制造产业链发展合理化指数呈现波动上升的趋势，在 2020 年 2 月时处于最大值 135.7，在 2020 年 6 月份处于最小值 90.2。建议河南重视产品高技术化和基础技术开发应用，装备制造业技术发展呈现绿色化、集成化、信息化和极端化特征。

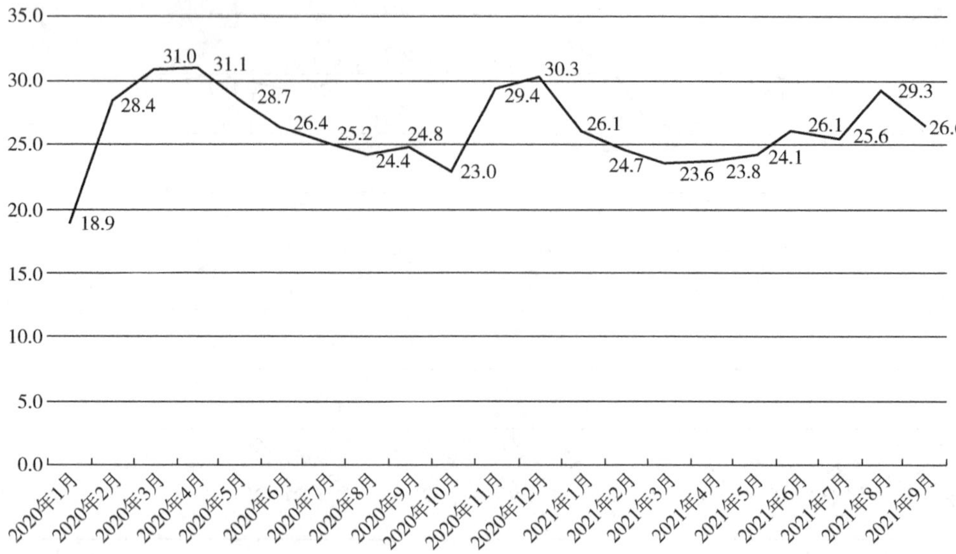

图 7-64 装备制造产业链集群化发展指数

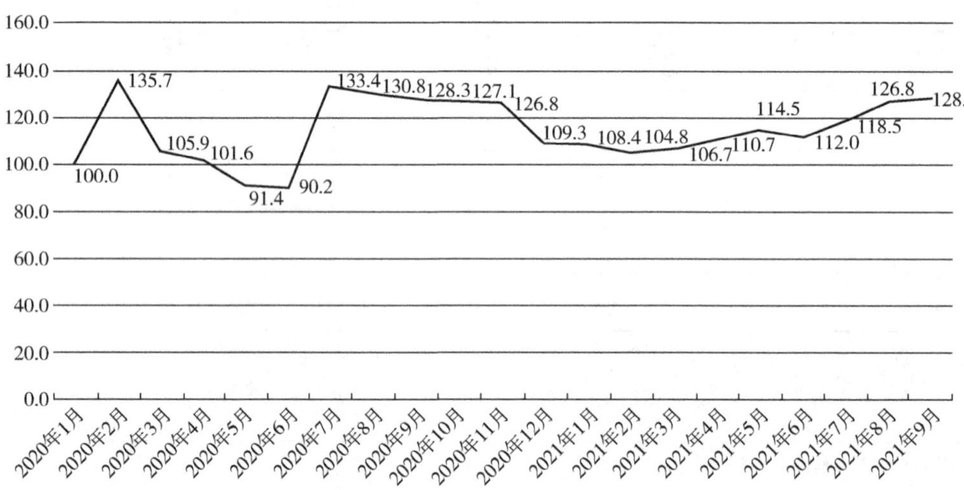

图 7-65 装备制造产业链发展合理化指数

装备制造产业链高端延伸指数如图 7-66 所示。河南的装备制造产业链高端延伸指数呈现平稳波动趋势，在 2020 年 7 月时处于最大值 82.3，在 2021 年 3 月份处于最小值 74.9。建议河南提升服务在装备制造业价值链中所占的比重，满足用户多样性、个性化需求，实现现代服务业与制造业融合，转移传统制造业，保留高质量的制造业，大力发展高水平的现代制造服务业，使全球产业链分工处于高端位置。

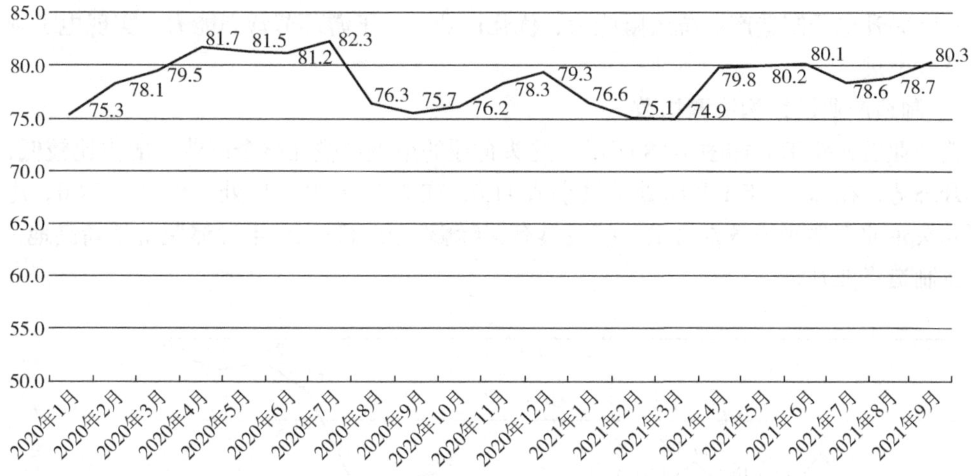

图 7-66　装备制造产业链高端延伸指数

7.12　电子制造产业链

河南电子制造产业，以郑州航空港区为核心，打造整机带配套、配套促整机发展的产业生态。加快发展中高端智能手机产品，在稳定苹果手机产量的同时，重点推动富士康承接华为智能手机增量生产项目。提升智能终端产业配套能力，郑州航空港区重点突破研发设计、显示面板、核心芯片等关键领域，鹤壁、新乡、商丘、周口等地重点发展手机外壳、玻璃盖板、显示模组等产品。以下从全产业链景气指数、产业链结构协调指数和产业链优化发展指数三个方面对电子制造产业链进行分析。

（1）电子制造全产业链景气指数

电子制造全产业链景气指数如图 7-67 所示。从 2020 年 3 月最低谷 64.7 开始呈快速增长态势，在 2020 年 7 月时处于最大值 219.3，之后呈现下降趋势，2020 年 12 月份后呈现平稳上升

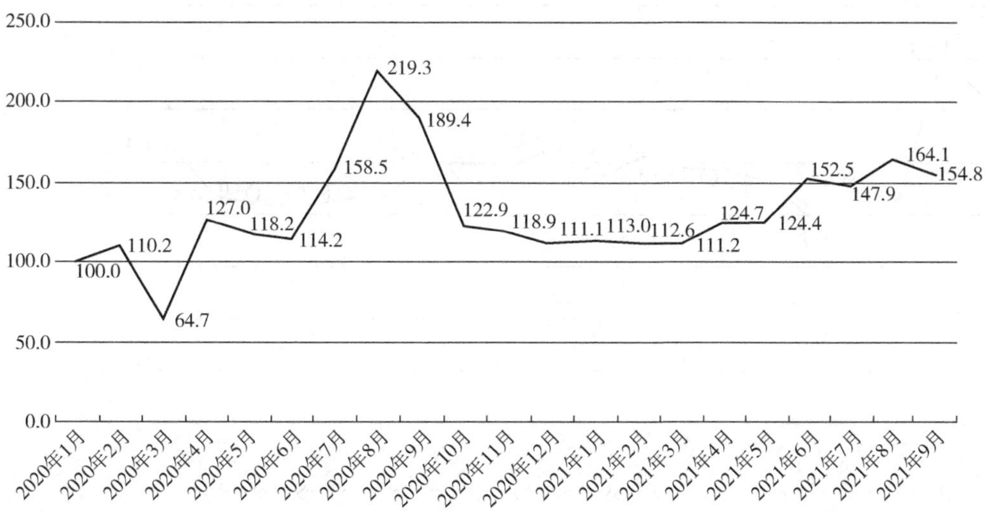

图 7-67　电子制造全产业链景气指数

趋势。建议河南提升电子制造产业抗风险能力，优化产业链中下游环节营利能力，实现电子制造产业平衡持续发展。

（2）电子制造产业链结构协调指数

电子制造产业链龙头指数如图 7-68 所示。龙头企业的用电规模在整个产业中的占比较低，呈现平稳上升态势，在 2020 年 1 月时处于最小值 11.0，在 2021 年 9 月份处于最大值 24.0。建议河南发挥龙头企业产学研用各方力量，打造具有国际影响力的第三代半导体装备创新高地，支撑河南装备制造产业升级。

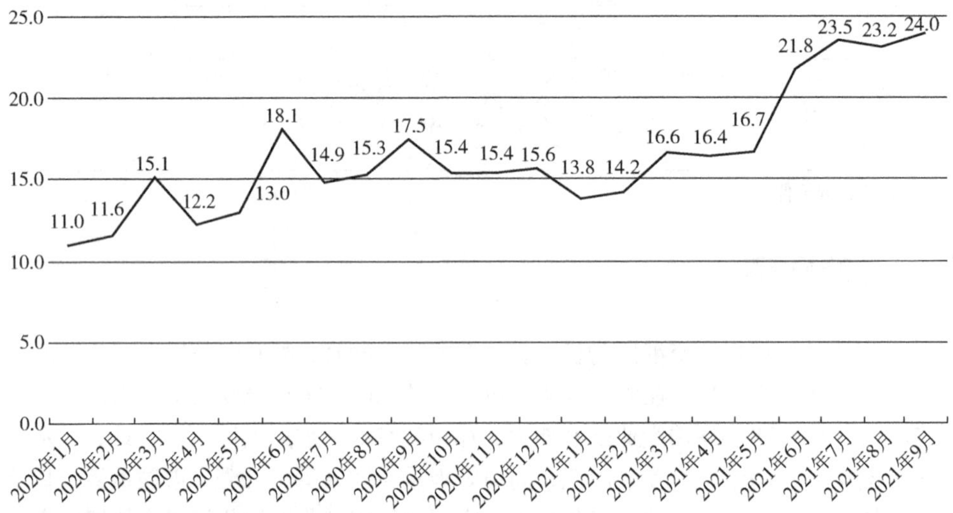

图 7-68 电子制造产业链龙头指数

电子制造产业链头雁带动指数如图 7-69 所示。头雁带动效应并不明显，并呈现先上升后下降，再平稳波动的态势，在 2020 年 3 月份时处于最大值 139.1，在 2020 年 6 月份处于最小

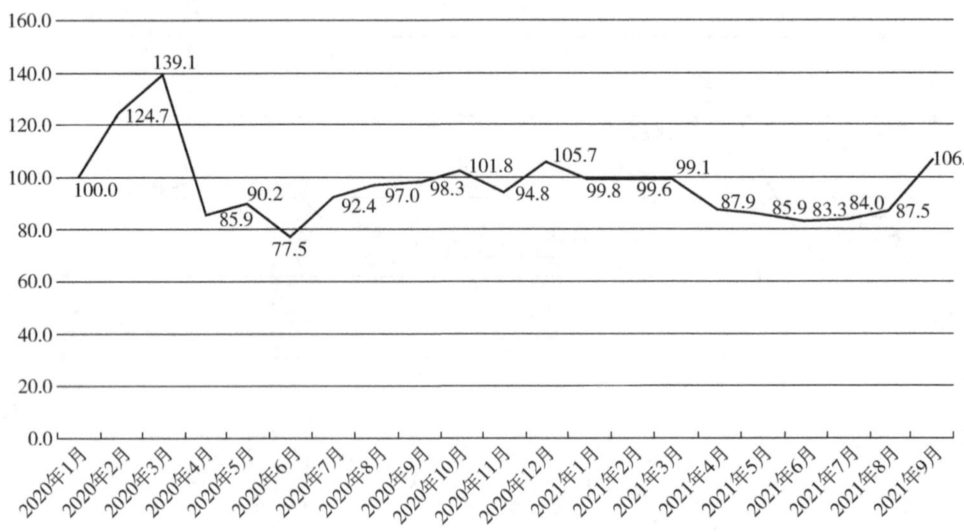

图 7-69 电子制造产业链头雁带动指数

值 77.5。建议河南加强头雁企业带动作用的稳定性，推动头雁企业的带动作用，建设集专业化服务、创新型孵化、多资源聚合、产学研转化等功能于一体的电子制造产业园区。

（3）电子制造产业链优化发展指数

电子制造产业链集群化发展指数如图 7-70 所示。河南的电子制造产业集群化程度较高，呈现先上升后下降的波动趋势，在 2021 年 3 月份时处于最大值 87.7，在 2020 年 7 月份处于最小值 64.8。建议河南加强产业集群作用的发挥，利用集群化发展迅速提升该产业在区域、国内以及国际的竞争优势。

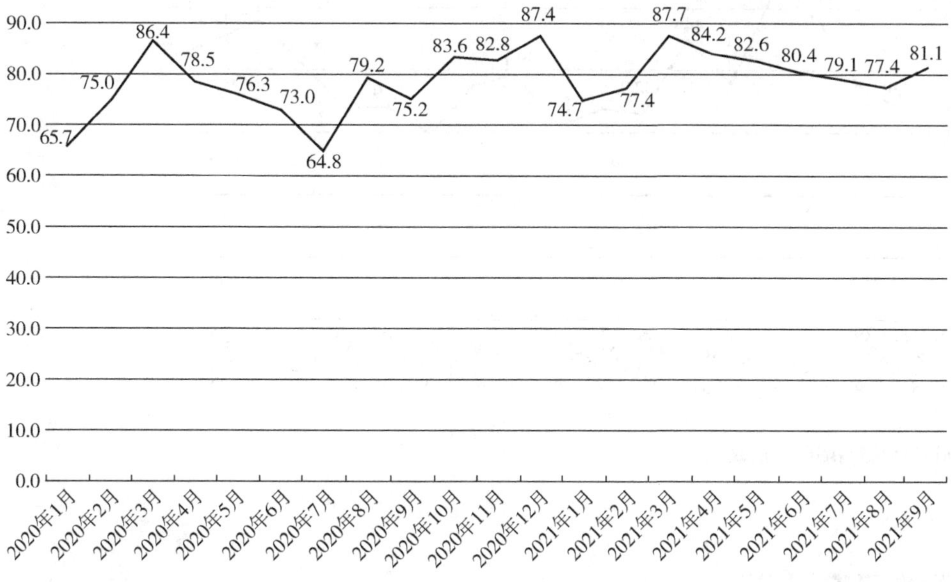

图 7-70　电子制造产业链集群化发展指数

电子制造产业链发展合理化指数如图 7-71 所示。河南的电子制造产业链发展合理化指数呈现平稳波动的趋势，在 2021 年 4 月份时处于最大值 114.7，在 2020 年 2 月份处于最小值 59.3。建议河南推动大型电子信息产品制造企业向服务领域延伸，抓住云计算、移动互联网等新兴应用开拓增值服务，健全产业公共服务体系。

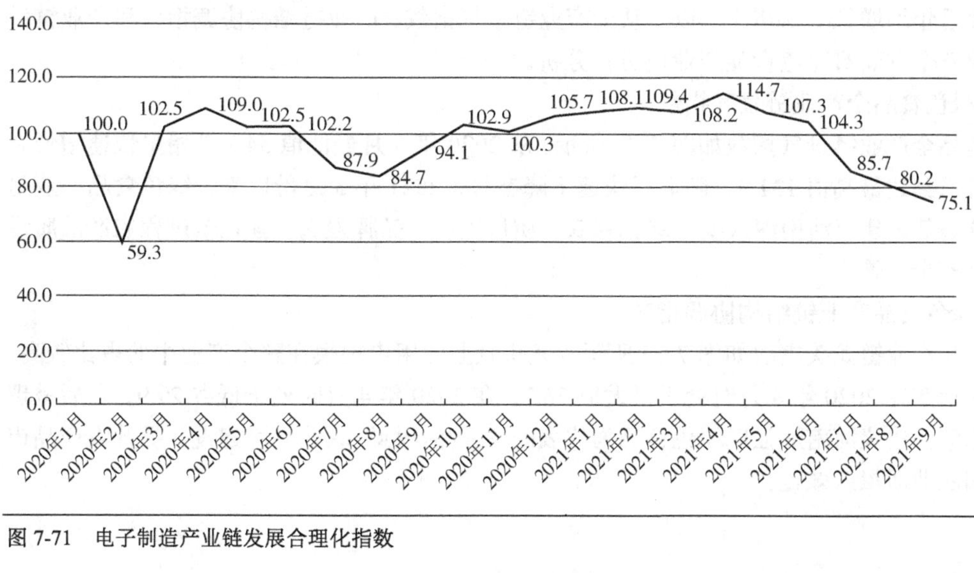

图 7-71　电子制造产业链发展合理化指数

电子制造产业链高端延伸指数如图 7-72 所示。河南的电子制造产业链高端延伸指数整体水平偏低，且呈现较大波动趋势，在 2020 年 7 月份时处于最大值 52.5，在 2020 年 3 月份处于最小值 28.3。建议河南在产品创新、模式创新、品牌建设三方面推动价值链提升，提升国产设备及终端的国际竞争力。

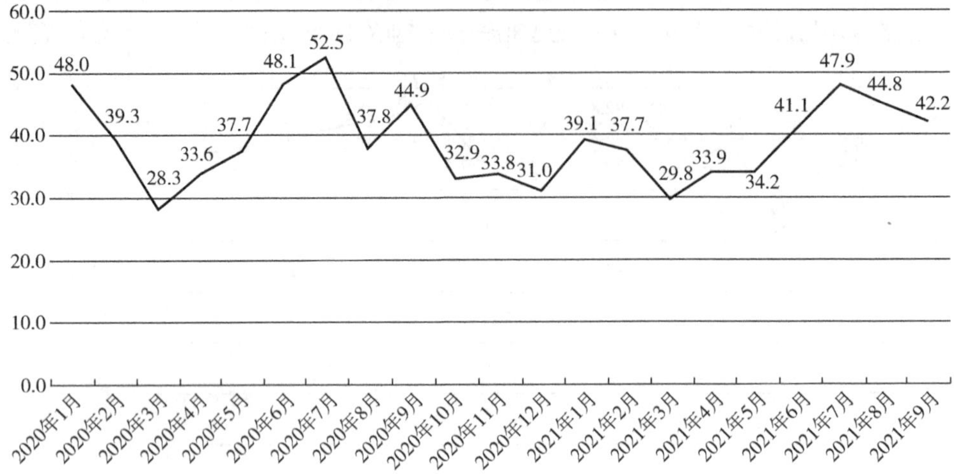

图 7-72　电子制造产业链高端延伸指数

7.13　绿色食品产业链

作为全国农业大省的河南，近年来农业品牌建设呈现快速发展、稳步提升的良好势头。品牌数量不断增加，品牌建设质量效益日益提升。截至目前，全省共培育了 600 个省级知名农业品牌，其中农产品区域公用品牌 60 个、农业企业品牌 140 个、农产品品牌 400 个，年平均增幅 103%。全省有效期内“三品一标”农产品 4679 个，其中绿色食品 1019 个。近 3 年来河南绿色食品数量年均增长 25%以上。以下从全产业链景气指数、产业链结构协调指数和产业链优化发展指数三个方面对绿色食品产业链进行分析。

（1）绿色食品全产业链景气指数

绿色食品全产业链景气指数如图 7-73 所示。从 2020 年 3 月最低值 54.2 开始呈快速增长态势，至 8 月份到达最高值 131.9，随后呈快速下降态势，2021 年 3 月份以来，绿色食品产业呈现稳步复苏态势。建议河南深入实施绿色兴农、质量兴农、品牌强农，强化全过程农产品质量安全和食品安全监管。

（2）绿色食品产业链结构协调指数

绿色食品产业链龙头指数如图 7-74 所示。龙头企业的用电规模在整个产业中的占比较高，产业链龙头指数在 2020 年 3 月时处于最大值 76.7，在 2020 年 4 月时处于低谷 29.9，之后呈现平稳上升态势。建议河南加强以绿色食品为代表的“三品一标”农业品牌建设，提升农产品市场竞争力和农业质量、效益。

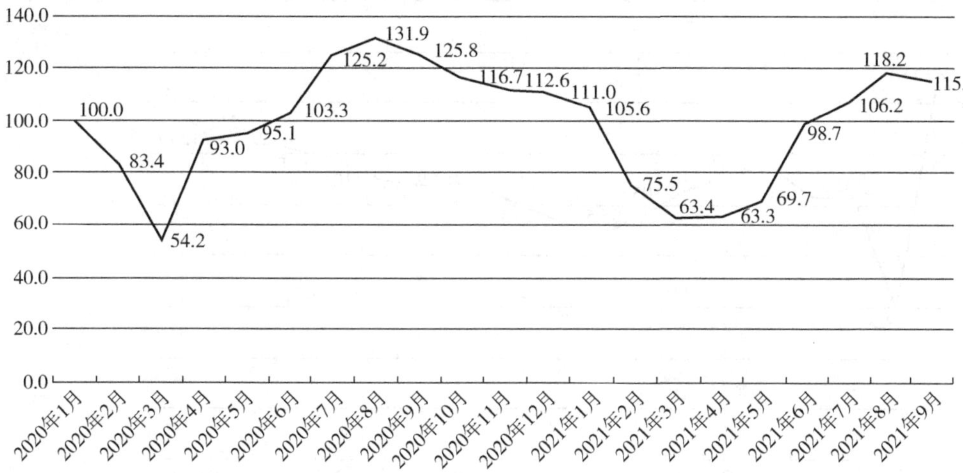

图 7-73　绿色食品全产业链景气指数

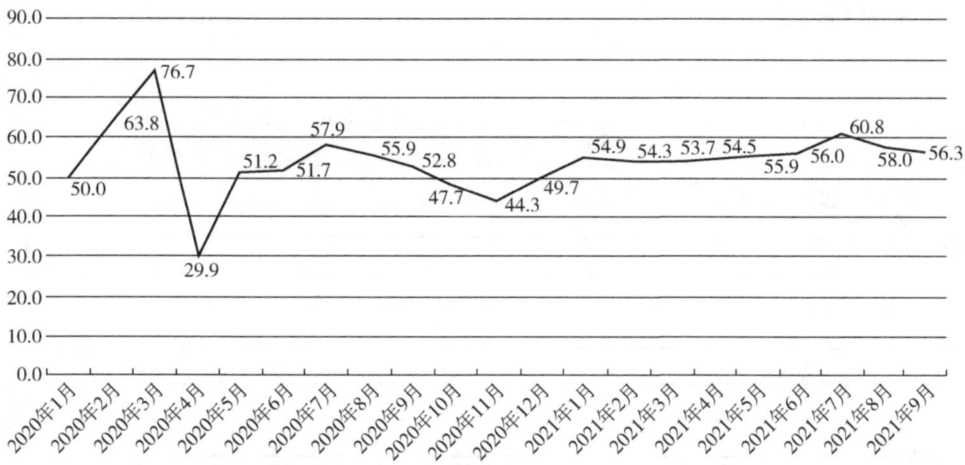

图 7-74　绿色食品产业链龙头指数

绿色食品产业链头雁带动指数如图 7-75 所示。该指数呈现平稳上升态势，在 2020 年 3 月份时处于最大值 153.4，在 2020 年 4 月份处于最小值 59.9。建议河南加强资源整合和政策引导，项目设计、资金安排要注重向绿色食品生产主体倾斜，加大品牌培育、宣传、推介的扶持力度，制定完善奖补政策，营造浓厚的绿色食品品牌创建氛围。

（3）绿色食品产业链优化发展指数

绿色食品产业链集群化发展指数如图 7-76 所示。河南的绿色食品产业集群化程度较高，呈上升趋势，在 2021 年 4 月份时处于最大值 89.8，在 2020 年 3 月份处于最小值 49.5。建议河南加强对生产主体进行绿色食品标志许可申报的指导和要求，确保绿色食品推进工作的顺利进行，加强质量保证，扎实基础工作，形成河南农业品牌发展的大局。

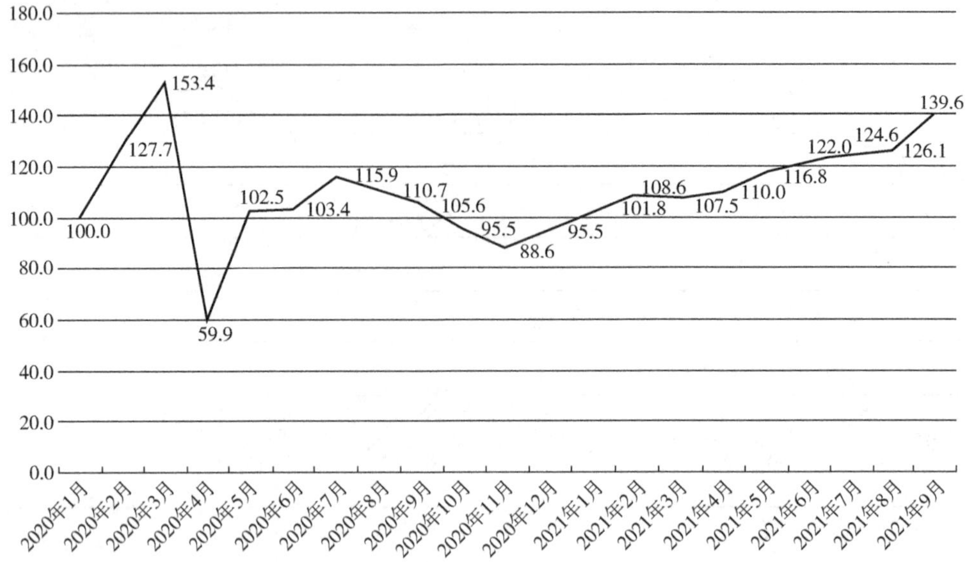

图 7-75　绿色食品产业链头雁带动指数

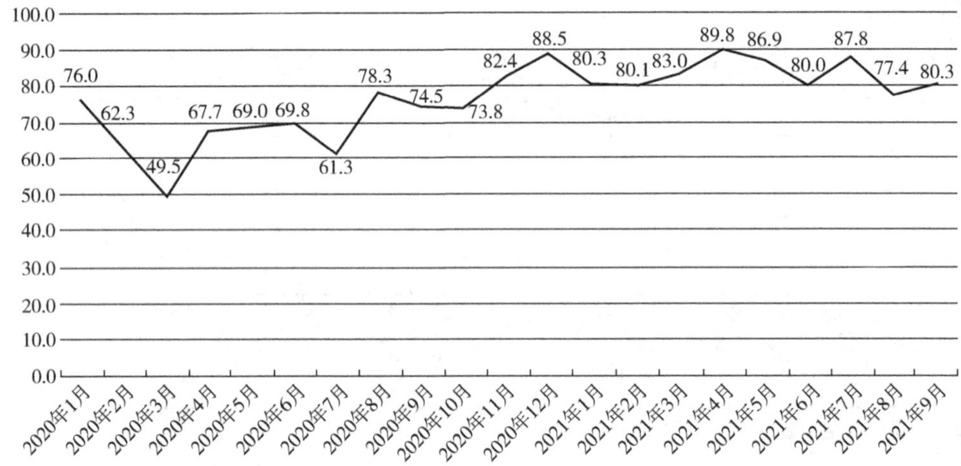

图 7-76　绿色食品产业链集群化发展指数

绿色食品产业链发展合理化指数如图 7-77 所示。河南的绿色食品产业链发展合理化指数呈现剧烈波动的趋势，在 2020 年 3 月份处于最小值 65.2，2020 年 4 月份出现波峰 167.0，之后呈现平稳上升态势。建议河南加快推进绿色食品和绿色食品原料标准化生产基地发展建设，为巩固脱贫攻坚成果，全面推进乡村振兴战略，助力农业产业兴旺作出新贡献。

绿色食品产业链高端延伸指数如图 7-78 所示。河南的绿色食品产业因疫情原因呈现下降趋势，2020 年 3 月达到最小值 34.0，以后呈现平稳上升趋势，2020 年 12 月达到最高点 73.1。建议河南对优质农产品进行充分挖掘，加强对生产主体进行农业品牌特别是绿色食品的指导和宣传，将符合条件的农产品认出来、管理好、推出去。

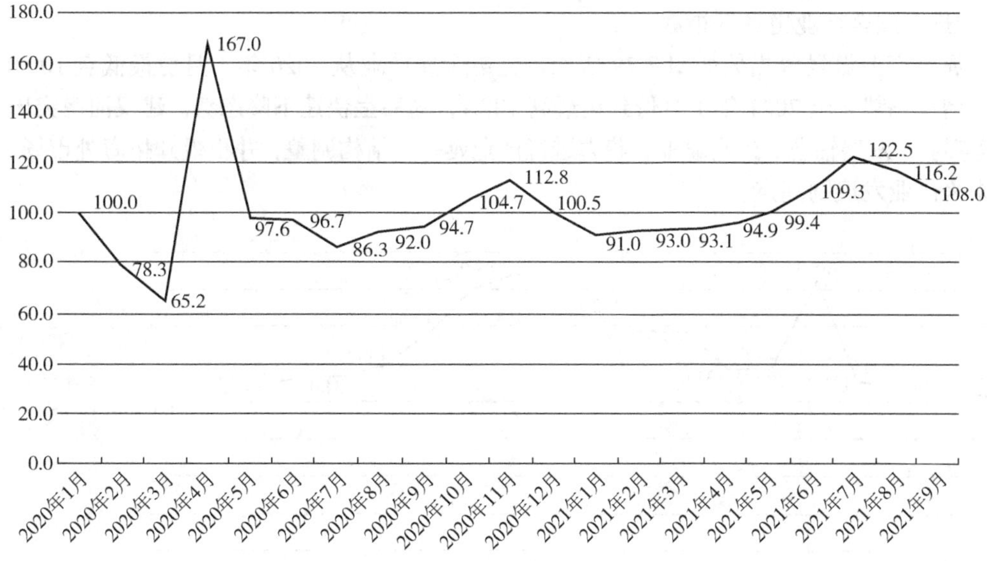

图 7-77 绿色食品产业链发展合理化指数

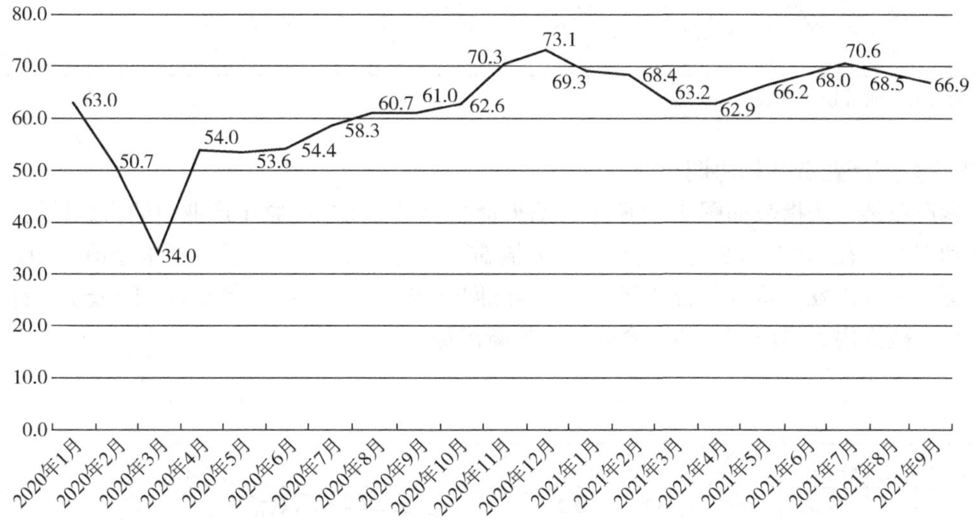

图 7-78 绿色食品产业链高端延伸指数

7.14 先进金属产业链

有色金属产业作为六大战略支撑产业之一，在全省国民经济发展中占据着举足轻重的战略地位，在经济建设、维护社会稳定以及就业等方面发挥着重要作用。河南作为全国有色金属产业大省，有色产业发展迅速，总体实力居国内首位。在河南全力推进中原经济区建设以及产业转型升级的关键时期，有效依托资源优势，积极做好结构调整和产业升级，打造新的优势，对于壮大有色金属传统优势产业有着重要意义。以下从全产业链景气指数、产业链结构协调指数和产业链优化发展指数三个方面对先进金属产业链进行分析。

（1）先进金属全产业链景气指数

先进金属全产业链景气指数如图 7-79 所示。先进金属产业从 2020 年 1 月份最低点 100.0 开始呈快速增长态势，至 2021 年 1 月份到达最高 188.9，随后呈快速下降态势。建议河南突出主业、拓宽实业、发展辅业、致富家业，着力进行产业延伸、结构调整，并积极开拓海外市场，不断抢占未来产业发展制高点。

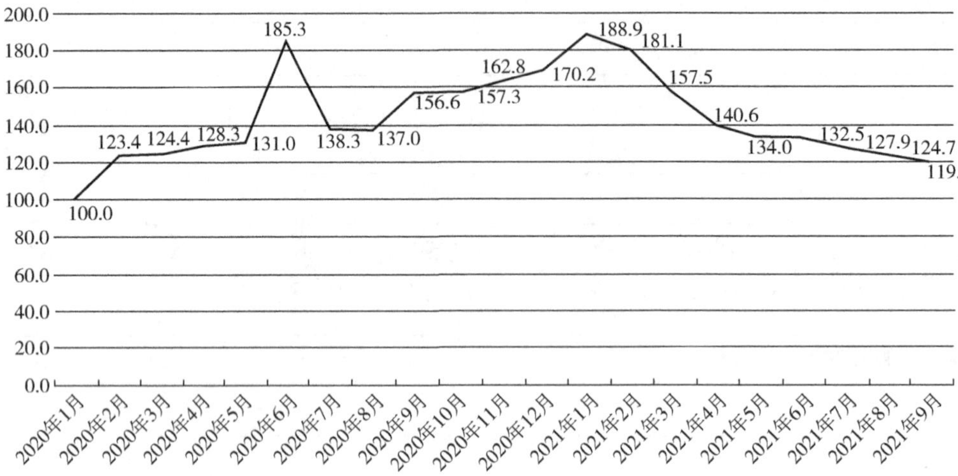

图 7-79　先进金属全产业链景气指数

（2）先进金属产业链结构协调指数

先进金属产业链龙头指数如图 7-80 所示。龙头企业的用电规模在整个产业中的占比较高，并呈平稳波动态势，在 2021 年 9 月份时处于最大值 56.1，在 2021 年 2 月份处于最小值 51.0。建议河南在更大范围内发挥资源整合功能，实现国际间优势生产要素的有效结合，降低企业自身成本，在全球范围内彰显出河南相关企业的竞争新优势。

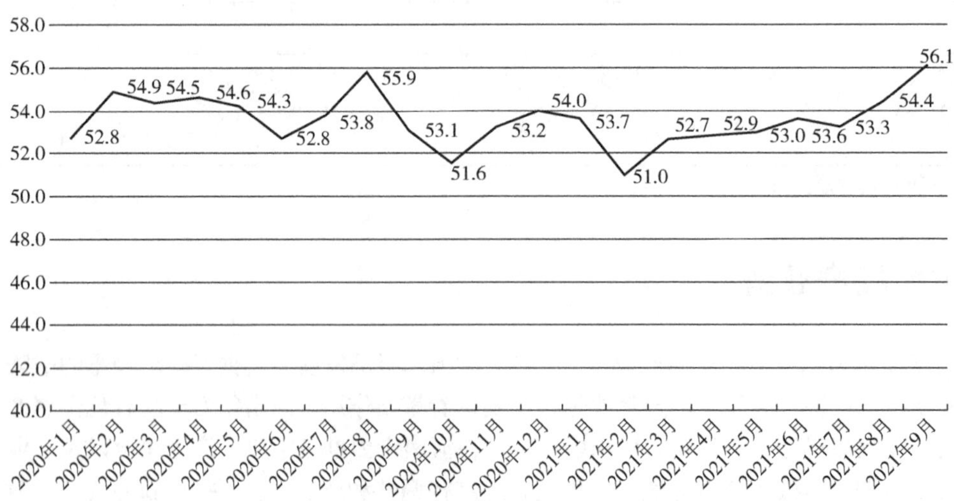

图 7-80　先进金属产业链龙头指数

先进金属产业链头雁带动指数如图 7-81 所示。头雁带动效应并不明显，呈现先下降后上升再下降的态势，在 2020 年 4 月份时处于最大值 104.0，在 2020 年 9 月份处于最小值 94.3。建议河南加强企业转型升级，立足河南有色金属产业基础，运用高新技术、先进适用技术和信息化技术改造提升有色金属产业。

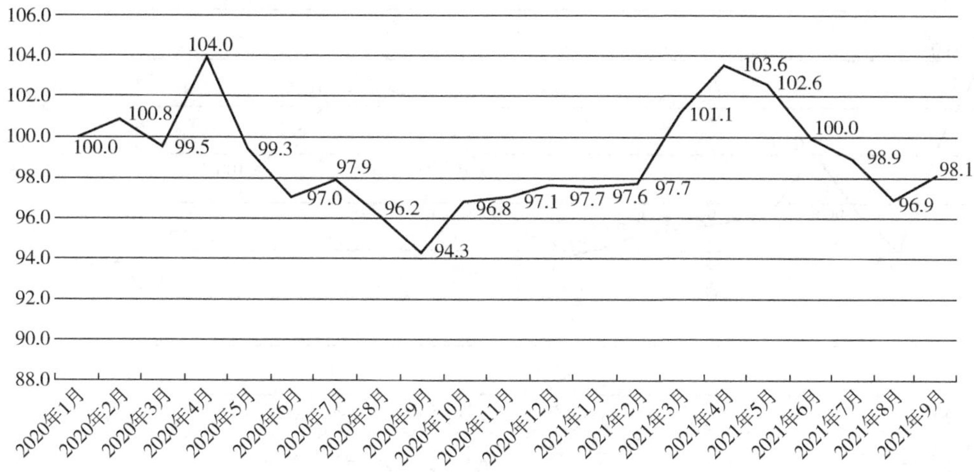

图 7-81　先进金属产业链头雁带动指数

（3）先进金属产业链优化发展指数

先进金属产业链集群化发展指数如图 7-82 所示。河南的先进金属产业集群化程度较高，呈平稳波动趋势，在 2020 年 3 月份时处于最大值 98.0，在 2020 年 7 月份处于最小值 92.0。建议河南围绕结构优化、技术先进、清洁安全、附加值高、吸纳就业能力强等方面，依靠技术创新，着力优化产业布局，不断加快有色金属工业转型升级，构建现代产业体系。

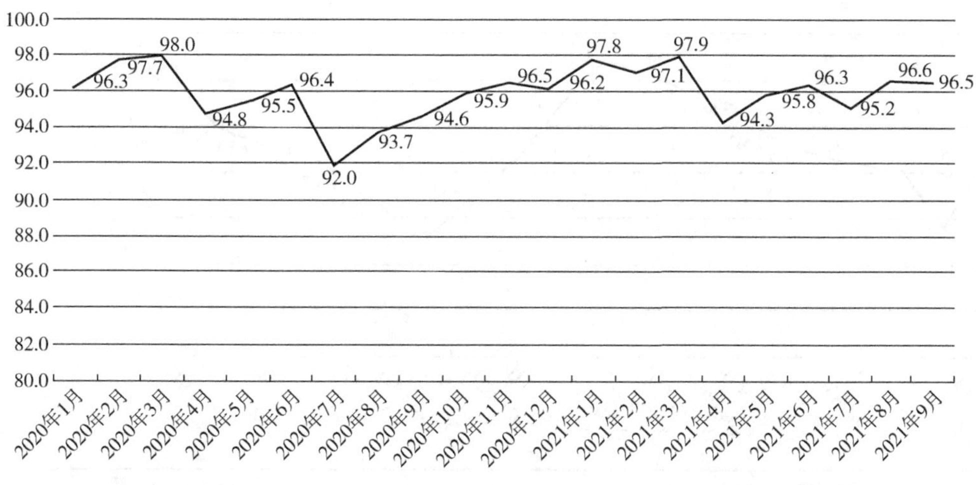

图 7-82　先进金属产业链集群化发展指数

先进金属产业链发展合理化指数如图 7-83 所示。河南的先进金属产业链发展合理化指数呈现剧烈波动的趋势，呈现先下降再上升后下降的态势，在 2020 年 2 月份时处于最大值 103.0，在 2020 年 12 月份处于最小值 98.8。建议河南不断提高新增项目的层次与质量，改造提升传统产业的设备与技术层次，积极推进产业结构调整和优化产业布局，加快产能整合，不断实现增量升级与存量优化并存。

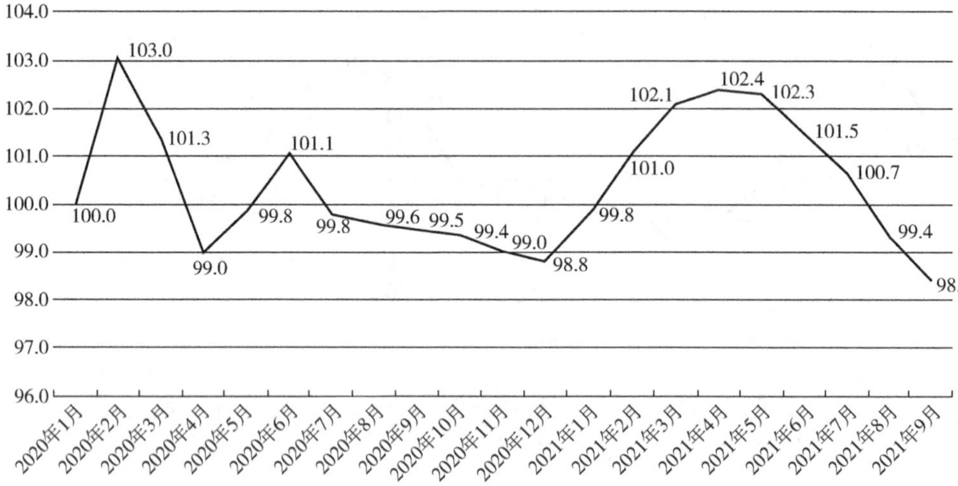

图 7-83　先进金属产业链发展合理化指数

先进金属产业链高端延伸指数如图 7-84 所示。河南的先进金属产业链高端延伸指数因先下降后上升的波动趋势，在 2020 年 1 月份时处于最大值 90.6，在 2021 年 3 月份处于最小值 81.3。建议河南加大在资金、人才、基地建设、资源配置等方面的投入，实现技术进步、改善产品质量、淘汰落后产能、优化资源开发利用。

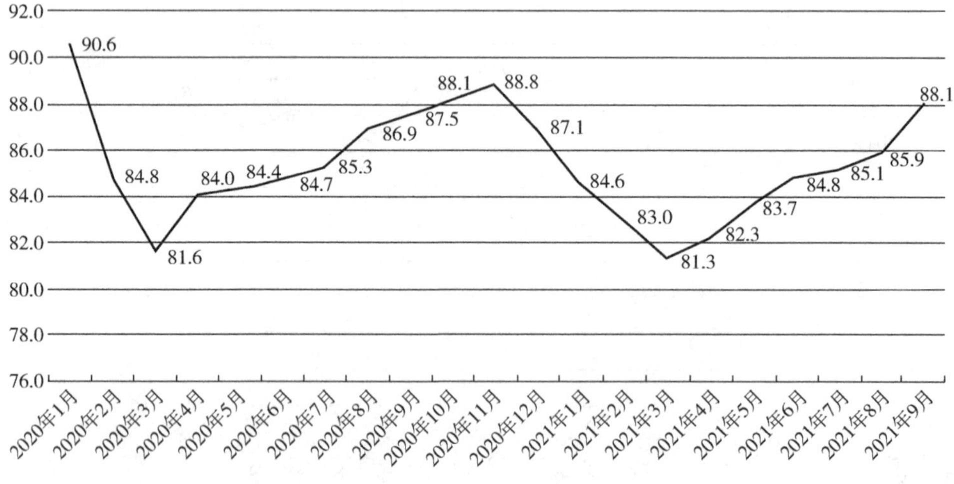

图 7-84　先进金属产业链高端延伸指数

7.15　新型建材产业链

作为原材料大省，河南在有色、钢铁、建材、耐火材料、超硬材料等领域优势明显。近年来，随着经济发展方式持续转变和产业转型升级进程不断加快，为新型材料业提供了良好的发展环境和广阔的市场空间，全省新型材料业规模迅速扩大，骨干企业进一步壮大，产业集群集聚效应逐步显现，形成了洛阳、巩义、鹤壁、济源等有色金属基地，安阳、济源等钢铁基地，濮阳、平顶山等化工基地，郑州、洛阳等耐火材料基地，郑州、许昌、商丘等超硬材料基地。以下从全产业链景气指数、产业链结构协调指数和产业链优化发展指数三个方面对新型建材产业链进行分析。

（1）新型建材全产业链景气指数

新型建材全产业链景气指数如图 7-85 所示。从 2020 年 3 月最低值 80.1 开始呈平稳增长态势，至 2021 年 3 月份到最高点 133.8，之后呈平稳下降趋势。建议河南提升创造能力，加强在新工艺、新技术、新装备方面的投入，形成自主知识产权，制定品牌差异化战略，优化产业布局，积极响应国家节能减排要求，实现产业绿色发展。

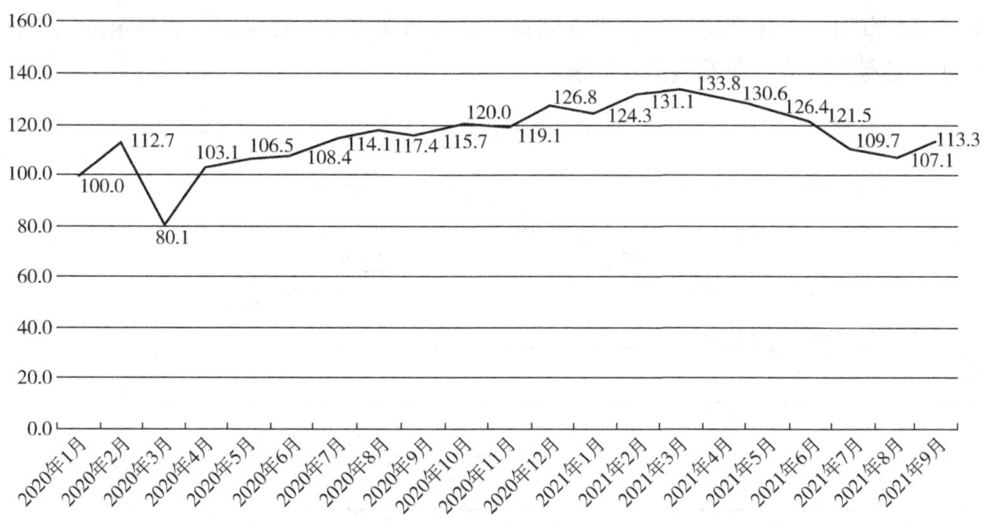

图 7-85　新型建材全产业链景气指数

（2）新型建材产业链结构协调指数

新型建材产业链龙头指数如图 7-86 所示。龙头企业的用电规模在整个产业中的占比较低，呈平稳波动趋势，在 2021 年 2 月份时处于最大值 48.1，在 2020 年 3 月份处于最小值 37.9。建议河南加强技术创新，依托龙头企业与行业“三最”——最优秀企业、最优秀研发机构、最优秀技术人才合作，建设国家级铝冶炼、轻量化交通用铝材等研发平台。

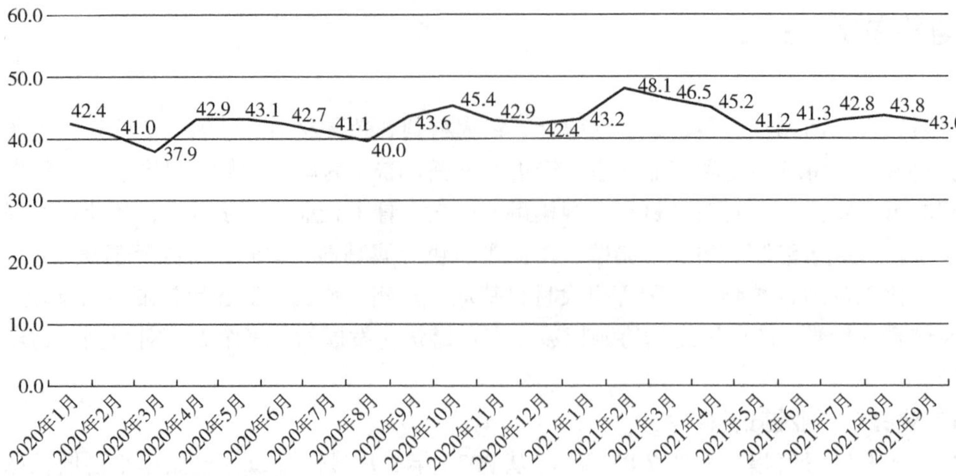

图 7-86 新型建材产业链龙头指数

新型建材产业链头雁带动指数如图 7-87 所示。该指数呈现先上升后下降的趋势，在 2021 年 2 月份时处于最大值 105.6，在 2020 年 2 月份处于最小值 99.0。建议河南促进新型建材产业终端化，坚持需求牵引，强化产用结合，建立完善新材料初期市场培育机制，加强示范应用，促进上下游协作配套，营造产业发展良好环境。

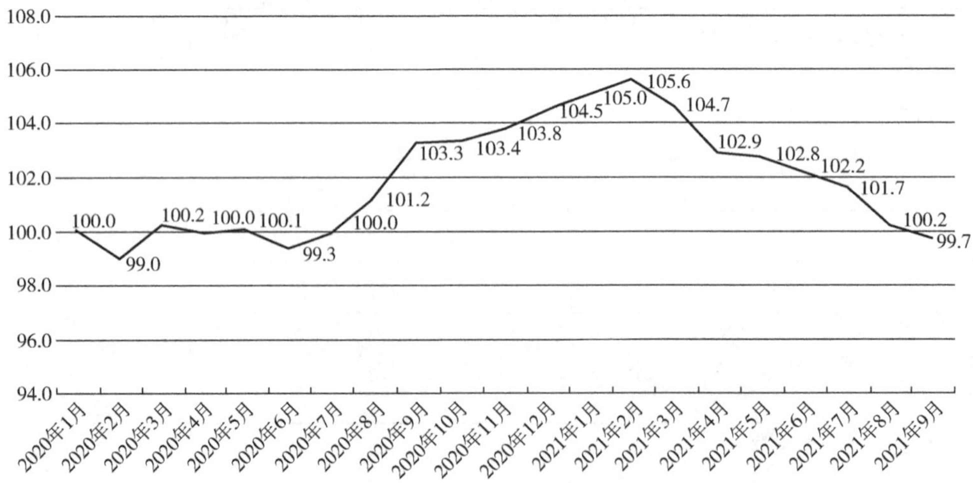

图 7-87 新型建材产业链头雁带动指数

（3）新型建材产业链优化发展指数

新型建材产业链集群化发展指数如图 7-88 所示。河南的新型建材产业集群化程度较高，呈平稳波动趋势，在 2020 年 8 月份时处于最大值 98.1，在 2021 年 2 月份处于最小值 94.1。建议河南促进产业集群化发展，聚焦重点方向、重点企业和重点区域，推动产业资源和生产要素向优势企业集中，推进产业集群和园区发展，打造龙头支撑、特色鲜明、配套完善的产业基地。

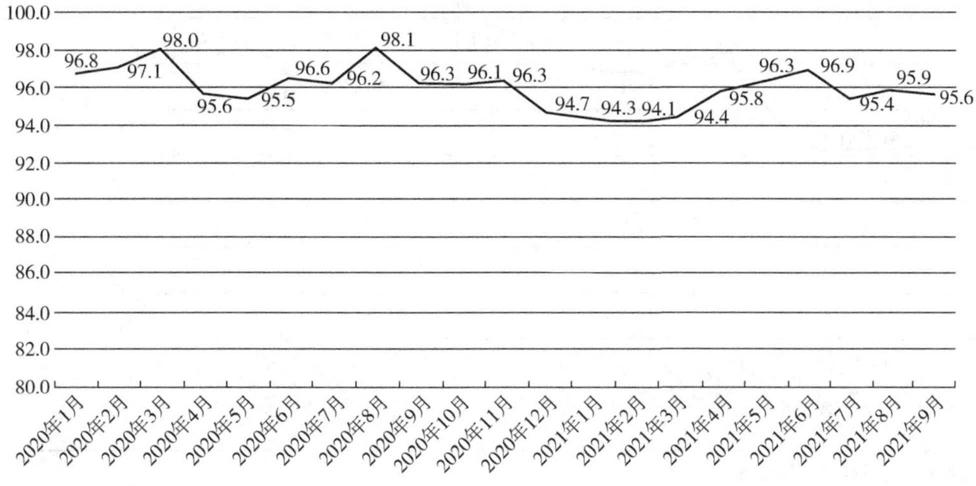

图 7-88　新型建材产业链集群化发展指数

新型建材产业链发展合理化指数如图 7-89 所示。河南的新型建材产业链发展合理化指数呈现平稳波动的趋势，在 2020 年 7 月份时处于最大值 101.9，在 2020 年 4 月份和 12 月份处于最小值 99.1。建议河南促进产业服务化发展，坚持市场导向，满足客户个性化需求，推进企业绿色化改造，以产业转移、链条延伸为途径，抢占高端工业型材市场，做强河南铝型材品牌。

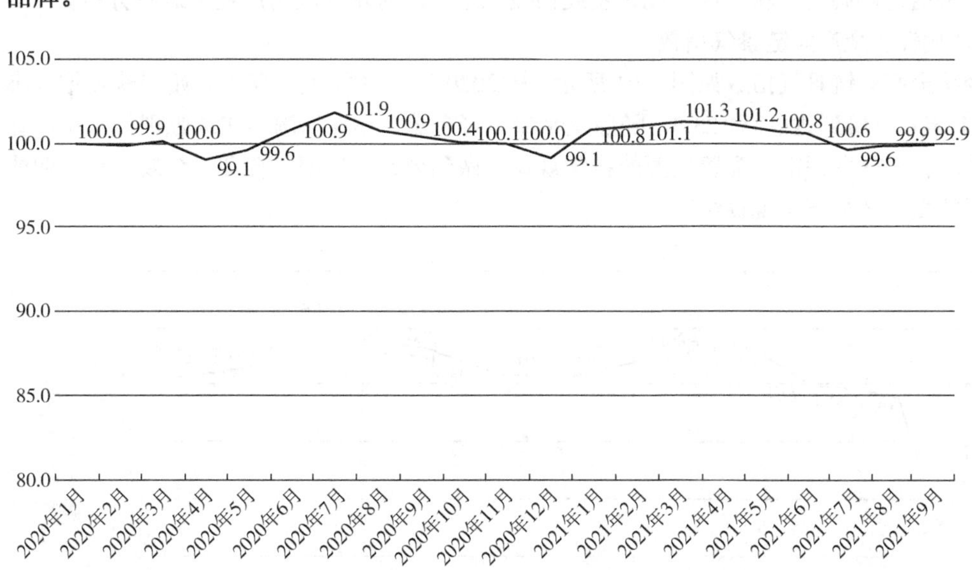

图 7-89　新型建材产业链发展合理化指数

新型建材产业链高端延伸指数如图 7-90 所示。河南的新型建材产业链高端延伸指数呈现上升趋势，在 2021 年 2 月份时处于最大值 69.3，在 2020 年 2 月份处于最小值 38.2。建议河南坚持走新型建材产业高端化发展路线，坚持技术创新，推进创新联盟和产学研一体化，突破制约产业发展的关键技术瓶颈，加快原材料产业链条延伸，着力研发生产下游深加工产品。

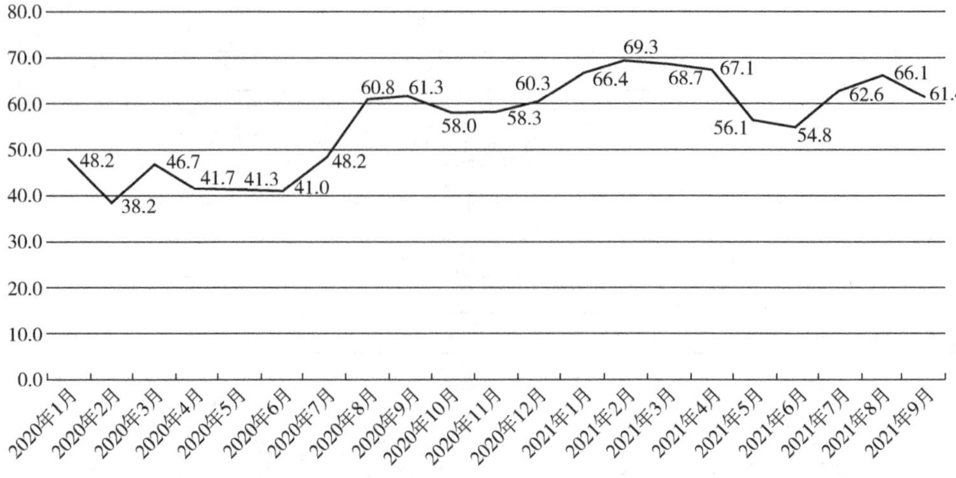

图 7-90　新型建材产业链高端延伸指数

7.16　现代轻纺产业链

河南作为现代轻纺产业的重点省份，在中国现代轻纺产业版图上占据着重要地位。新中国成立以来，河南棉纺产业在促进地方经济、解决社会就业、推进工业化进程中发挥着不可替代的作用。近年来，随着内外部发展环境的快速转变，行业增速开始趋缓。以下从全产业链景气指数、产业链结构协调指数和产业链优化发展指数三个方面对现代轻纺产业链进行分析。

（1）现代轻纺全产业链景气指数

现代轻纺全产业链景气指数如图 7-91 所示。从 2020 年 3 月最低点 50.1 开始呈快速增长态势，至 2021 年 6 月份到达最高 123.5，随后呈平稳下降态势。建议河南尽快加强现代轻纺产业接轨国际市场，充分发挥市场配置资源的科学规律，做到公开、透明、合理、合规，让企业能在相对公平的发展环境下实现良性竞争。

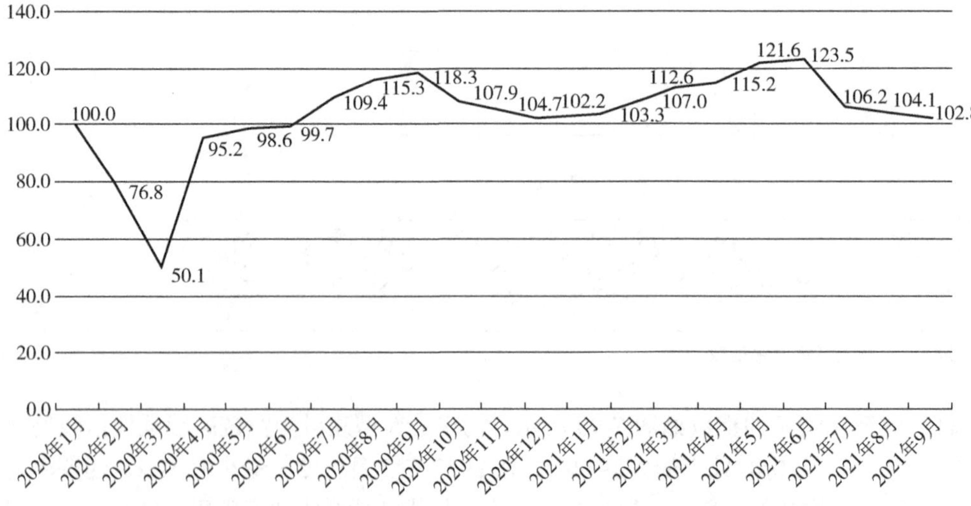

图 7-91　现代轻纺全产业链景气指数

（2）现代轻纺产业链结构协调指数

现代轻纺产业链龙头指数如图 7-92 所示。龙头企业的用电规模在整个产业中的占比较低，呈现先下降后上升再下降的态势，在 2021 年 3 月份时处于最大值 46.9，在 2020 年 3 月份处于最小值 19.0。建议河南关注龙头品牌效应，在不提高行业总量的情况下，推动行业并购重组，减少恶性竞争，发挥规模、互补等多重优势，优化市场格局。

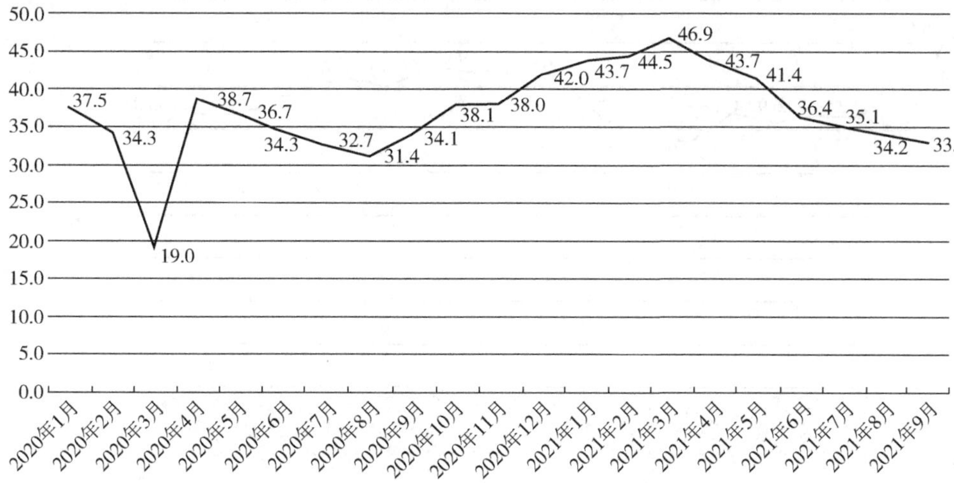

图 7-92　现代轻纺产业链龙头指数

现代轻纺产业链头雁带动指数如图 7-93 所示。头雁带动效应仍有待提升，呈现先上升后下降的态势，在 2020 年 12 月份时处于最大值 130.9，在 2020 年 3 月份处于最小值 70.8。建议河南加强头雁企业带动作用的稳定性，推动头雁企业的带动作用，建设集专业化服务、创新型孵化、多资源聚合、产学研转化等功能于一体的现代轻纺产业园区。

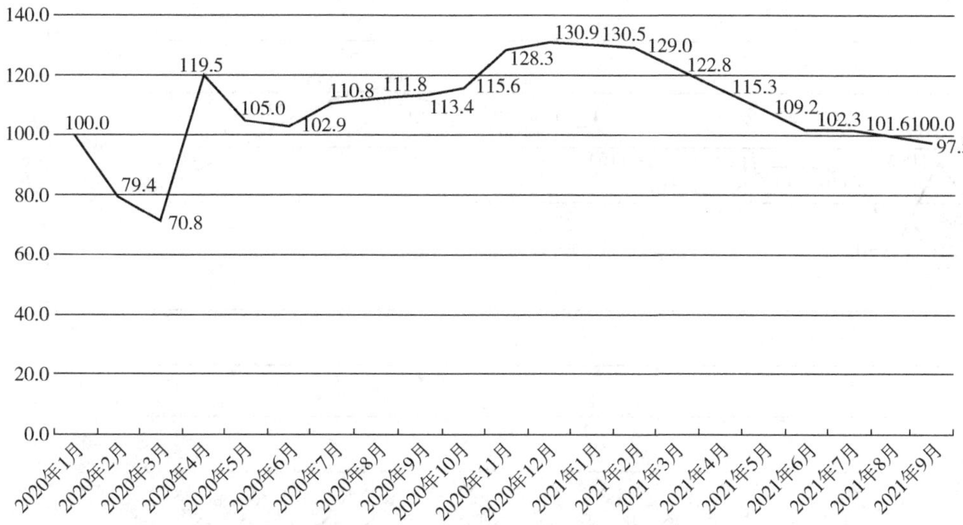

图 7-93　现代轻纺产业链头雁带动指数

（3）现代轻纺产业链优化发展指数

现代轻纺产业链集群化发展指数如图 7-94 所示。河南的现代轻纺产业集群化程度较高，呈现平稳波动的态势，在 2020 年 3 月份时处于最大值 96.6，在 2020 年 9 月份处于最小值 91.4。建议河南加强产业集群作用的发挥，利用集群化发展迅速提升该产业在区域、国内以及国际的竞争优势。

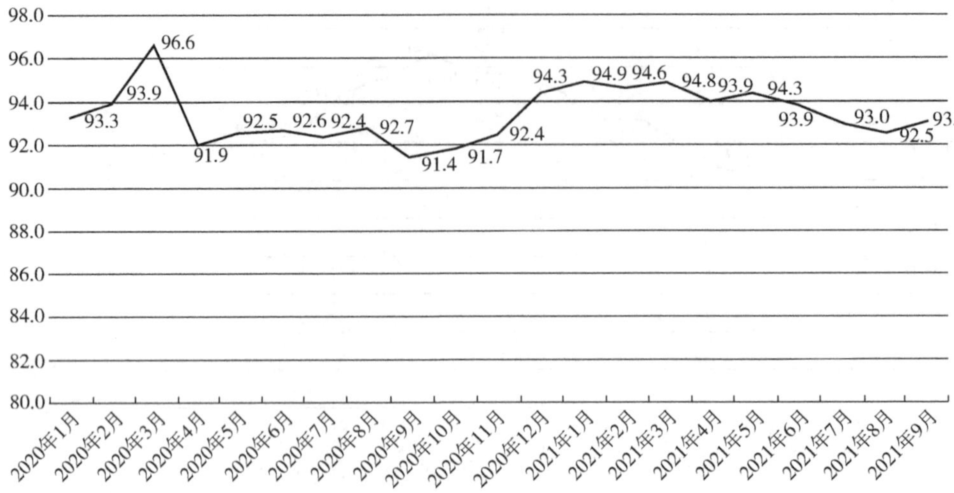

图 7-94 现代轻纺产业链集群化发展指数

现代轻纺产业链发展合理化指数如图 7-95 所示。河南的现代轻纺产业链发展合理化指数呈现先上升后下降的态势，在 2021 年 4 月份时处于最大值 142.1，在 2020 年 4 月份处于最小值 84.1。建议河南推动现代轻纺产业企业与品牌商、配套商协调联动发展，鼓励骨干企业联合产业链上下游企业及国内外科研机构，加强产学研用结合，在关键材料等领域实现一批关键共性技术的突破。

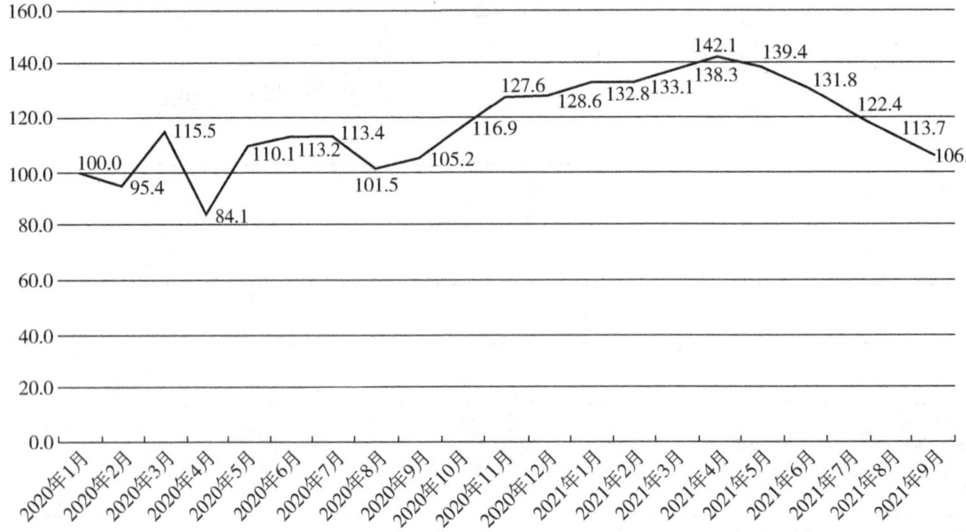

图 7-95 现代轻纺产业链发展合理化指数

现代轻纺产业链高端延伸指数如图 7-96 所示。该指数在 2020 年 3 月份处于最小值 19.1，之后呈现上升趋势，至 2021 年 3 月份到最高点 46.9，之后呈现平稳下降态势。建议河南开发混纺等高端领域，持续加强差异化和高端产品的开发。

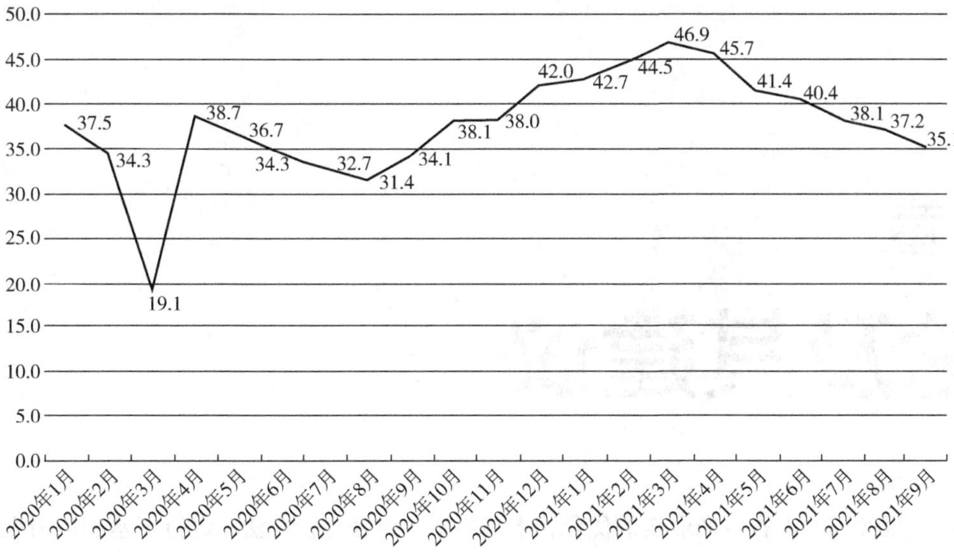

图 7-96　现代轻纺产业链高端延伸指数

第 8 章
结论及其建议

为了更好地服务于河南省各产业链的优化，本书用组态路径分析方法，进行了基于电力视角的河南省产业链发展指数体系的设计，构建了基于电力指数的产业链发展研究指数体系，对河南省六大传统支柱产业和十大新兴产业链进行了系统研究。

8.1 结论

电力数据能较为全面地测度企业生产活跃程度、透视产业经营活动，是量化分析产业链的良好切入点。本书聚焦产业景气繁荣、带动引领、优化升级三个方面，构建了“1+2+3”产业链电力指数体系，发挥电力数据的预测作用和指导作用，为河南省持续调整产业结构，积极推进传统产业高位嫁接、新兴产业培育壮大、未来产业谋篇布局提供参考。本书就河南省六大传统支柱产业和十大新兴产业链进行了研究，得到的主要结论如下。

全产业链景气指数，实现经济高质量发展。全产业链景气指数选取六大传统支柱产业及十个新兴产业两个大类 16 个产业链 259 家企业电量，以产业链内各企业不同期的生产用电量占该产业链总用电量的比重为权重，加权计算产业链宏观景气定基指数，通过其与基期指数值的对比，从全产业链维度直观描述产业发展趋势状况。指数越高，产业发展景气程度越高，应把握机遇，筑牢保障，更加出彩；指数越低，产业发展景气程度越低，应及时发现问题，培育发展新动能。

产业链带动引领指数，整合优化产业资源。产业链带动引领指数包括产业链龙头指数和产业链头雁带动指数两个维度。其中，产业链龙头指数选取产业链中龙头企业用电量，利用其带动全产业链所有企业用电量的比重测算方法，表征龙头企业发展方向对所在产业换道领跑的引导作用，带领整个产业迈向更具潜力和前景的发展路径和模式。产业链头雁带动指数基于《河南省制造业头雁企业培育行动方案（2021—2025 年）》，选取头雁企业用电量，利用全产业链所有企业用电量与头雁企业用电量增速比值测算方法，表征培育头雁企业对全产业链整体影响的程度。

产业链优化升级指数，提高产业链运行效率并实现价值增值。产业链优化升级指数包括产业链集群化发展指数、产业链发展合理化指数和产业链高端延伸指数三个维度。其中，产业链集群化发展指数选取产业集群区企业用电量，利用其占该产业所有企业用电量的比重测算方法，表征某一产业集群化发展程度。该指数能够为形成以园区为核心载体的平台支撑体系提供参考，从而构建特色鲜明、竞争力强的现代产业基地，培育先进制造业集群，促进产业由集聚发展向集群发展全面提升。产业链发展合理化指数选取产业链上游和下游的用电量占产业链中上游和中下游用电量的比重，利用该比重作为权重对上中游和下中游的产业发展指数比进行加权测算，表征产业链上中下游间的带动关系，有助于精准科学优化布局，完善构建产业生态。产业链高端延伸指数基于专利商标数及产业所处位置等标准评选高端技术企业，选取高端技术企业用电量，利用其带动全产业链所有企业用电量的比重测算方法，表征该产业链向高端环节延伸的程度。

通过对新兴产业链的组态分析，得出以下主要结论。

高专利数量为新兴产业链规模化的必要条件。通过上文的组态分析，高专利数量均为河南省新兴产业链规模化发展高成功路径的必要条件。专利水平是新兴产业技术创新能力最为直接的体现。新兴产业是专利的密集所在地，其技术密集性、创新性的基本特征，决定了专利数量和质量对于新兴产业发展的重要地位。近些年来，我国新兴产业的发明专利申请量正逐年递增。例如，华为以其世界第一的专利申请量，创造了庞大的产业规模，特别是 5G 专利数量，位居全球第一，使其在通信设备行业逐步取得领导地位。

提升专利数量对新兴产业发展起着重要作用。一是要提升新兴企业自主创新能力。完善科技创新体制机制，支持和引导创新要素向企业自主创新聚集，加强产学研相结合，整合科研力量，通过承接国家或省重大专项科技项目，锚定新兴产业中的关键技术，寻求突破，实现企业专利数量和质量的提升。二是要加强知识产权保护，促进专利技术顺利转化应用，实现新技术的商业化和市场化，推动新兴领域规模化。

全产业链发展模式是新兴产业规模化的重要路径。新兴产业发展模式可分为全产业链发展模式和非全产业链发展模式。一方面，独角兽型路线中，产业链完整度为非必要条件。若所处产业链尚未完备，产业规模化发展须以高新技术、高专利比例提升为主。另一方面，三条规模企业型亚路径中，高产业链完整度均为核心条件，必须在产业链完整情况下才能实现组合的结果。完整产业链能够增强抵御各类外部风险的强劲韧性，也能够为工业互联网、智能制造新模式提供不断成熟的应用场景以及多样化的市场需求。因此，在产业发展技术条件相对处于短板时，要积极实施全产业链发展模式。

用电量是新兴产业链发展的基本要素。独角兽型发展路径中，电量同专利数量、技术人员比例共同成为新兴产业规模化的核心条件。在规模企业型发展路径 H2c 中，高电量同样为必要条件。特别是新兴产业中的新能源、新型建材等行业，用电保持较快增长。因此，要充分发挥电网产业链带动作用，激发市场主体活力，积极运用现代信息技术，加快形成能源互联网产业集群，深化河南电网基础设施建设和互联互通，围绕河南“6+10”产业链协同发展，积极带动投资、建设、运营和技术、标准、装备高质量提升，把电网产业链优势与河南传统产业改造升级、新兴产业重点培育、未来产业谋篇布局贯通起来，推动产业向高端化、绿色化、智能化、融合化发展。

8.2 政策建议

本书就河南省六大传统支柱产业和十大新兴产业进行了研究，充分研究河南省“十四五”规划及重点产业链发展规划，得到产业链电力指数服务河南省产业链现代化建设和发展的政策建议。

加强电网对河南产业经济转型升级、深入发展的能源支撑和保障力度。加快电力网架结构优化升级，以坚实的底座、稳定的牵引、高效的服务支持河南经济和社会发展。注重促进电力与产业布局协调发展，积极推进电能为主导的能源优惠扶持政策落地，支持各产业耗能结构性调整，支持企业用电节能技术创新，推动河南产业经济绿色低碳化高质量发展。

运用产业链电力指数构建河南省产业链现代化发展监测体系。继续构建和完善产业链电力指数评价体系，从相关评价指标、数据来源、理论模型、评价工具和方法等方面积极推进监测、评价体系的开发与完善。通过电网数字化平台、电力大数据应用，对河南省重点产业链的结构、布局和运营等进行实时动态监测，以电力之眼监测重点产业链的发展变化，为河南经济发展与决策提供科学依据。

有效运用产业链电力指数，提高政府相关部门对产业链企业服务水平。密切关注产业链企业发展动态，加强电力能源对河南省头雁、瞪羚、雏鹰等重点产业链企业精准服务力度，主动前移服务关口，优化业务办理流程，借助产业发展监测体系和平台的优势，密切感知企业发展运营变化，充分发挥协同能源协同监督的功能，支持更多与高质量发展相匹配的项目建设，着力优化河南营商环境。

有效运用产业链电力指数，服务重点产业链企业完善经营管理。通过电力大数据系统，密切关注重点产业链及产业链企业发展状况，及时发现问题，一方面可以及时地为各级政府进行产业链优化决策提供依据，另一方面为企业改进管理、提高经济效益提供及时的数据支持。

8.3 下一步研究新方向

在全面系统研究河南产业链发展现代化内涵与目标的基础上，加强产业链发展与电力支撑之间关系的研究，利用现有的电力数据平台，深化和完善以能源电力为切入点的河南产业链现代化指数体系。该体系拟采用国际通行的多目标综合评价法和模糊综合评价法，对接生产总值、消费者物价指数等重要经济指标，综合涵盖用电量、社会影响、能耗产出、业扩需求、新兴业务拓展等因素。该体系将有效助力河南经济社会高质量发展，为政府施政决策和企业投融资、转型发展提供更深层支持。

参考文献

[1] 河南省发展和改革委员会.河南省发展和改革委员会服务“万人助万企”活动若干措施.豫发改工业〔2021〕597号，2021年07月22日.

[2] 河南省发展和改革委员会.关于以新业态新模式引领新型消费加快发展的实施意见.豫发改就业〔2021〕462号，2021年06月17日.

[3] 河南省发展和改革委员会.2021年河南省战略性新兴产业优质企业（项目）路演活动实施方案.豫发改财金〔2021〕249号，2021年04月16日.

[4] 河南省人民政府办公厅.河南省先进制造业集群培育行动方案（2021—2025年）的通知.豫政办〔2021〕58号，2021年10月15日.

[5] 河南省发展和改革委员会.河南省鲲鹏计算产业发展规划.豫发改高技〔2020〕219号，2021年03月30日.

[6] 河南省发展和改革委员会，河南省工业和信息化厅，河南省科学技术厅.关于印发河南省新型显示和智能终端产业链现代化提升方案等10个方案的通知.豫发改工业〔2020〕841号，2020年10月23日.

[7] 河南省人民政府办公厅.河南省制造业头雁企业培育行动方案（2021—2025年）.豫政办〔2021〕20号，2021年05月08日.

[8] Farrell M J, The Measurement of Production Efficiency[J]. Journal of Royal Statistical Society, Series A, General, 1957, 120(3):253-281.

[9] Leibenstein H. Allocative Efficiency vs. "X-Efficiency"[J]. American Economic Review, 1966, 56(3):392-415.

[10] 李树人. 资源型城市新兴产业规模化研究[D].太原：山西大学, 2007.

[11] 张阳. 基于集聚化的无锡战略性新兴产业规模化发展研究[J]. 科技管理研究,2012, 32(22):198-201.

[12] Wang Xinpu, Zang Mu. Evaluation on Technology Innovation Efficiency of Big Data Enterprises Based on DEA[J]. Journal of Risk Analysis and Crisis Response, 2019.

[13] 陈抗,战炤磊. 规模经济、集聚效应与高新技术产业全要素生产率变化[J]. 现代经济探讨,2019(12):85-91.

[14] Alexandra Frangenheim, Michaela Trippl, Camilla Chleban. Beyond the Single Path Wiew: Interpath Dynamics in Regional Contexts[J]. Informa uk limited, 2019.

[15] Freeman C. History, Co-Evolution and EconomicGrowth[J]. Industrial and Corporate Change, 2019(1).

[16] 李伟,贺灿飞. 区域新产业发展路径：研究述评与展望[J]. 区域经济评论, 2020(06):12-24.

[17] 刘丰. 定性比较分析与国际关系研究[J]. 世界经济与政治, 2015(01):90-110, 158-159.

[18] 刘贵富. 产业链与供应链、产业集群的区别与联系[J]. 学术交流, 2010, (12): 78-80.

[19] 郁义鸿. 产业链类型与产业链效率基准[J]. 中国工业经济, 2005(11): 35-42.

[20] 肖旭，戚聿东. 产业数字化转型的价值维度与理论逻辑[J]. 改革, 2019(08): 61-70.

[21] 吴金明，邵昶. 产业链形成机制研究——“4+4+4”模型[J]. 中国工业经济, 2006(04): 36-43.

[22] 李春发，李冬冬，周驰. 数字经济驱动制造业转型升级的作用机理——基于产业链视角的分析[J]. 商业研究，2020(02): 73-82.

[23] 吴彦艳，丁志卿. 基于产业价值链视角的产业升级研究[J]. 科技管理研究, 2009(06): 376-378.

[24] Zhao G, Feng T, Wang D. Is more supply chain integration always beneficial to financial performance?[J]. Industrial Marketing Management, 2015, 45: 162-172.

[25] Giannakis M, Papadopoulos T. Supply chain sustainability: A risk management approach[J]. International Journal of Production Economics, 2016, 171: 455-470.

[26] 王兴棠. 产业链下游企业转型升级影响因素研究——基于不同最终产品市场的视角[J]. 中国管理科学, 2021, 29(03): 71-79.

[27] 江小涓，孟丽君. 内循环为主、外循环赋能与更高水平双循环——国际经验与中国实践[J]. 管理世界, 2021, 37(01): 1-19.

[28] 张娟，王子玷月，余菲菲. 纵向供应链中新产品技术创新模式选择[J]. 管理学报, 2020, 17(11): 1697-1705.

[29] Ireland R D, Webb J W. A multi-theoretic perspective on trust and power in strategic supply chains[J]. Journal of Operations Management, 2007, 25(2): 482-497.

[30] 颜恩点，谢佳佳. 供应链关系、信息优势与影子银行业务——基于上市非金融企业的经验证据[J]. 管理评论，2021，33(01):

291-300+329.

[31] 廖祖君，郭晓鸣. 中国农业经营组织体系演变的逻辑与方向:一个产业链整合的分析框架[J]. 中国农村经济，2015(02): 13-21.

[32] 韩喜艳，高志峰，刘伟. 全产业链模式促进农产品流通的作用机理:理论模型与案例实证[J]. 农业技术经济，2019(04): 55-70.

[33] 李宇，杨敬. 创新型农业产业价值链整合模式研究——产业融合视角的案例分析[J]. 中国软科学, 2017(03): 27-36.

[34] 王成东. 装备制造业与生产性服务业融合动因驱动强度测度研究——基于效率视角的实证分析[J]. 科技进步与对策，2015, 32(03): 60-64.

[35] 姚战琪. 全球价值链背景下中国服务业的发展战略及重点领域——基于生产性服务业与产业升级视角的研究[J]. 国际贸易, 2014(07): 13-17.

[36] Chen W H, Strych U, Hotez P J, et al. The SARS-CoV-2 vaccine pipeline: an overview[J]. Current Tropical Medicine Reports, 2020, 7: 1-4.

[37] Xu X, Chen X, Jia F, et al. Supply chain finance: A systematic literature review and bibliometric analysis[J]. International Journal of Production Economics, 2018, 204: 160-173.

[38] Delgado M, Mills K G. The supply chain economy: A new industry categorization for understanding innovation in services[J]. Research Policy, 2020, 49(8): 104039.

[39] Thorelli H B. Networks: between markets and hierarchies[J]. Strategic Management Journal, 1986, 7(1): 37-51.

[40] Gulati R, Nohria N, Zaheer A. Strategic networks[J]. Strategic Management Journal, 2000, 21(3): 203-215.

[41] Izquierdo C C, Cillan J G. The interaction of dependence and trust in long-term industrial relationships[J]. European Journal of Marketing, 2004, 38(8): 974-994.

[42] Gulati R. Network location and learning: The influence of network resources and firm capabilities on alliance formation[J]. Strategic Management Journal, 1999, 20(5): 397-420.

[43] 张浩，张潇. 基于马尔可夫模型的电商平台供应链金融风险控制[J]. 云南财经大学学报, 2017(02): 118-126.

[44] 高展军，李垣. 战略网络结构对企业技术创新的影响研究[J]. 科学学研究, 2006(03): 474-479.

[45] Morrow S L, McGonagle A K, Dove-Steinkamp M L, et al. Relationships between psychological safety climate facets and safety behavior in the rail industry: A dominance analysis[J]. Accident Analysis & Prevention, 2010, 42(5): 1460-1467.

[46] Hu H, Wan X, Lv K, et al. Mapping China's 3G market with the strategic network paradigm[J]. Telecommunications Policy, 2012, 36(10-11): 977-988.

[47] 杨光. 基于组织网络理论的战略联盟知识转移研究[J]. 科学管理研究, 2009, 27(02): 77-80.

[48] Hirschman A O, Sirkin G. Investment criteria and capital intensity once again[J]. The Quarterly Journal of Economics, 1958, 72(3): 469-471.

[49] 张其仔. 提升产业链供应链现代化水平路径研究[J]. 中国工业经济, 2021(02): 80-97.

[50] 陈伟，周文，郎益夫. 集聚结构、中介性与集群创新网络抗风险能力研究——以东北新能源汽车产业集群为例[J]. 管理评论, 2015, 27(10): 204-217.

[51] Osadchiy N, Gaur V, Seshadri S. Systematic risk in supply chain networks[J]. Management Science, 2016, 62(6): 1755-1777.

[52] Crook T R, Combs J G. Sources and consequences of bargaining power in supply chains[J]. Journal of Operations Management, 2007, 25(2): 546-555.

[53] Eisenhardt K M, Martin J A. Dynamic capabilities: what are they?[J]. Strategic Management Journal, 2000, 21(10-11): 1105-1121.

[54] Wamba S F, Gunasekaran A, Akter S, et al. Big data analytics and firm performance: Effects of dynamic capabilities[J]. Journal of Business Research, 2017, 70: 356-365.

[55] Barney J. Firm resources and sustained competitive advantage[J]. Journal of Management, 1991, 17(1): 99-120.

[56] Alinaghian L, Razmdoost K. How do network resources affect firms' network-oriented dynamic capabilities?[J]. Industrial Marketing Management, 2018, 71: 79-94.

[57] Chowdhury M M H, Quaddus M. Supply chain resilience: Conceptualization and scale development using dynamic capability theory[J]. International Journal of Production Economics, 2017, 188: 185-204.

[58] Zaheer A, Bell G G. Benefiting from network position: firm capabilities, structural holes, nd performance[J]. Strategic Management Journal, 2005, 26(9): 809-825.

[59] 吴先明, 苏志文. 将跨国并购作为技术追赶的杠杆:动态能力视角[J]. 管理世界, 2014(04): 146-164.

[60] 焦豪. 双元型组织竞争优势的构建路径:基于动态能力理论的实证研究[J]. 管理世界, 2011(11): 76-91.

[61] 王劲松, 韩克勇, 赵琪. 资产价格波动对金融稳定的影响——基于中国数据的实证研究 [J]. 中国流通经济, 2016, 30(03): 102-107.

[62] 林幼平, 张澍. 金融风险相关问题研究综述[J]. 经济评论, 1998(06): 99-104.

[63] 王书华, 高宇璇. 中国银行间系统性风险的相依性结构分析[J]. 统计与决策, 2015(24): 170-173.

[64] 谢赤, 朱建军, 周竟东. 基于 Copula 函数的 ETF 流动性风险与市场风险相依性分析[J].管理科学, 2010, 23(05): 94-102.

[65] Kim Y H, Henderson D. Financial benefits and risks of dependency in triadic supply chain relationships[J]. Journal of Operations Management, 2015, 36: 115-129.

[66] Lin E M H, Sun E W, Yu M T. Systemic risk, financial markets, and performance of financial institutions[J]. Annals of Operations Research, 2018, 262(2): 579-603.

[67] Duijzer L E, van Jaarsveld W, Dekker R. Literature review: The vaccine supply chain[J]. European Journal of Operational Research, 2018, 268(1): 174-192.

[68] Buonocore R J, Musmeci N, Aste T, et al. Two different flavours of complexity in financial data[J]. The European Physical Journal Special Topics, 2016, 225(17): 3105-3113.

[69] Carnovale S, Rogers D S, Yeniyurt S. Broadening the perspective of supply chain finance: The performance impacts of network power and cohesion[J]. Journal of Purchasing and Supply Management, 2019, 25(2): 134-145.

[70] Restrepo N, Uribe J M, Manotas D. Financial risk network architecture of energy firms[J]. Applied Energy, 2018, 215: 630-642.

[71] Demirer M, Diebold F X, Liu L, et al. Estimating global bank network connectedness[J]. Journal of Applied Econometrics, 2018, 33(1): 1-15.

[72] Carr A S, Pearson J N. Strategically managed buyer-supplier relationships and performance outcomes[J]. Journal of Operations Management, 1999, 17(5): 497-519.

[73] Koka B R, Prescott J E. Designing alliance networks: the influence of network position, environmental change, and strategy on firm performance[J]. Strategic Management Journal, 2008, 29(6): 639-661.

[74] Carnovale S, Yeniyurt S, Rogers D S. Network connectedness in vertical and horizontal manufacturing joint venture formations: A power perspective[J]. Journal of Purchasing and Supply Management, 2017, 23(2): 67-81.

[75] Kogut B. Joint ventures: Theoretical and empirical perspectives[J]. Strategic Management Journal, 1988, 9(4): 319-332.

[76] Affinito M, Franco Pozzolo A. The interbank network across the global financial crisis: Evidence from Italy[J]. Journal of Banking & Finance, 2017, 80: 90-107.

[77] Park H, Bellamy M A, Basole R C. Structural anatomy and evolution of supply chain alliance networks: A multi-method approach[J]. Journal of Operations Management, 2018, 63: 79-96.

[78] Zhu Y, Yang F, Ye W. Financial contagion behavior analysis based on complex network approach[J]. Annals of Operations Research, 2018, 268(1): 93-111.

[79] Gong X L, Liu X H, Xiong X, et al. Financial systemic risk measurement based on causal network connectedness analysis[J]. International Review of Economics & Finance, 2019, 64: 290-307.

[80] Santos C M, Gaio L E, Pimenta Junior T, et al. Interdependence and contagion in the period of crisis[J]. International Journal of Emerging Markets, 2019, 14(5): 1013-1031.

[81] Kenett D Y, Huang X, Vodenska I, et al. Partial correlation analysis: Applications for financial markets[J]. Quantitative Finance, 2014, 15(4): 569-578.

[82] Grundke P. Ranking consistency of systemic risk measures: a simulation-based analysis in a banking network model[J]. Review of Quantitative Finance and Accounting, 2019, 52(4): 953-990.

[83] Mantegna R N. Hierarchical structure in financial markets[J]. The European Physical Journal B, 1999, 11(1): 193-197.

[84] Tumminello M, Aste T, Di Matteo T, et al. A tool for filtering information in complex systems[J]. Proceedings of the National

Academy of Sciences of the United States of America, 2005, 102(30): 10421-10426.

[85] Massara G P, Di Matteo T, Aste T. Network filtering for big data: Triangulated maximally filtered graph[J]. Journal of Complex Networks, 2016, 5(2): 161-178.

[86] Dastgir S, Demir E, Downing G, et al. The causal relationship between Bitcoin attention and Bitcoin returns: Evidence from the Copula-based Granger causality test[J]. Finance Research Letters, 2019, 28: 160-164.

[87] Zhang Z, Zhang D, Wu F, et al. Systemic risk in the Chinese financial system: A copula-based network approach[J]. International Journal of Finance & Economics, 2020: 1-20.

[88] Jiang C, Ding X, Xu Q, et al. A TVM-Copula-MIDAS-GARCH model with applications to Va R-based portfolio selection[J]. The North American Journal of Economics and Finance, 2020, 51: 101074.

[89] Adrian T, Brunnermeier M K. CoVaR[J]. American Economic Review, 2016, 106(7): 1705-1741.

[90] Tang Y, Xiong J J, Luo Y, et al. How do the global stock markets influence one another? Evidence from finance big data and granger causality directed network[J]. International Journal of Electronic Commerce, 2019, 23(1): 85-109.

[91] Xu Q, Li M, Jiang C, et al. Interconnectedness and systemic risk network of Chinese financial institutions: A LASSO-CoVaR approach[J]. Physica A: Statistical Mechanics and its Applications, 2019, 534: 1-20.

[92] Giudici P, Polinesi G. Crypto price discovery through correlation networks[J]. Annals of Operations Research, 2019(5): 1-15.

[93] Wang G, Xie C, He K, et al. Extreme risk spillover network: Application to financial institutions[J]. Quantitative Finance, 2017, 17(9): 1417-1433.

[94] 范碧霞，刘帅．复杂网络理论在供应链管理中的应用研究[J]．商业经济研究，2017(18): 97-98.

[95] 胡鸿韬，边迎迎，郭书源，等．考虑定价和需求关系的供应链网络优化研究[J]．中国管理科学，2020, 28(10): 165-171.

[96] 张钦，雷世豪，王海．过载及欠载情形下产业链网络风险级联失效的建模与仿真[J]．系统工程，2021, 39(02): 50-60.

[97] 曹玉玲，李随成．企业间信任的影响因素模型及实证研究[J]．科研管理，2011, 32(01): 137-146.

[98] Chen K, Luo P, Sun B, et al. Which stocks are profitable? A network method to investigate the effects of network structure on stock returns[J]. Physica A: Statistical Mechanics and its Applications, 2015, 436: 224-235.

[99] Wang G J, Xie C, Stanley H E. Correlation structure and evolution of world stock markets: Evidence from Pearson and partial correlation-based networks[J]. Computational Economics, 2018, 51(3): 607-635.

[100] Huang C, Wen S, Li M, et al. An empirical evaluation of the influential nodes for stock market network: Chinese A-shares case[J]. Finance Research Letters, 2020: 101517.

[101] Wen F, Yang X, Zhou W X. Tail dependence networks of global stock markets[J]. International Journal of Finance & Economics, 2019, 24(1): 558-567.

[102] Isogai T. Analysis of dynamic correlation of Japanese stock returns with network clustering[J]. Asia-Pacific Financial Markets, 2017, 24(3): 193-220.

[103] 李想，芮明杰．模块化分工条件下的网络状产业链研究综述[J]．外国经济与管理，2008(08): 1-7.

[104] Ji Q, Geng J B, Tiwari A K. Information spillovers and connectedness networks in the oil and gas markets[J]. Energy Economics, 2018, 75: 71-84.

[105] 钱晓东，杨贝．基于复杂网络模型的供应链企业合作演化研究[J]．复杂系统与复杂性科学，2018, 15(03): 1-10.

[106] 李月起，杨继瑞．工业化后期我国制造业创新升级的内在机理与推进策略[J]．经济问题，2021(05): 80-85.

[107] 刘志彪，姚志勇，吴乐珍．巩固中国在全球产业链重组过程中的分工地位研究[J]．经济学家，2020(11): 51-57.

[108] Seiler A, Papanagnou C, Scarf P. On the relationship between financial performance and position of businesses in supply chain networks[J]. International Journal of Production Economics, 2020, 227: 1-14.

[109] Martin J, Hofmann E. Involving financial service providers in supply chain finance practices[J]. Journal of Applied Accounting Research, 2017, 18(1): 42-62.

[110] Ali Z, Gongbing B, Mehreen A. Supply chain network and information sharing effects of SMEs' credit quality on firm performance[J]. Journal of Enterprise Information Management, 2019, 32(5): 714-734.

[111] Wang L, Jia F, Chen L, et al. Exploring the dependence structure among Chinese firms in the 5G industry[J]. Industrial Management & Data Systems, 2021, 121(2): 409-435.

[112] 吴金闪，狄增如. 从统计物理学看复杂网络研究[J]. 物理学进展, 2004, 24(01): 18-46.
[113] Allen F, Gale D. Financial Contagion[J]. Journal of Political Economy, 2000, 108(1): 1-33.
[114] 欧阳红兵，刘晓东. 中国金融机构的系统重要性及系统性风险传染机制分析——基于复杂网络的视角[J]. 中国管理科学, 2015, 23(10): 30-37.
[115] Upper C. Simulation methods to assess the danger of contagion in interbank markets[J]. Journal of Financial Stability, 2011, 7(3): 111-125.
[116] Elsinger H, Lehar A, Summer M. Network models and systemic risk assessment[J]. Handbook on Systemic Risk, 2013, 1: 287-305.
[117] 邓超，陈学军. 基于复杂网络的金融传染风险模型研究[J]. 中国管理科学, 2014, 22(11): 11-18.
[118] 何奕，童牧，吴珊，等. 复杂金融网络中的系统性风险与流动性救助:基于不同网络拓扑结构的研究[J]. 系统工程理论与实践, 2019, 39(06): 1385-1393.
[119] 单文涛，赵秀云. 独立董事治理、供应链关系与股权资本成本[J]. 财经论丛, 2018(06): 55-64.
[120] 王超，何建敏，马静. 基于共同持有资产的银行间接关联网络研究[J]. 中国管理科学, 2019, 27(11): 23-30.
[121] 李倩，张圣忠. 基于强度模型的供应链违约传染风险度量[J]. 统计与决策, 2013(15): 50-52.
[122] Sirignano J, Giesecke K. Risk analysis for large pools of loans[J]. Management Science, 2018.
[123] Haslam R A, Hide S A, Gibb A G F, et al. Contributing factors in construction accidents[J]. Applied Ergonomics, 2005, 36(4): 401-415.
[124] Tanghe J, Wisse B, Van Der Flier H. The role of group member affect in the relationship between trust and cooperation[J]. British Journal of Management, 2010, 21(2): 359-374.
[125] 隋聪，谭照林，王宗尧. 基于网络视角的银行业系统性风险度量方法[J]. 中国管理科学, 2016, 24(5): 54-64.
[126] Kodres L E, Pritsker M. A rational expectations model of financial contagion[J]. The Journal of Finance, 2002, 57(2): 769-799.
[127] Glasserman P, Young H. How likely is contagion in financial networks?[J]. Journal of Banking & Finance, 2015, 50: 383-399.
[128] Zhang S, Wang Y, Zhou W. Towards secure 5G networks: A Survey[J]. Computer Networks, 2019, 162: 1-19.
[129] Lemstra W. Leadership with 5G in Europe: Two contrasting images of the future, with policy and regulatory implications[J]. Telecommunications Policy, 2018, 42(8): 587-611.
[130] Lu X, Petrov V, Moltchanov D, et al. 5G-U: Conceptualizing Integrated Utilization of Licensed and Unlicensed Spectrum for Future Io T[J]. IEEE Communications Magazine, 2019, 57(7): 92-98.
[131] Rao S K, Prasad R. Impact of 5G technologies on industry 4.0[J]. Wireless Personal Communications, 2018, 100(1): 145-159.
[132] Ahmed W, Vidal Alaball J, Downing J, et al. COVID-19 and the 5G conspiracy theory: social network analysis of Twitter data[J]. Journal of Medical Internet Research, 2020, 22(5): 1-9.
[133] Engle R, Ghysels E, Sohn B. Stock market volatility and macroeconomic fundamentals[J]. Review of Economics and Statistics, 2013, 95(3): 776-797.
[134] Bruneau C, Flageollet A, Peng Z. Economic and financial risk factors, copula dependence and risk sensitivity of large multi-asset class portfolios[J]. Annals of Operations Research, 2020, 284(1): 165-197.
[135] Volberda H, Lewin A. Co-evolutionary dynamics within and between firms: From evolution to co-evolution[J]. Journal of Management Studies, 2003, 40(8): 2111-2136.
[136] Porter M. The structure within industries and companies' performance[J]. Review of Economics and Statistics, 1979, 61(2): 214-227.
[137] Du J, Ouyang M, Chen J. Prospects for Chinese electric vehicle technologies in 2016-2020: Ambition and rationality[J]. Energy, 2017, 120: 584-596.
[138] Zhang X, Bai X. Incentive policies from 2006 to 2016 and new energy vehicle adoption in 2010-2020 in China[J]. Renewable and Sustainable Energy Reviews, 2017, 70: 24-43.
[139] Liu Y, Kokko A. Who does what in China's new energy vehicle industry?[J]. Energy Policy, 2013, 57: 21-29.
[140] Xu Q, Chen L, Jiang C, et al. Measuring systemic risk of the banking industry in China: A DCC-MIDAS-t approach[J]. Pacific-Basin Finance Journal, 2018, 51: 13-31.

[141] Colacito R, Engle R F, Ghysels E. A component model for dynamic correlations[J]. Journal of Econometrics, 2011, 164(1): 45-59.

[142] Gao C, Zhou X. Forecasting VaR and ES using dynamic conditional score models and skew Student distribution[J]. Economic Modelling, 2016, 53: 216-223.

[143] Vargas R, Waldron A, Sharma A, et al. A graph theoretic analysis of leverage centrality[J]. AKCE International Journal of Graphs and Combinatorics, 2017, 14(3): 295-306.

[144] Caniato F, Gelsomino L, Perego A, et al. Does finance solve the supply chain financing problem?[J]. Supply Chain Management: An International Journal, 2016, 21(5): 534-549.

[145] Wuttke D, Blome C, Henke M. Focusing the financial flow of supply chains: An empirical investigation of financial supply chain management[J]. International Journal of Production Economics, 2013, 145(2): 773-789.

[146] Vanpoucke E, Boyer K, Vereecke A. Supply chain information flow strategies: an empirical taxonomy[J]. International Journal of Operations & Production Management, 2009, 29(12): 1213-1241.

基金项目：河南省科技厅软科学研究计划项目——河南省节能环保产业基础高级化与产业链现代化的提升路径研究（项目批准号：222400410130）